高等职业教育创新型系列教材

百条创新创业经典名句集锦

主　　编　周欢伟
副主编　刘国成　陈彦珍　李　猷
参编人员　周玉海　袁　泉　万丽丽
　　　　　黄　勇　陈　晖
主　　审　张竹筠

北京理工大学出版社
BEIJING INSTITUTE OF TECHNOLOGY PRESS

版权专有　侵权必究

图书在版编目（CIP）数据

百条创新创业经典名句集锦 / 周欢伟主编. --北京：北京理工大学出版社，2023.2

ISBN 978-7-5763-2168-5

Ⅰ.①百…　Ⅱ.①周…　Ⅲ.①创业-名句-汇编　Ⅳ.①F241.4

中国国家版本馆 CIP 数据核字（2023）第 040489 号

出版发行 / 北京理工大学出版社有限责任公司
社　　址 / 北京市海淀区中关村南大街 5 号
邮　　编 / 100081
电　　话 / （010）68914775（总编室）
　　　　　（010）82562903（教材售后服务热线）
　　　　　（010）68944723（其他图书服务热线）
网　　址 / http：//www.bitpress.com.cn
经　　销 / 全国各地新华书店
印　　刷 / 三河市天利华印刷装订有限公司
开　　本 / 787 毫米×1092 毫米　1/16
印　　张 / 10.5　　　　　　　　　　　　　　责任编辑 / 李慧智
字　　数 / 239 千字　　　　　　　　　　　　文案编辑 / 李慧智
版　　次 / 2023 年 2 月第 1 版　2023 年 2 月第 1 次印刷　责任校对 / 王雅静
定　　价 / 35.00 元　　　　　　　　　　　　责任印制 / 施胜娟

图书出现印装质量问题，请拨打售后服务热线，本社负责调换

编委会人员

主任：

张竹筠（广州铁路职业技术学院）

副主任：

李　月（深圳职业技术学院）

廖俊杰（广东轻工职业技术学院）

委员：

周欢伟（广州铁路职业技术学院）

黎惠生（广东工程职业技术学院）

李　可（广东环境保护工程职业学院）

刘星辛（广东财贸职业学院）

李国臣（东莞职业技术学院）

黄志坚（深圳职业技术学院）

吴建材（广东轻工职业技术学院）

许义海（广东女子职业技术学院）

邓振华（广东工商职业技术大学）

袁旭美（广东江门中医药职业学院）

序

—— 大学生创新创业可以少走弯路

  大学生最富朝气，充满激情，勇于接受挑战，绝大多数大学生有创业的想法。中国传媒大学创新创业教育中心的《2021中国大学生创业报告》显示，有96.1%的受访大学生有尝试创业的想法，然而，真正付诸行动的只有14%，其中只有2.12%是"准备好了"的创业者。麦可斯统计数据告诉我们，大学毕业生中的创业比例不高，全国"双高"校2020届毕业生自主创业率为2.7%。

  创新创业自身的不确定性告诉我们：创新创业风险诸多，道路崎岖；大学生创新创业准备不足，少经验、缺资源，风险更多，荆棘盈途。创新创业路上有少走弯路的方法吗？有！他人成功的经验尽可能借鉴，他人失败的教训尽可能不重复。广州铁路职业技术学院创新创业教育教师团队编辑的《百条创新创业经典名句集锦》，收录了古今中外先行成功人士的名言警句，充分理解这些名言警句的深刻内涵并加以借鉴就是创新创业者走向成功、少走弯路的方法之一。

  让我们牢记习近平总书记的殷殷嘱托："青年是整个社会力量中最积极、最有生机的力量，国家的希望在青年，民族的未来在青年。"衷心祝愿年轻的大学生们在中华民族复兴的伟大征程上，在中华民族发展的最好时期中，在创新创业的人生职业生涯里，立德、立功、立言，少走弯路，实现创新创业的青春梦！

  是为序。

张竹筠

2022年4月10日 于石门返照校区

前　言

习近平总书记在给第三届中国"互联网+"大学生创新创业大赛"青年红色筑梦之旅"的大学生回信中要求当代大学生，"扎根中国大地了解国情民情，用青春书写无愧于时代无愧于历史的华彩篇章"。在 2014 年 9 月召开的夏季达沃斯论坛开幕式上，李克强总理首次提出，要借改革创新的"东风"，在 960 万平方公里土地上掀起"大众创业""草根创业"的浪潮，形成"万众创新""人人创新"的新态势。

毫无疑问，创造力是最重要的人力资源。没有创造力就没有进步，我们就会永远重复同样的模式。创新创业是当代发展的主旋律，为了激发读者的创新创业精神，培育创新创业基因，使大家更容易成功，需要借用成功人士金子般的有价值且宝贵的话语以及发人深省的哲理。

本书以创新创业教育为主旋律，通过整理知名人士对创新创业论述的名句，列举各界成功案例，为创新创业者提供学习和借鉴的榜样。全书分为五章，包括思创篇、科创篇、产创篇、专创篇、文创篇。其中思创篇主要是国内政治名人名句、国外政治名人名句；科创篇主要是科学家名句、知识学习名句、技术创新名句；产创篇主要是团队建设名句、资源整合名句、企业家经典名句；专创篇主要是工匠精神名句、专业创新名句；文创篇是"双创"生涯选择名句、"双创"人生哲学名句。

全书由广州铁路职业技术学院创新创业导师共同编写，其中周欢伟博士、刘国成博士、陈彦珍博士、周玉海博士、袁泉副教授、万丽丽副教授、李猷老师、黄勇老师、陈晖老师等收集大量的资料，通过整理后形成经典创新创业教育名句。本书由广州铁路职业技术学院党委书记、中国高等教育学会创新创业分会副理事长、广东省职业院校创新创业教育工作指导委员会主任张竹筠研究员审核。

本书是全国第一本收集创新创业教育相关名句的专业书籍，书中每一条由名句、引申释义、名人简介、经典案例四部分组成，每条名句都经过是精挑细选、反复斟酌，包括古今中外的创新创业典型案例，为读者带来相应的启示意义，也是创新创业教育的精神大餐，可读性极强。

古今中外创新创业经典名句众多，由于编著组时间及篇幅所限，没有收录所有经典名句，在此表示抱歉。同时，由于编写者水平的原因，本书可能存在不妥当和错误之处，欢迎广大读者提出宝贵的意见和建议，在此深表感谢。

编写组
2023 年 2 月 16 日

目 录

第一章　思创篇 ... 001
第一节　国内政治名人名句 ... 002
第二节　国际政治名人名句 ... 018

第二章　科创篇 ... 031
第一节　科学家名句 ... 032
第二节　知识学习名句 ... 046
第三节　技术创新名句 ... 056

第三章　产创篇 ... 073
第一节　团队建设名句 ... 074
第二节　企业家经典名句 ... 082

第四章　专创篇 ... 097
第一节　工匠精神名句 ... 098
第二节　专业创新名句 ... 106

第五章　文创篇 ... 121
第一节　诗词名句 ... 122
第二节　"双创"生涯选择名句 ... 134
第三节　"双创"人生哲学名句 ... 143

第一章

思创篇

第一节　国内政治名人名句

第一条　"人类要在竞争中求生存，更要奋斗。"

(孙中山)

【引申释义】

表示创业必然面临着严酷的竞争，要想成功必须持续不懈地奋斗。

【名人简介】

孙中山（1866年11月12日—1925年3月12日），名文，字载之，号日新，又号逸仙，又名帝象，化名中山樵，伟大的民族英雄、伟大的爱国主义者、中国民主革命的伟大先驱，是中华民国和中国国民党的缔造者，也是三民主义的倡导者，创立了"五权宪法"，首举彻底反帝反封建的旗帜，"起共和而终两千年封建帝制"。孙中山于1866年11月12日生于广东省广州府香山县（今中山市）翠亨村，曾在香港学医，并成为西医医师。他目睹中华民族有被西方列强瓜分的危险，决定抛弃之前的"医人生涯"，开展"医国事业"。孙中山早期受郑观应的改良思想影响，后看清了清政府的腐败，决心推翻清王朝，建立民主共和国。1894年11月24日，孙中山在檀香山创立兴中会；1905年成立中国同盟会；1911年10月10日新军中的革命党人暗中联络，决定当天晚上起义。辛亥革命后被推举为中华民国临时大总统（任期1912年1月1日—1912年4月1日）。1925年3月12日，因癌症在北京逝世。1940年，国民政府通令全国，尊称其为"中华民国国父"。

孙中山著有《建国方略》《建国大纲》《三民主义》等。其著述在逝世后多次被结集出版，有中华书局1986年出版的十一卷本《孙中山全集》，台北1969、1973、1985年出版的《国父全集》等。

【案例1】

用青春点燃创业梦想

"赶上'大众创业、万众创新'的时代，要抓住机遇拼搏一把！"

在新时代，越来越多的年轻人创业梦想被点亮。

大学阶段就开始创业的吴新俊不曾想到，毕业5年后，自己会站在"新零售"的风口上——做起无人店的生意。2018年2月，吴新俊的公司在合肥已有16家无人店。

边读书、边创业的奋斗者还有很多。2016年，在中科院合肥物质科学研究院读研的韩东成，也萌生创业念头。"我上大学时选修过创业课程，一直心怀梦想。赶上'大众创业、万众创新'的时代，要抓住机遇拼搏一把！"韩东成说。

有理想，还要有眼光。韩东成盯上了当时正红火的"大学生毕业摄影"。2016年2月，他和室友凑了2万元，添置了摄影器材、服装等，走上创业之路。

时间再往前推进一点。2014年年底，柯辰和朋友一起去泰国旅游。"我们是跟团去的，行程很赶，体验不好。主要问题是优质景点停留时间短，大家感受不到泰国的风土人情。"柯辰说，当时就心中一动，看到了境外"自由行"的市场潜力。

2010年大学毕业的柯辰，只做了半年多的"上班族"，就投身热火朝天的创业浪潮。他先是做软件开发，随后又接触到团购平台，张罗起"本地生活"推广。从泰国回来后，柯辰开始调整创业思路，放弃原先主推的城市近郊"自由行"，将目光锁定境外"自由行"。2015年，他和创业伙伴"泡"在多家境外旅游网论坛上，在全球30多个国家招募了4 000多名"司导"，为"自由行"游客提供司机和导游服务。

2016年，韩东成初尝创业甜头："四个月的时间，我们成功接到100个班级的订单，给5 000人拍摄了毕业照，挣了18万元。"

同年，柯辰创立的"鱼丸旅游"境外"自由行"产品大获成功，当年营业额达200多万元。"当时做境外'自由行'项目的人不多，整个天猫平台就两家。不用做广告，客人自己就找上门了。"柯辰说。

新时代是奋斗者的时代。商事制度改革与创业创新政策形成叠加效应，催生大量市场主体，推动了新经济、新动能成长。

【案例2】

迎难而上才是正确姿势

从RFID射频技术到人脸识别技术，变化的几个字的背后，是吴新俊团队无数个昼夜的付出。无人店依托新零售技术而生，但技术创新恰恰也是发展中的一大瓶颈。吴新俊的无人店之前使用的是RFID射频技术，这种技术容易被屏蔽、受干扰，粘贴的标签可能被撕毁或替换，以致失去原有功能。"无人店一直站在舆论的风口浪尖上。如果粘贴在商品上的标签被损坏，就无法做到无人销售。有人甚至对我说，无人零售就是个噱头。"吴新俊告诉记者，面对这样的质疑声，他也有过沮丧的时候，"创业难免遇到难题，迎难而上才是正确姿势"。

1994年出生的吴新俊说起话来很"成熟"，他笑言身边的人都说自己像"80后"。"技术上的瓶颈一定要克服，为此，公司技术团队不知看过多少次'两三点钟的合肥'。我们终于啃下人脸识别技术这块硬骨头，所有的无人店一律更换了新技术。消费者进店买东西，不用扫描标签，刷脸就行。在优化用户体验的同时，我们也提升了公司在业内的认可度。"吴新俊说。

对奋斗者来说，创业的过程，就是不断挑战自我、超越自我的过程。凌晨1点、2点、3点……时钟指向早晨7点，吴新俊才把手头的工作完成。2月27日，他又在办公室里熬了个通宵，撰写农产品订购方案。"无人超市离不开新技术，更离不开好产品。为此，我开始和农民打交道，我们提供农产品的市场需求信息，对方按需提供农产品。这些农产品就放在店内卖。"2月28日早晨，吴新俊坐在办公室里伸了一个懒腰。如今，他给公司的定位是：全渠道零售解决方案提供商。

互联网企业"唯快不破"，稍微慢点，就会被同行甩在身后。因此，在吴新俊的字典里，没有"周末"这两个字。"年初两场大雪期间，我和同事们都在社区、广场布点，为了占领无人店市场，一秒钟都不能等待。尽管风大雪大，我们照常加班加点，一刻也不停工！"一家一家的无人店，就这样在夜以继日的奋战中诞生了。

【案例3】

吃苦耐劳是奋斗者的底色

"做毕业摄影只是为挣第一桶金。我所学的专业是光学,办科技企业才是我创业的初衷。"尽管初次创业成功,韩东成却开始谋划转型。2016年8月,他敏锐地发现广告业传统媒介向智能媒介转型的机遇,与创业伙伴一起成立东超科技有限公司,为客户提供动感灯箱等智能媒介的软硬件支持。因为赶上了"风口",韩东成创业团队推出的产品大受好评,订单也越来越多。2017年,公司营业额达330万元,公司员工也从最初的2人发展到30人。

"现有的产品为我们打开了市场,带来了利润。但作为技术型企业,我们应该拥抱变化、不断突破,加大前瞻性技术研发力度。"韩东成说。2017年,公司获得800万元首轮融资,全力投入新产品"全息玻璃"的研发和量产。"我们争取向市场小规模投放这一新产品。"韩东成充满信心地说,"吃苦耐劳是奋斗者的底色,奋斗让我们的精神更富足。"

艰难困苦,玉汝于成。在韩东成看来,成就事业的幸福感,极大地冲淡了四处奔波的疲惫感:"做个不停奔跑的奋斗者,才是真正的幸福人生。"

第二条 "不打无准备之仗,不打无把握之仗。"

(毛泽东)

【引申释义】

做企业就是打赢商战,必须随时关注市场、消费和竞争情况,思利虑害,思成虑败。做大事要从细小处做起,天下的难事都是从容易的时候发展起来的。想要考虑某件事的好处,必须先考虑到它的坏处;想要考虑某件事情的成功,必须先考虑它的失败。一件事情都是有对立的两面,有好处必然会有坏处,有成功的可能必然会有失败的可能。创业、干事业或管理决策务必未雨绸缪、思虑周全,谋定而后动,用发展战略的眼光做决策,"不打无准备之仗,不打无把握之仗",方能胜算可期。

【名人简介】

毛泽东(1893年12月26日—1976年9月9日),字润之(原作咏芝,后改润之),笔名子任。湖南湘潭人,中国人民的领袖,伟大的马克思主义者,无产阶级革命家、战略家和理论家,中国共产党、中国人民解放军和中华人民共和国的主要缔造者和领导人,政治家,军事家,诗人,书法家。

【案例】

在商场中寻觅商机

美的集团新的董事长方洪波2012年上任,在销售形势一片大好的背景下,出人意料地宣布启动经营转型升级。方洪波看到了薄利多销的潜在弊端,决心扭转过去依靠规模效益的增长模式,但是这一转型伴随着的产品线调整和大规模裁员,让企业面临来自内外部的质疑和指责。

在方洪波看来经营转型是非做不可的"正确的事情"。回忆转型之初,他说:"当时受到了很多非议，我们当时的转型就像在一条高速公路上跑，突然告诉你前面是尽头没有路了，但速度不能慢下来的同时，你还要找到一个新的出口，要走另外一条道路。效率驱动是什么呢？以前成本优势没有了，做企业，尤其是制造业，没有成本优势就不行，我们要坚持效能驱动，效能驱动就是跟你在高速公路上换轮胎和找出口一样的，你要找到新的成本优势。这个新的成本优势就是通过效率驱动来建立的，而不是通过人口的红利、劳动力的低成本以及环保等这些隐性的低成本来建立的。建立新的成本优势才能确保你的盈利能力，然后有了盈利能力和现金流，你才能去投入创新，让产品领先。"

方洪波大刀阔斧地干了起来，逐渐在企业内部树立了权威。实施这一转型6年后，2018年企业的年营收总额较2012年增长了约285%，利润增长超过481%。方洪波说："我们今天回头去看，很幸运的是我们当时那样想的就那样做了，否则也就没有今天了。"

经营转型升级的同时，企业瞄准了制造转型，力图淡化"传统""家电"等标签，由家电企业转型为全球化科技企业。

根据既定的目标，企业开展工业互联网平台研究与建设，将自身的管理经验、软件产品及全球领先的机器人自动化能力集成，推动自动化、智能化改造，建设智能工厂，加强人机协作，提高生产效率，提升产品品质。比如试制试产周期缩短45%、渠道库存下降32%、排产效率提升83%、产品品质指标提升17%等。

方洪波相信企业的护城河需要靠风险积累，而应对风险就需要企业不断颠覆自我。"企业家的精神本质上就是敢于自我否定，敢于不断创新，去应对挑战。企业确实就是要敢改，并且能够前瞻性地在别人没有改的时候，我们去改。"

他举了三个例子，其一是数字化，"在所有人都不知道数字化是怎么一回事的时候，我们率先推数字化。如果当年不搞数字化，今天我们也不会出现'美云智数'这样的企业，我们不仅是自己干，还把它上市化，向全社会提供服务"。

其二是T+3业务模式，"这就是所有人还在沉迷于过去的时候，我们率先干，T+3业务模式本质上就通过效率改变过去家电行业层层分销、打款压货的模式。我们现在没有库存，我们以销定存，一身轻，没有负担"。

最后回到2012年企业的转型，"那个时候我们美的并没有问题（2011全年营收931.08亿元，净利36.98亿元），在国内是挺好的，我们进行转型和调整的时候，全行业就说机会来了，又在自我折腾。但是我们有时候讲，企业就是要折腾，社会的变化太大了"。

最近几年，美的集团重新定义了自己：从家电企业变为"一家消费电器、暖通空调、机器人与自动化系统、智能供应链（物流）的科技集团，提供多元化的产品种类与服务"，并且将数字化、智能化、物联网等概念统统收入囊中。

随着制造升维，企业开始大举在研发领域"招兵买马"。方洪波说："在哪里有这个技术，我们就把研发中心设在哪里。比如要做人工智能和未来技术，就把研发中心设在硅谷。比如说，我们缺少冰箱的压缩机，需要研发冰箱的一些高端和大的技术，我们就把研发中心设在奥地利。工业设计、烟机、灶具、设计美学，包括灶具，欧洲做得最强的在意大利，我们就设了两个研发中心在意大利。"

目前企业在全球设有28个研发中心，其中18个位于海外，研发人员超过1万人。"哪里有资源，哪里有最优秀的人才，我们就把研发中心设在哪里，在全球范围吸引整合优秀的人才。"

企业的核心竞争力是技术。方洪波认为："人类历史发展只有技术进步才能驱动各个行业发生颠覆和发生变革。整合、淘汰、优胜劣汰和大浪淘沙，这个是根本。"

对技术的"痴迷"，促使企业推动"纵向价值链升华，非常垂直，所有核心的技术和零部件全部掌握在自己手里。"掌握技术的同时，企业谋求技术创新带来"质变"，并且为此不惧风险，仅2018年一年的研发投入就将近100亿元。

方洪波说："过去5年，企业申请专利数量是这个行业里面第一的。我们盈利的增长速度超过收入的增长速度，说明了我们的引领能力和引领结构发生了变化。不是靠规模增长带来了增长。说明了我们的产品创新、技术创新和产品结构发生了变化。但是我个人觉得，现在还不是产品创新技术投入最好的时候，最好的时候还没有到，可能在未来两三年……我们不断地投入在研发和技术创新上，我们已经看到了质变的曙光。"

第三条 "星星之火，可以燎原。"

（毛泽东）

【引申释义】

一点儿小火星可以把整个原野烧起来，比喻小事可以酿成大变，也比喻新生事物开始虽然弱小，但有广阔的发展前途。因此，我们不能蔑视和忽视任何一个微小的事物。一个个创业的梦想，又何尝不是一个个"火种"？尽管其开端并不强势，但仍可能改变一个行业、一个产业，甚至整个产业链的格局。创新创业是一个新生事物，发展过程中必然会面临很多困难，需要精心呵护与培养。在这一过程中，会有各种各样的声音出现，但是我们还是要有信心，给予创业者成长的时间，终有一天，创新成果会燃成熊熊烈火，燎于原，连成片。

【案例】

成功企业的经营是长期点滴积累的结果

在创业方面的一个应用案例就是样板市场的打造。样板市场，也称为企业的"脸面"市场，或者说是"窗口"市场，通过样板市场的打造，不仅可以全面展示一个企业强大的经济实力和超前的运作思路，而且企业还可以借助样板市场的力量，起到"星星之火，可以燎原"的影响和带动作用，因此，样板市场的打造，是企业快速成长的"起跳板"，也是其发展过程中的必然选择。

巨人集团董事长史玉柱在《我的营销心得》这本书里也提到有关样板市场的打造理论。样板市场打造要慢不要急，样板市场要老板亲自带领搞，一旦样板市场总结出规律经验以后，打造全国市场的时候就要快，快速占领市场，竞争对手还不知道怎么回事，就已经全国铺开了，核心竞争力就形成了，竞争壁垒就建起来了。

史玉柱书里是这么写的，他自己也是这么做的。在他翻身做脑白金品牌的时候，就选择了江阴这个三四线城市去试点，自己跟一些老头老太太聊天，发现目标客户不愿花钱买保健品，多半是子女送的，然后总结出"今年过节不收礼，收礼只收脑白金"的广告诉求。在江阴试点成功以后，迅速开展全国市场铺设。后来我们就知道了，他通过脑白金赚钱还清了债务，翻了身。

包括很多招商加盟的项目也是，一旦一个样本市场打造成功，经验摸索出来，就可以通过招商加盟，或者开设直营分公司来快速复制市场。知名餐饮企业海底捞不是一夜之间开遍大江南北的，1994年他们就开始做麻辣烫，5年后的1999年才开第一家分店，2003年因为"非典"时期的火锅外卖被央视报道而出名。

而今非常火爆的共享单车看起来好像是借助资本的力量，忽然间就全国铺开了。但实际上摩拜单车也是先在上海做试点，试点验证模式、改进缺陷，然后才开始投入第二个城市北京，进而完善后才大范围铺设。

这些案例一再告诉我们，不要以为某个公司是突然间冒出来的，其实人家打基础打了好多年，甚至于10年之久，哪怕是借助了资本的力量也没有突然间就冒出来的大公司，在此之前都经历了样板市场打造的阶段。

打造样板市场一定要注意数据化、系统化、老板可脱身化。如果所有的经营不能量化考核，一切都是凭感觉，那不能称为样板市场；如果没有系统化所有的工作管理，都是人为处理，那也不能称为样板市场；如果作为老板的你无法脱身必须待在公司亲自做管理，那更不能称为样板市场。打造样板市场具有三点优势：

一是最好的代言人，在样板市场取得的成绩将会成为进军全国市场的最好的案例证明，对接下来的全国招商起到加速器的作用。

二是可以为企业的全国市场复制积累足够的市场经验，包括商业模式的推广方法、运营模式各个环节的内容总结、团队分工配合的细化、运营效率的提高、终端落地模式的执行细则等，同时积累大量的宣传推广素材。如果样板市场犯错，可以小范围修正调整优化，最大化降低推向全国时的风险。

三是无论是内部团队还是外部团队，在样板市场打造期间会通过不断的小范围招商、培训、落地服务、系统应用、价值分配、文化传递、团队教育等动作磨合团队，积累经验，增长战斗力。

作为创业者，梦想占领全国市场是对的，但是不要忽略样板市场的打造阶段，而且样板市场的打造必须亲自下功夫，用心去打造，一旦经验和系统建立了，全国复制倍增就是再简单不过的事情了。

第四条 "没有一定的理论科学的研究做基础，技术上就不可能有根本性质的进步和革新。"

（周恩来）

【引申释义】

这句话的意思是科学理论的研究是技术创新的基础和前提。

【名人简介】

周恩来（1898年3月5日—1976年1月8日），字翔宇，原籍浙江绍兴，生于江苏淮安。1921年加入中国共产党，是伟大的马克思主义者，伟大的无产阶级革命家、政治家、军事家、外交家，党和国家主要领导人之一，中国人民解放军主要创建人之一，中华人民共和国的开国元勋。

【案例】

基础理论研究对科技创新具有重要推动作用

回顾人类发展进步的历程，我们可以得出这样的结论：人类在基础研究领域取得每一次突破性的成果必然会对技术的创新和高科技产业产生无可比拟的促进和推动作用。虽然在 200 年以前的人类历史进程中，往往是先有技术发明，然后才有相关理论知识的发展，但近 200 年，基础研究越来越成为发明与创新的源头，比如，正是在相关基础理论突破的基础上，现代纳米技术、信息技术和生物技术才得以快速进步。

人类历史上的三次技术革命都是在基础理论取得突破性成果的基础上产生的。发生于 18 世纪 60 年代以蒸汽机的普遍应用为主要标志的第一次工业革命是建立在近代力学、热力学发展的基础上；发生在 19 世纪 70 年代以电力的应用为主要标志的第二次技术革命是建立在电磁理论取得突破进展的基础上；发生于 20 世纪 40 年代以原子能技术、电子技术和空间技术的广泛应用为主要标志的第三次工业革命，是建立在相对论、量子力学等基础理论取得突破性成果的基础上。

基础研究和基础理论领域的每一次重大发现和突破通常会蕴藏新的知识革命。而新的知识革命实质上就是知识的体系或结构发生的重大变化或者调整，这种变革和调整往往会推动技术和产业结构的重大变革和发展。可以说，人类现在对基础研究的投资必然会在未来的技术进步和经济社会发展中得到高额回报，基础研究是科技创新以及由此带来的超强商业竞争力的土壤和种子。

经过这么多年的发展，我国在基础研究领域取得不少成就和进步，基础研究的水平有明显提升，但还存在不少短板和瓶颈，远远无法满足和适应建设社会主义现代化强国的新要求和新任务。要实现第二个百年奋斗目标，建成社会主义现代化强国和科技强国，我国面临着科技创新和产业转型升级的压力和挑战。这就需要我们把发展的重心转移到支柱产业和战略产业上去，而这些都离不开不断强化的基础科学知识体系和基础技术体系的支撑。

针对目前国际形势的各种不确定性和风险挑战，以及西方发达国家的技术封锁，核心技术无法用金钱购买，也是无法靠化缘能讨得来的。当前，我国仍然有不少"卡脖子"的技术问题，其根源在于基础理论研究薄弱，一些技术的源头和最基础的原理知识没有弄明白。因此，必须不断加强原始创新、自主创新，主动掌握前沿性基础研究，取得引领性原创成果的突破，才不至于受制于人，才能培育出具有国际领先水平的高精尖人才。

基础理论的研究必须做到厚积薄发，而且具有基础性、体系性、累积性和衍生性特征。因此，政府需要在基础研究领域增加投入，同时引导更多的社会资本加大对基础研究的投入。这些年来，我国在基础研究领域的投入不断扩大，基础研究在科技投入中的比重不断提升。据《2019 年全国科技经费投入统计公报》的数据，2019 年，我国基础研究经费占 GDP 的比重第一次超过 6%，但发达国家却达到了 15%~25% 的占比，我们在这方面的差距仍然较大。

因此，我们必须不断优化有利于基础研究的科研环境，建立完善合理的科学评价体系和激励机制，激发科研工作者创新和研究的积极性；同时鼓励更多的优秀青年才俊和拔尖人才投身于基础研究领域，沉下心、放下身段潜心研究；加强国内和国外科学家之间的沟通和交流；在全社会形成以基础研究为荣、崇尚科学、探索真理的良好风气。正如习近平总书记所言,培养探究自然奥秘的好奇心和求知欲是基础研究的出发点。此外,还要加大应用技术领域的基础研究力度,从重大科技项目入手,打通应用基础研究和产业化沟通的渠道,推动创新链和产业链精准对接。同时,在创新链的全过程要适度引入竞争机制,促进高质量创新,实现关键核心技术的自主可控。

第五条 "讲信义是我们民族的传统。"

(邓小平)

【引申释义】

做企业,做产品,首先要从做人开始,做一个诚信的人,这样才能做一个诚信的企业,打造一个有信誉的产品。这句话道出了一个最朴素的道理:做企业和做人一样,唯有诚信,才能最终赢得人心,才能走得长远。

诚信是中华民族的传统美德,是中华传统道德文化的精华。"诚"是尊重事实、真诚待人,既不自欺也不欺人。故朱熹曰:"诚者,真实无妄之谓。""信"是忠于良心、信守诺言。故张载曰:"诚善于心谓之信。""诚"是"信"之根,"信"是"诚"之用。中华传统美德把诚信视为人"立身进业之本",要求人们"内诚于心,外信于人"。

【名人简介】

邓小平(1904年8月22日—1997年2月19日),原名邓先圣,学名邓希贤,四川广安人。早年曾赴欧洲勤工俭学,归国后,邓小平全身心地投入党领导的争取民族独立和人民解放的革命斗争。从土地革命、抗日战争到解放战争,先后担任党和军队的许多重要领导职务,为党中央一系列重大战略决策的实施,为新民主主义革命的胜利和新中国的诞生,建立了赫赫功勋,成为中华人民共和国的开国元勋。

邓小平是全党全军全国各族人民公认的享有崇高威望的卓越领导人,伟大的马克思主义者,伟大的无产阶级军事家、外交家、革命家和政治家,久经考验的共产主义战士,中国社会主义改革开放和现代化建设的总设计师,中国特色社会主义道路的开创者,邓小平理论的主要创立者。他所倡导的"改革开放"及"一国两制"政策理念,改变了20世纪后期的中国,也深深影响了世界,因此在1978年和1985年,两次当选《时代周刊》"年度风云人物"。

【案例】

诚信经营是企业经营的根本

在现代企业的激烈竞争中,有的企业存在钻空子搏利润的赌博心态,守不住道德底线。如果说营销包装、制造概念、故弄玄虚尚在诚信的边缘上,那么恶性竞争、能效虚标、弄虚作假、伪劣产品已经严重跌出了诚信的范围。不诚信,看似获取了一时之惠,实际上,却永远丧失了做大做强、领先行业的机会。

"做企业,做产品,首先要从做人开始,做一个诚信的人,这样才能做一个诚信的企业,打造一个有信誉的产品。"格力集团董事长董明珠的这句话道出了一个最朴素的道理:做企业和做人一样,唯有诚信,才能最终赢得人心。

董明珠坦言，正是诚信文化，让企业始终保持创新的动力，因为"忽悠了消费者，消费者会抛弃你"，只有真正有创新、高质量的产品，才会留住消费者的心。

不打价格战，拒绝三角债，不裁员降薪，规范纳税，公平管理，诚信自律，像修炼生命一样修炼产品质量，就是这些看似极难做到的守则，格力集团做到了，也让企业走到了今天。

2013年，家电行业一片肃杀，尤其是空调行业，据国家信息中心发布的数据显示，2011年8月1日至2012年7月31日，国内空调销售量同比下滑25.12%，销售额下滑19.36%，创下自2007年以来同比降幅最大值。

在这样的局面下，家电和压缩机企业真正感受到了寒冬的危机，许多企业都在降价。这一系列行为均发生在2011—2012年，但就是在这种情况下，格力集团于2012年实现了营业总收入破千亿，成为首家实现千亿的专业化家电企业。

漂亮的数据背后，是一路走来的艰辛，是企业诚信、共赢的理念使然。企业曾为了守住诚信，宁可丧失市场、宁可剔除不认同该企业理念的大经销商，可以说为了坚守诚信底线不惜一切代价。

一家讲诚信的企业往往会付出代价，董明珠坦言，企业的代价也很大。比如说节能惠民政策，"谁也没有办法从表面分辨出来是三级、二级、一级能效标准，这个弄虚作假是没有办法约束的，就需要凭自己的良心了。"她说，作为一家拥有核心技术的企业，在市场上二级能效产品占到了70%的市场份额，但是一些没有真正掌握核心技术的企业，竟然卖的全部是一级能效产品，而一级能效补贴500元，二级能效补贴300元，横向比的话，企业肯定吃了大亏。

在2018年12月底中国质量协会公布的全国市场质量信用A等企业名单中，格力集团榜上有名，不仅被评为"2018年用户满意标杆企业"，还获得了市场质量信用等级最高的AAA认证。格力集团此次获得权威认可反映了该企业的诚信价值，坚持诚信经营，使企业赢得了顾客的信任，扎紧了与顾客的关系纽带。

"人而无信，不知其可。"人如果不讲信用，在社会上就没有立足之地，什么事情也做不成。诚信不仅是人的第二个"身份证"，也是企业品牌的一张"金色名片"。对于企业来说，诚信不仅关乎未来发展，也是连接企业与顾客的重要纽带。要想获得长足的发展，树立良好的品牌形象，企业必须用真诚和品质赢得顾客的信任与喜爱，建立良性的顾客关系。

"一个企业要赢得市场的尊重，最根本的是诚信，最大的秘诀就是不玩花样。"董明珠坦言。标杆企业总是致力于积累诚信资本，善于发挥诚信的纽带作用，将企业和顾客紧紧联系在一起，提升用户满意度。格力集团以顾客为中心，以诚信为营销准则，从顾客的需求出发，用"实"和"信"构建了良好的顾客关系。

具体来说，格力集团是怎么把"诚"与"信"落到实际经营中的呢？在格力集团的企业文化中，"实"是一个核心理念。"少说空话，多干实事"，这短短八个字透露出企业务实的价值观念，也表明企业诚信经营的基础——货真价实。

2005年，格力集团提出简短有力的广告语："好空调，格力造。"这不仅仅是一句简单的广告语，更意味着企业对消费者的品质承诺。它说到做到，通过各种方式来提升产品质量，以"追求完美质量，售后零缺陷"为质量目标，致力于为消费者提供货真价实的好产品。逐渐地格力从一个并不知名的品牌走进了大众的视野，产品受到越来越多消费者的认可。企业用质量向消费者兑现了承诺，也在消费者心中树立了良好的形象。

　　董明珠曾多次表示，没有质量做支撑，营销就是行骗。进一步分析发现，企业的营销并不仅仅是变现的手段，更是基于诚信的质量承诺。企业只有足够的"诚"，顾客才可能生出"信"，"诚"与"信"的辩证关系，在格力的营销中体现得淋漓尽致。同时，它把"质量第一，顾客满意，诚信经营，多方共赢"的信义刻在企业文化的最深处。

　　此后，格力集团又首创了业内沿用至今的"淡季贴息返利"和"年终返利"等做法，打造出了"区域性销售公司"模式，打通了企业与顾客之间的关系，使"诚信"的原则贯穿于企业从生产到销售的每一个环节，被誉为"21世纪经济领域的全新营销模式"。

　　正是由于这种对诚信的坚守，格力集团收获了商家、顾客的信任，获得了长足的发展，实现了多方共赢。相关数据显示，格力集团产品远销全球160多个国家和地区，至2018年累计用户达到4亿，2020年位居《财富》世界500强企业第436位。

　　格力集团的经验是可借鉴的：诚信是紧密连接企业与顾客关系的纽带，只有牢牢把这个纽带牵在企业手中，方为长久的发展之道。

第六条　"掌握新技术，要善于学习，更要善于创新。"

（邓小平）

【引申释义】

　　邓小平同志一贯高度重视科学技术，认为科学技术是第一生产力。不仅如此，邓小平同志还对如何依靠科学技术实现中国的发展指出明确的途径。1984年2月15日，80岁高龄的他在视察上海时，为宝山钢铁公司题词："掌握新技术，要善于学习，更要善于创新。"他的这句话虽然主要是针对钢铁公司说的，但却有普遍的指导意义。创新是一个民族进步的灵魂，是一个国家兴旺发达的不竭动力，也是一个政党永葆生机的源泉。学习创新精神，同时将创新融于工作，对于每个行业的发展来讲都是一种生生不息的原动力和强有力的助推力。

【案例1】

技术型的创意工厂

　　闻名世界的迪士尼乐园，就是以善于在细节上创新而著称，被誉为"创意工厂"。迪士尼乐园创造出了许多经典的卡通形象，一问世就受到了孩子们的喜爱，尤其难能可贵的是，迪士尼会在每一个卡通形象上深入开发，不断在细节上予以创新，使其卡通形象能够长盛不衰。以米老鼠这一卡通形象为例，米老鼠曾给该公司带来巨大的名望和财富，不过，公司创始人并没有就此满足，因为他并不是想将米老鼠打造成只流行一时的产品，围绕米老鼠这一卡通形象，迪士尼开发出了众多产品，每一个细节都得到了充分运用，比如，专门成立了米老鼠俱乐部，只有10岁以下的孩子才有资格成为这个俱乐部的成员，米老鼠俱乐部的成立进一步扩大了迪士尼公司在孩子和家长们心中的影响力。再比如，正是受到米老鼠俱乐部影响，迪士尼又发现，如果建立一座真正的童话小镇，将会很受欢迎。于是迪士尼把公司的众多卡通形象加以利用，建成了迪士尼乐园。这座童话主题的游乐园一经建成便大获成功，现在已经成为全世界孩子心目中的圣地。沃尔特·迪士尼说过："以前我们兴旺发达，那是因为我们敢于冒险尝试新事物。但是，我们的公司不能停滞不前，我们要弄出新东西来。"从米老鼠到唐老鸭，到米老鼠俱乐部，到迪士尼乐园，正是细节上的不断创新，支持着迪士尼公司长盛不衰，走过了近百年。

【案例2】

技术的细节

　　一个细节的改变，就改变了全局。我国台湾屏东是莲雾的主产区，莲雾熟透特别诱人，但这种水果有个特点，就是不容易保存，采摘下来马上食用才会有最好的口感。传统的销售模式都是层层分销，将莲雾采摘下来，依次卖给水果贩、批发商，最后摆到水果摊上售卖，等莲雾到了消费者手里时，不仅卖相不好，口味也跟刚摘下来差距很大。有一个屏东的果农就想，我为什么不能采取直供超市的全新营销模式，凌晨三四点钟将莲雾采摘下来，趁新鲜送到便利店的各个寄售点？这样，当消费者在六七点钟买早餐时，就能够买到最新鲜的盒装莲雾，会发现跟传统渠道买来的莲雾不一样。如此就引发了一个营销上所讲的"口碑效应"。一传十，十传百，就让更多的消费者知道了他的莲雾，愿意去购买，然后引发了他收入的增长、供应能力的提高，然后就可以满足更多的顾客。经过几年的发展，这个果农成为中国台湾的"莲雾大王"。这个案例，其实就是找到了多米诺骨牌中的第一张，也就是最重要的那张牌，当那张牌被推倒，连锁反应便接着发生了。一桩生意能否成功，其实牵扯的因素非常多，比如产品的设计、外包装、定价、营销方式、客户体验等，但是对有些产品而言，某些因素可能显得更加重要，如果能把这些比其他因素更加重要的因素找出来，往往就能达到事半功倍的效果。比如像史玉柱当年为脑白金产品制定的广告营销策略，就是这个生意里面最重要的那张多米诺骨牌。

【案例3】

从需求中发现市场

　　随着日本逐渐进入老龄化社会，增田宗昭决定建立一家能吸引老年人的书店；因为他希望顾客在看书选书的同时还能悠闲地喝咖啡，书店引进了星巴克，并且自己经营管理；因为老年人最关心健康，于是书店深挖"健康"主题，打造了日本最全的烹饪（医食同源）书籍卖场；因为杂志最能体现"生活提案"，所以书店打造了一个世界第一的杂志卖场；为了让老年女性活得更加美丽，书店内开设了美容院；老年人的孩子多已成家，为了减轻老年人的孤单感，书店引入了带宠物医院的宠物店……茑屋书店就是这样一个集多种功能于一身的生活方式综合体。该企业目前共拥有124家公司，现在他们决定今后只做三项工作——创造一个平台让消费者快乐，活用数据库让消费者快乐，提供内容让消费者快乐。

　　很多人困惑，在零售出版业萧条的大环境下，茑屋书店为什么还能这么火？创始人增田宗昭先生认为——书店的问题就在于它在卖书。如果你要买书，去亚马逊买一本书就可以了。你要找信息，可以去谷歌找。而如何在书中发现自己的生活方式才是消费者真正需要的。或许这正是实体书店如此低迷的今天，茑屋书店的经营模式却大获成功的主要原因。

第七条 "离开理论的实践，是盲目的实践；离开实践的理论，是空洞的理论。"

（朱德）

【引申释义】

早在 1933 年，朱德在《谈几个战术的基本原则》一文中，引用了苏联军事学校中曾经张贴过的标语，即"离开理论的实践，是盲目的实践；离开实践的理论，是空洞的理论"。他本人把这个道理归结为"使实践和理论融合起来"。

朱德主张，学习应从两方面进行：一是通过实际斗争学习，即在实践中学习。如大家在战场上、工作中学会本领，这是很实际的、很好的学习。但仍不够，还必须提高，要把实际斗争的作战经验总结出来，经过提炼后使之条理化。二是借助理论层面的学习，这种学习与在实际中学习同样重要。

【名人简介】

朱德（1886 年 12 月 1 日—1976 年 7 月 6 日），字玉阶，原名朱代珍，曾用名朱建德，是伟大的马克思主义者，伟大的无产阶级政治家、军事家和革命家，中国人民解放军的主要缔造者之一，中华人民共和国的开国元勋，同时也是以毛泽东同志为核心的党的第一代中央领导集体的重要成员。

中华人民共和国成立初期，朱德兼任中共中央纪律检查委员会书记，为加强执政党的建设，维护党的组织纪律，克服党内各种不良倾向，为始终保持党的优良作风，进行了大量卓有成效的工作。他多次出国访问、会见外国领导人，由此增进了中国人民和各国人民的友谊。

【案例】

理论与实践的结合

为了解决价值主张与客户细分之间的矛盾，实现客户关系及渠道通路与价值主张及客户细分之间的配称，海尔集团进行了商流的再造。海尔集团在商流内部建立企划部、广告部、市场资源部和工贸公司。企划部的主要功能是将客户需求转化为商流对生产事业部的需求，最终起到连接客户与生产的作用；广告部的主要功能是广告宣传的策划及媒体管理，实现客户关系维护的作用；市场资源部主要负责营销渠道的建设和管理，主要体现商业模式的渠道通路要素；工贸公司主要负责产品销售，根据关注点的不同，又划分为产品销售经理和区域客户经理两条业务线。在渠道管理方面，海尔集团在利用原有传统的经销商渠道的同时，还积极开拓小城市及乡镇等自有或合作渠道，同时，通过资源的整合，海尔集团建立统一的电子商务网站，通过产品的丰富吸引客流；海尔集团渠道通路的建设为海尔销售的"端对端"提供了基础。在客户细分方面，海尔集团通过对各终端销售人员的市场链模式管理，提高了每个员工服务客户的意识及积极性，通过员工利益与企业利益的绑定，提高每个员工工作的动力，客户真正成为每个员工的上帝，在员工层面实现客户细分。在客户关系方面，海尔提出"端到端"理念，集团 CRM 信息系统把企业内部供应链系统、物流配送系统、资金流管理结算系统和遍布全国的分销管理系统及客户服务响应CALL-CENTER系统集成到一起，在总部和上海、北京建立第三代（具有CAD）的呼叫中心，以其为收集信息的主要手段，以E-mail、FAX、信函、销售代表反馈为辅助手段，实现内部供应链系统、物流配送系统、资金流管理结算系统和遍布全国的分销管理系统快速响应，消灭企业与客户间的距离。

第八条　"世上无难事，只畏有心人。有心之人，即立志之坚者也，志坚则不畏事之不成。"

（任弼时）

【引申释义】

任弼时同志自16岁参加革命，46岁英年早逝，为中华民族独立和中国人民解放事业奋斗了一生，贡献出了自己的一切。任弼时同志作为新民主主义革命时期党的主要领导人之一，参与了党的一系列重大决策的制定和实施，是人民军队政治工作的杰出领导人，为创建我们党领导下的政治坚定、纪律严明的新型军队做出过重要的历史贡献。他的格言"世上无难事，只畏有心人。有心之人，即立志之坚者也，志坚则不畏事之不成"，成为他面对各种艰难险阻时最真实的写照。

【名人简介】

任弼时（1904年4月30日—1950年10月27日），原名任培国，湖南汨罗人，是伟大的马克思主义者，杰出的无产阶级政治家、组织家和革命家，中国共产党和中国人民解放军的卓越领导人，是以毛泽东同志为核心的中国共产党第一代中央领导集体的重要成员。曾担任中共第七届中央政治局委员、中央书记处书记。

【案例】

以创新突破困境

作为中国第一家民营汽车企业，吉利汽车从生产"四个轮子加一个沙发"的汽车，到中国品牌狭义乘用车市场销量冠军，如今已经成为自主品牌汽车名副其实的领头羊。根据乘联会公布的数据，在2017年8月，吉利汽车销量已接近10万辆，同比增长80%。并且在前8个月，吉利汽车累计销售新车约72万辆，同比增长88%，领涨乘用车和中国品牌汽车市场。吉利汽车能够走到这一步，并非一朝一夕之功，它也走过弯路，也有过低谷。在面临困境时，吉利汽车及时进行战略转型，才摆脱下滑，更上一层楼。从中国制造到中国智造，一字之差背后凝聚的是整个企业的心血，更是产品的不断进化和技术的不断突破。

困境求生、闪亮逆袭。吉利汽车在成立之初推出了美日、优利欧、豪情（"老三样"），和当时价格昂贵的合资车相比，产品定位为低价、皮实、美观、实用的"老三样"开辟出了独特的生存之道。几年之后，随着合资车的价格不断下降，吉利汽车的价格优势不再明显，而质量与合资车相比又相差较多。于是，公司调整了发展方向，核心竞争力从价格优势向技术优势转型，产品研发和制造的方向也从"造老百姓买得起的好车"转变为"造最安全、最节能、最环保"的好车。为了实现转型，吉利汽车在2007年宣布将价值8亿元的"老三样"的生产线全部淘汰，同时新建了"新三样"——远景、金刚、自由舰的生产线，并逐步建立了全球鹰、帝豪、英伦三大品牌,开启多品牌时代。然而多品牌的管理令企业逐渐显现出多个问题,吉利汽车在接受《国际金融报》记者采访时也坦言,多品牌战略造成了研发资源投入和分配不均、子品牌车型单一、产品不能满足市场和消费者升级的需求。从销量上来看,在2011—2013年,吉利汽车销量分别为43.28万辆、49.14万辆、54.94万辆,同比增长分别为4%、13.5%、11.8%,连续三年都保持着稳定的增长。长期保持稳定增长的吉利汽车,却在2014年遭遇滑铁卢,乘用车累计销售只有42.58万辆,较2013年下滑22.5%,是近几年来的首次下跌,销量跌回4年前,甚至低于2011年的水平。再次站在风口浪尖的吉利汽车,为了一举解决顽疾,将三大品牌汇聚为统一的吉利品牌,整合所有资源专注于一个品牌,推出了全新的品牌使命"造每一个人的精品车",专心于技术研发,新帝豪终于名正言顺地诞生了。新帝豪于2014年7月上市,是公司回归"一个吉利"战略的第一款车型,是新战略的"排头兵",也是检验公司之前的几年调整与研发成果的车型。

所幸新帝豪的表现不负众望。2015年吉利汽车的销量为53.85万辆,同比增长26.47%,其中新帝豪可以说是年度销量的最大贡献者,全年累计销量为20.62万辆,占比约为40.28%。在同级车型中,新帝豪在2015年的销量仅次于长安福特福睿斯,为中国品牌轿车销量冠军。吉利汽车表示,相较于以往的车型,新帝豪的成功之处在于其历经7次大改款后,产品力的不断增强、配置的不断丰富提升,使自身竞争力得到显著提高,更加贴合消费者的需求。对于吉利汽车来说,新帝豪的成功为其奠定了坚实的用户口碑基础,也是吉利汽车快速发展的动力和底气所在,为后续车型提供了成功经验。

第九条 "带勇之法,以体察人才为第一"

(曾国藩)

【引申释义】

企业一般掌握4种资源:人才、自然资源、资本资源、信息资源。在当今社会激烈的行业竞争中,企业经营竞争的焦点无疑转向科技与知识的竞争。而科技与知识的竞争归结到底就是人才的竞争。人才对于企业的重要性不言而喻,人才是发展的核心竞争力。只有有了人才,企业才能在市场竞争中取得优势。一个企业想要快速发展、扩张,需要有充足的人才保障,想要实现赢利,必须有优秀的管理人才和技术人才来支撑,甚至可以说很多时候人才是企业的第一资本。

而企业之间的竞争同样也是人才的竞争,有了人才,企业才能在市场竞争中取得优势。那么应该选用什么样的人才才能满足企业的要求呢?曾国藩给出了人才的选拔标准。曾国藩治军把选将作为第一要务,他说,"行军之道,择将为先"。他的选将标准是德才兼备、智勇双全,而把德放在首位,并把德的内涵概括为"忠义血性"。他提出:"带勇之人,该求我党血性男子,有忠义之气而兼娴韬钤之秘者,与之共谋。"又说:"带勇之人,第一要才堪治民,第二要不怕死,第三要不计名利,第四要耐受辛苦。""大抵有忠义血性,则相从以俱至,无忠义血性,则貌似四者,终不可恃。"

【名人简介】

曾国藩(1811年11月26日—1872年3月12日),初名子城、伯涵、涤生,宗圣曾子七十世孙,中国晚清时期政治家、战略家、理学家、文学家、书法家,湘军的创立者和统帅。曾国藩出生于普通耕读家庭,自幼勤奋好学,6岁入塾读书。8岁能读"四书"、诵"五经",14岁能读《周礼》《史记》《文选》。道光十八年(1838年)中进士,入翰林院,为军机大臣穆彰阿门生,累迁内阁学士,礼部侍郎,署兵、工、刑、吏部侍郎,与大学士倭仁、徽宁道何桂珍等为密友,以"实学"相砥砺。太平天国运动时,曾国藩组建湘军,力挽狂澜,经过多年鏖战后攻灭太平天国起义。其一生奉行为政以耐烦为第一要义,主张凡事要勤俭廉劳,不可为官自傲。他修身律己,以德求官,礼治为先,以忠谋政,在官场上获得了巨大的成功。曾国藩的崛起,对清王朝的政治、军事、文化、经济等方面都产生了深远的影响。在曾国藩的倡议下,清朝建造了中国第一艘轮船,建立了第一所兵工学堂,印刷翻译了第一批西方书籍,安排了第一批赴美留学生。可以说曾国藩是中国近代化建设的开拓者。曾国藩与胡林翼并称"曾胡",与李鸿章、左宗棠、张之洞并称"晚清中兴四大名臣"。官至两江总督、直隶总督、武英殿大学士,封一等毅勇侯,谥号"文正",后世称"曾文正"。

【案例1】

引才纳贤是国家强盛的根本

引才纳贤是国家强盛的根本,而人才,尤其是高才,并不那么容易引得到、纳得着。秦昭王雄心勃勃,欲一统天下,在引才纳贤方面显示了非凡的气度。范雎原为一隐士,熟知兵法,颇有远略。秦昭王驱车前往拜访范雎,见到他便屏退左右,跪而请教:"请先生教我。"但范雎支支吾吾,欲言又止。于是,秦昭王"第二次跪地请教",且态度更加恭敬,可范雎仍不语。秦昭王又跪,说:"先生卒不幸教寡人邪?"这第三跪打动了范雎,道出自己不愿进言的重重顾虑。秦昭王听后,第四次下跪,说道:"先生不要有什么顾虑,更不要对我怀有疑虑,我是真心向您请教。"范雎还是不放心,就试探道:"大王的用计也有失败的时候。"秦昭王对此并没有发怒,领悟到范雎可能要进言了,于是,第五次跪下,说:"我愿意听先生说其详。"言辞更加恳切,态度更加恭敬。这一次范雎也觉得时机成熟了,便答应辅佐秦昭王,帮他统一六国。后来,范雎鞠躬尽瘁辅佐秦昭王成就霸业,而秦昭王五跪得范雎的典故,千百年来被人们称誉,成为引才纳贤的楷模。

今天的企业老板作何感想,将如何引才纳贤?秦昭王五跪得范雎的典故,是否由老板们来作续呢?

【案例2】

用人之长

用人之道最重要的,是要善于发现、发掘、发挥属下的一技之长。用人得当,事半功倍。楚将子发爱结交有一技之长的人,并把他们招揽到麾下。有个人其貌不扬,号称"神偷",也被子发待为上宾。

有一次,齐国进犯楚国,子发率军迎敌。交战三次,楚军三次败北。子发旗下不乏智谋之士、勇悍之将,但在强大的齐军面前,简直无计可施了。这时"神偷"请战,在夜幕的掩护下,他将齐军主帅的帷帐偷了回来。第二天,子发派使者将帷帐送还齐军主帅,并对他说:"我们出去打柴的士兵捡到您的帷帐,特地赶来奉还。"当天晚上,"神偷"又去将齐军主帅的枕头偷来,再由子发派人送还。第三天晚上,"神偷"连齐军主帅头上的发簪子都偷来了,子发照样派人送还。齐军上下听说此事,甚为恐惧,主帅惊骇地对幕僚们说:"如果再不撤退,恐怕子发要派人来取我的人头了。"于是,齐军不战而退。

人不可能每一方面都出色,但也不可能每一方面都差劲,再逊的人总有一方面较他人为长。企业老板们要能很清楚地了解每个下属的优缺点,千万不能夹杂个人好恶,也许你今天看不起的某个人,他日正是助你事业转机的干将。

【案例3】

纪浪子训鸡喻育才

育才是企业永久的工程,用才而不育才,人才便没有持续力。据传,周宣王爱好斗鸡,纪浪子是一个有名的斗鸡专家,周宣王命其训练斗鸡。10天后,宣王催问道:"训练成了吗?"纪浪子说:"还不行,它一看见别的鸡,或听到别的鸡叫,就跃跃欲试。"又过了10天,宣王问训练好了没有,纪浪子说:"还不行,它心神还相当活跃,火气还没有消退。"再过10天,宣王又说道:"怎么样?难道还没训练好吗?"纪浪子说:"现在差不多了,骄气没有了,心神也安定了,虽然别的鸡叫,它也好像没有听到似的,毫无所应,不论遇见什么突然的情况它都不动不惊,看起来真像木鸡一样。这样的斗鸡,才算训练到家了,别的斗鸡一看见它,准会转身就逃,斗也不敢斗。"宣王于是去看鸡的情况,果然呆若木鸡,不为外面光亮声音所动,可是它的精神凝聚在内,别的鸡都不敢应战,看见它就走开了。今天的企业老板们从纪浪子训斗鸡中有何启发?我们的育才不也是遵循这样的规律吗?只有企业自己培育的人才,并且培育到一定火候,才能为企业带来更大的价值。

【案例4】

以人性为本的管理模式

"山姆可以称得上是本世纪最伟大的企业家。他所建立的沃尔玛企业文化是一切成功的关键,是无人可以比拟的。"美国 Kmart 连锁店创始人哈里·康宁汉这样评论他的竞争对手——山姆·沃尔顿。

为了给消费者提供物美价廉的商品,沃尔玛连锁超市不仅通过连锁经营的组织形式、高新技术的管理手段,努力降低经营费用,让利于消费者,而且从各个方面千方百计节约开支。美国大公司拥有专机司空见惯,但沃尔玛的十几架专机都是二手货;美国大公司一般都拥有豪华的办公楼,但沃尔玛总部一直设在偏僻小镇的平房中;公司创始人虽然家财万贯,但理发只去廉价理发店;现任董事长是世界级巨富,但他的办公室只有12平方米,而且陈设十分简单,公司总裁办公室也不到20平方米。这些做法传达给消费者的信息是:该公司时刻为顾客节省每一分钱。为了给消费者超值服务,沃尔玛想尽了一切办法,要求其员工要遵守"三米微笑"原则,尽量直呼顾客名字,微笑只能露出八颗牙,等等。

沃尔玛不只强调尊重顾客、提供一流的服务,而且还强调尊重公司的每一个人,坚持一切要以人为本的原则。在内部,虽然各级职员分工明确,但少有歧视现象。公司一位前副董事长曾经说:"我们是由具有奉献精神、辛勤工作的普通人组成的群体,来到一起为的是实现杰出的目标。我们虽然有不同的背景、肤色、信仰,但坚信每一个人都应受到尊重和有尊严的待遇。"

公司在处理员工关系方面运用最多的方法是激励而不是批评或处罚,如果员工把事情做好了，上司就会对其良好的表现进行褒扬："你做得很好！"如果员工做错了，上司会对员工说："换种方法你会做得更好！"在公司里，员工是最大的财富，他们有一套特殊的对待员工的政策，不称员工为雇员，而称为合作者、同事，一线员工可以直接与主管以至总裁对话，而不必担心报复。公司重视对员工的精神鼓励，重视对员工潜能的开发，重视对员工素质的培养，重视每一位员工的建议，重视在企业内部建立一种和谐的气氛，正是这些使得员工感到自己是公司的重要一员，在公司就像是在一个大家庭里。也正是这样才能把员工们团结起来，发挥集体的力量，愿意为公司这个大家庭做贡献。

第二节　国际政治名人名句

第一条　"提高就是要改变，而要达到完美就要不断改变。"

[（英国）丘吉尔]

【引申释义】

做大做强做优是努力追求个人目标和事业目标所得到的结果。目标的实现取决于个人坚持改变自己的能力。进步贯穿于改变、成长和付出的过程。改变与进步需要摒弃旧思想，吸纳新观念和新思想，最重要的是需要更坚强的毅力。要想取得大进步，要有决心坚持与众不同的做事风格，如果仍然没有赢得应有的财富，没有处理好各类人际关系，没有获得成功，那么必须尽快改变。

【名人简介】

温斯顿·伦纳德·斯宾塞·丘吉尔（1874年11月30日—1965年1月24日），出身贵族，父亲伦道夫勋爵曾任英国财政大臣。丘吉尔是英国政治家、历史学家、军事家、外交家、演说家、作家，1874年生于英格兰牛津郡伍德斯托克；1940—1945年和1951—1955年两度出任英国首相，其间领导英国人民赢得了第二次世界大战，是"雅尔塔会议三巨头"之一；战后发表《铁幕演说》，正式揭开了美苏"冷战"的序幕，被美国杂志《人物》列为近百年来世界最有说服力的八大演说家之一；文学上也有较高成就，凭借《不需要的战争》获1953年诺贝尔文学奖；1929—1965年，连续36年担任英国布里斯托大学校长。1965年1月24日，因中风逝世。

丘吉尔被认为是20世纪最重要的政治领袖之一，其仕途涉足多个领域并历经两次世界大战，对英国、欧洲乃至于世界政治格局均影响深远。2002年，在BBC举行的"最伟大的100名英国人"的调查中，名列榜首。

【案例1】

在努力中学会改变

德摩斯梯尼（前384—前322年），天生口吃，嗓音微弱，还有耸肩的坏习惯。为了成为卓越的政治演说家，德摩斯梯尼做了超过常人几倍的努力，进行了异常刻苦的学习和训练。为了改进发音，他把小石子含在嘴里朗读，迎着大风和波涛讲话；为了去掉气短的毛病，他一边在陡峭的山路上攀登，一边不停地吟诗；他在家里装了一面大镜子，每天起早贪黑地对着镜子练习演说；为了改掉说话耸肩的坏习惯，他在头顶上悬挂一柄剑或一只秤砣；他把自己剃成阴阳头，以便能安心躲起来练习演说。最后，他成为著名的演说家。

【案例2】

朝着适合自己的方向努力

爱因斯坦的一生所取得的成功是世界公认的，他被誉为20世纪最伟大的科学家。他之所以能够取得令人瞩目的成绩，和他一生具有明确的奋斗目标是分不开的。他出生在德国一个贫苦的犹太家庭，家庭经济条件不好，加上自己小学、中学的学习成绩平平，虽然有志往科学领域进军，但他有自知之明，知道必须量力而行。他进行自我分析：自己虽然总的成绩平平，但对物理和数学有兴趣，成绩较好，只有在物理和数学方面确立目标才能有出路，其他方面是不及别人的。因而他读大学时选读瑞士苏黎世联邦理工学院物理学专业。

特别值得一提的是，爱因斯坦不但有可贵的自知之明，而且对已确立的目标矢志不移。1952年以色列国鉴于爱因斯坦科学成就卓越、声望颇高，加上他又是犹太人，当该国第一任总统魏兹曼逝世后，邀请他担任总统，他婉言谢绝了，并坦然承认自己不适合担任这一职务。

【案例3】

电磁感应中的不懈追求

法拉第最出色的工作是电磁感应的发现和"场"的概念的提出。1821年他在读了奥斯特关于电流磁效应的论文后，被这一新的学科领域深深吸引。他刚刚迈入这个领域，就取得了重大成果——发现通电流的导线能绕磁铁旋转，从而跻身著名电学家的行列。因受苏格兰传统科学研究方法影响，通过奥斯特实验，他认为电与磁是一对和谐的对称现象，既然电能生磁，他坚信磁亦能生电。首先他把线圈放在磁铁旁边，再观察电流表。经过10年探索，历经多次失败，后来他改变方式，采用闭合导线切割磁力线，从而产生了感应电流，这就是著名的"磁电感应"，终于实现了"磁生电"的夙愿，宣告了电气时代的到来。

第二条 "凡是决心取得胜利的人是从来不说'不可能'的。"

[（法国）拿破仑·波拿巴]

【引申释义】

这句话是说要想取得胜利，就必须充满信心和意志力坚强。没有信心和意志力，坚持无从谈起。坚持是甘甜的，因为无畏的决心与不倒的毅力早已在心中播下了胜利的种子。而持之以恒的坚持来自决心取得胜利的人。

【名人简介】

拿破仑·波拿巴（1769年8月15日—1821年5月5日），即拿破仑一世（Napoléon I），出生于科西嘉岛，19世纪法国伟大的军事家、政治家，法兰西第一帝国的缔造者。历任法兰西第一共和国第一执政（1799—1804 年）、法兰西第一帝国皇帝（1804—1815 年）。

拿破仑于 1804 年 12 月 2 日加冕称帝，把共和国变成了帝国。他在位期间被称为"法国人的皇帝"，也是历史上自查理三世后第二位享有此名号的法国皇帝。

对内他多次镇压反动势力的叛乱，颁布了《拿破仑法典》，完善了世界法律体系，奠定了西方资本主义国家的社会秩序。对外他率军五破英、普、奥、俄等国组成的反法联盟，打赢五十余场大型战役，沉重地打击了欧洲各国的封建制度，捍卫了法国大革命的成果。他在法国执政期间多次对外扩张，发动了拿破仑战争，成为意大利国王、莱茵联邦的保护者、瑞士联邦的仲裁者、法兰西帝国殖民领主（包含各法国殖民地、荷兰殖民地、西班牙殖民地等）。在最辉煌时期，欧洲除英国外，其余各国均向拿破仑臣服或与之结盟，形成了庞大的拿破仑帝国体系，创造了一系列军政奇迹与短暂的辉煌成就。

【案例】

执着创业的企业家

借着改革开放的东风，互联网第一代创业者们成功走上创业道路。周鸿祎怀着对硅谷的向往，开始 3721 的"车库式创业"，他拿着写在两张纸上的"简陋"商业计划书，获得了 IDG 资本 200 万人民币的投资。

1994 年 4 月 20 日，中国通过一条 64K 的国际专线，全功能接入国际互联网。从 1979 年到 1994 年，在这 16 年间民营经济获得了长足的发展，旧制度逐步松动，新共识开始形成。

1992 年，邓小平发表南方谈话，经济发展的重要性被强调，意识形态之争被搁置。

第一代互联网创业者正是在这样的潮流中，投身创业。早在西安交通大学读书期间，周鸿祎就有多次创业经历，失败之后在 1995 年进入方正集团担任程序员。1998 年，周鸿祎离开方正，创办了 3721，后者旨在提供网络实名中文上网业务。

在改革开放第一个 20 年里确立的基本共识，为互联网创业者提供了良好的制度和社会氛围。在开放的大背景下，海外风险投资在中国的淘金为这批创业者带来了经济支持。

周鸿祎是互联网创业者的缩影，有着这一批创业者的典型特征：高学历、计算机背景、做过程序员、优秀的产品经理。这批创业者往往身兼产品经理和企业管理者两个角色。

周鸿祎本人是 3721 的主要开发者之一，时至今日，公司的产品经理聊起他，还会说"老周先是个产品经理，然后才是个企业家"。企业家的重要性通过周鸿祎们得到进一步强化，企业家成为改革共同体最重要的组成之一。

借着改革开放的东风，互联网第一代创业者们成功走上创业道路，他们身处科学技术最能彰显力量的行业之一，他们的事业也成为改革共同体的一部分。

没有中文上网服务之前，用户需要记住复杂的英文域名，无形中增加了使用壁垒。互联网进入中国，作为改革开放的成果之一，理应惠及更多人。周鸿祎创办的企业提供中文上网服务，会让更多人享受到改革开放的红利，从而加入改革共同体中。

改革共同体的扩大与夯实需要创新，这恰恰也是周鸿祎在共同体中发挥的作用。2006 年，周鸿祎出任董事长。在杀毒软件普遍收费的时代，他创出了一种新的商业模式，通过免费的杀毒服务满足用户的安全需求后，再借助浏览器搭建上网平台并提供增值服务盈利。

2009 年，360 实现盈利，金山毒霸和瑞星公司先后跟进，中国杀毒软件市场进入免费时代。互联网行业在中国刚起步时，许多公司将国外已经成熟的产品模式快速复制到国内，取得了一些成功，但是，从改革的长远目标，以及改革共同体的国际形象来看，创新才是解决问题的关键。

2018年，周鸿祎带领从纳斯达克私有化退市的企业重返A股市场。他在采访中表示，他创办的企业未来会是国家网络安全中的一支重要力量。中国企业走出去再走回来，也意味着改革共同体正在努力增加制度的包容性和适应性，拥抱创新型企业和新经济公司，而其公司的回归，就是改革共同体逐步优化的实例之一。

第三条 "预测未来最好的方法就是去创造未来。"

[（美国）亚伯拉罕·林肯]

【引申释义】

相信自己有选择的能力，而不要总是放弃选择，每天只是幻想自己以后要成为什么人、要做哪些事，不付出一丁点的实际行动那怎么行。随着年龄的增长，我们每天要做的选择也越来越多，比如你每时每刻都在选择把时间和注意力花费在什么事情上。

当代社会大多数学生都幻想过自己的未来，但转过头来又抱着船到桥头自然直的心态对待自己的未来，很少会有计划有目的地朝着自己的目标去努力。只有知道自己现在需要什么、未来需要什么，有计划地去做事、去实践、去选择，才能够创造一片属于自己的天地。

【名人简介】

亚伯拉罕·林肯（1809年2月12日—1865年4月15日），出生于肯塔基州，美国政治家，美国第16任总统，黑人奴隶制的废除者，被公认为美国历史上最伟大的三位总统之一。

林肯任总统期间，南北战争爆发。林肯坚决反对国家分裂，维护联邦完整。他废除了奴隶制，颁布了《宅地法》《解放黑人奴隶宣言》，击败了南方分离势力。1865年4月，林肯遇刺身亡，是第一个遭遇刺杀的美国总统，也是首位共和党籍总统。2006年，林肯被《大西洋月刊》评为影响美国的100位人物第一名。

【案例1】

方向正确，未来才走得更远

奥托·瓦拉郝是诺贝尔化学奖获得者，他的成才过程极富传奇色彩。瓦拉郝在读中学时，父母为他选择的是一条文学之路，不料一个学期下来，老师为他写下这样的评语："瓦拉郝很用功，但过分拘泥，这样的人即使有着完美的品德，也绝不可能在文学上发挥出来。"

此时父母只好尊重儿子的意见，让他改学油画。可瓦拉郝既不善于构图，又不会润色，对艺术的理解力也不强，成绩在班上是倒数第一，学校的评语更是令人难以接受："你是绘画艺术方面不可造就之才。"

面对如此"笨拙"的学生，绝大多数老师认为他已成才无望，只有化学老师认为他做事一丝不苟，具备做化学实验应有的品质，建议他试学化学。

父母接受了化学老师的建议。这下，瓦拉郝智慧的火花一下被点着了。文学艺术的

"不可造就之才"一下子变成了公认的化学方面的"前程远大的高才生",最终获得了诺贝尔化学奖。

【案例2】

永不言弃

海伦·凯勒双目失明、两耳失聪,却从一个让人同情的默默无闻的小女孩变成让全世界尊敬的女强人。如果生活真的不公平,那么,生活对她的不公平可谓到了极点。

她完全可以放弃她的梦想躲在阴暗的角落里放声痛哭,没有人会责怪她,她也完全可以躺在床上或坐在轮椅上,像一个植物人一样由人服侍。

可是这一切,她都没有做,她只是吃力地在老师的帮助下学习盲语,触摸物品,凭着永不言弃的信念和坚持不懈的毅力,她把理想的天空涂上了人生最亮的色彩。

【案例3】

车胤的萤火虫之"灯"

车胤是晋代名臣,以博学闻名。他从小勤奋好学,但家里特别穷,有时甚至连点灯的油都买不起。这样一到晚上,车胤就不能读书,他非常苦恼。

一个夏夜,车胤无聊地坐在屋外纳凉。这时,在草丛里飞来飞去的萤火虫引起了他的注意,那些小虫子身上一闪一闪的亮光多像灯光呀!他赶紧找来一个用白纱制成的小口袋,一口气捉了几十只萤火虫放在口袋里。这么多虫子发出的光聚在一起,不就是一盏小小的灯吗?车胤拿着这盏"灯",高兴地进屋读书去了。就这样,车胤经过长年累月的苦读,终于成为一个有学问的人。

> **第四条** "不用相当的独立功夫,不论在哪个严重的问题上都不能找出真理;谁怕用功夫,谁就无法找到真理。"
>
> [(苏联)列宁]

【引申释义】

这句话的意思是要想探求真理,就要多下功夫,全心投入。科学就是探求真理。在探求真理的过程中,人们对客观规律的认识往往要经过艰苦曲折的过程。如果不能全身心投入和多下功夫,就不能找到问题、找准问题,以及发现问题的关键,解决问题也就无从谈起。

【名人简介】

列宁,原名弗拉基米尔·伊里奇·乌里扬诺夫(1870年4月22日—1924年1月21日)马克思主义者,无产阶级革命家、政治家、理论家、思想家。是苏俄(世界上第一个社会主义国家)和苏联的主要缔造者、布尔什维克党的创始人、十月革命的主要领导人,苏联人民委员会主席(即总理)、工农国防委员会主席。

1870年4月22日出生于俄国伏尔加河畔的辛比尔斯克市(现乌里扬诺夫斯克市)。1887年8月,列宁进入喀山大学法律系学习。1891年,列宁以校外生的资格通过了彼得堡大学的毕业考试,并被授予优等生毕业文凭。1892年,他组织了当地第一个马克思主义小组，并将《共产党宣言》译成俄文，还写下了第一本著作《农民生活中新的经济变动》。1917年11月，列宁领导俄国十月革命取得成功，建立了世界上第一个无产阶级专政的国家。1924年1月21日，列宁在戈尔基村去世，享年53岁。

列宁主义作为马克思主义在帝国主义和无产阶级革命时代的新发展和新成果，开辟了马克思主义民族化之路。列宁被全世界的共产主义者普遍认同为"国际无产阶级革命的伟大导师和精神领袖"，是20世纪最有影响力的人物之一。

【案例1】

伽利略追求真理的故事

伽利略·伽利雷（1564—1642年）是现代实验科学的先驱，也是意大利文艺复兴后期伟大的天文学家、机械师、哲学家、物理学家和数学家。他也是现代实验物理学的先驱，被誉为"现代科学之父"。他是一个不屈不挠的真理斗士。恩格斯称他为"一个能打破老话，不顾任何障碍创造新话的巨人"。他于1564年2月15日出生在比萨，是历史上第一个将一生奉献给科学唯物主义的人。他在晚年受到教会的迫害，被终身监禁。他通过系统的实验和观察推翻了亚里士多德的理论。因此，他被称为"现代科学之父"。他的工作为牛顿的理论体系奠定了基础。

1590年，伽利略在比萨斜塔上做了著名的"两个球同时落地"的实验。从那时起，他推翻了亚里士多德的理论，即物体的下落速度与其重量成正比，纠正了这个持续了1900年的错误结论。然而，伽利略关于他在比萨斜塔做实验的声明后来被严格的研究拒绝了。1609年，伽利略发明了天文望远镜（后来被称为伽利略望远镜），并用它来观察天体。他发现了月球凹凸不平的表面，并自己绘制了第一张月球地图。1610年1月7日，伽利略发现了木星的四颗卫星，并为哥白尼找到了确凿的证据，标志着哥白尼胜利的开始。借助望远镜，伽利略还发现了土星的光环、太阳黑子、太阳的自转、金星和水星的盈亏、月亮的周日和周月的天平动，以及银河系由众多恒星组成的事实。这些发现开创了天文学的新时代。

伽利略写了《星际使者》《关于太阳黑子的书信》《关于托勒密和哥白尼两大世界体系的对话》《关于两门新科学的谈话和数学证明》《试验者》和《浅说》。为了纪念伽利略的成就，人们把木卫一、木卫二、木卫三和木卫四命名为伽利略卫星。人们说，"哥伦布发现了新大陆，伽利略发现了新宇宙"。

【案例2】

鲁迅追求真理的故事

鲁迅年轻的时候去日本学医，初衷是通过医学救国。在第二学年，学校增加了细菌学。在本课程的教学过程中，细菌的形状都显示在幻灯片上，有时会与一些时事幻灯片交替显示。有一次，课后放映了一部关于日俄战争的纪录片。在纪录片中，出现了一个镜头：许多中国人看着一个据说是俄罗斯间谍的中国人，这个人将被斩首示众，而周围的旁观者身体强壮但精神麻木。通过这件事，鲁迅认识到：无论一个人的体质有多强，但如果他的头脑是无知的，他只能做无意义的宣传材料和观众，因此，重要的是"治愈"人们的思想。因此，他毅然弃医从文，用笔作为唤醒民族意识的武器。

鲁迅一生写了500多篇文章，成为我国伟大的文学家、思想家和革命家。

【案例3】

朱德追求真理的故事

1922年，朱德为了表示他相信共产主义的决心，毅然脱下马靴，换下军装，放弃财产，只身来到上海。他找到当时的中国共产党领导人陈独秀，提出入党请求，但陈独秀不同意朱德入党。朱德决定出国留学，登上了驶往法国的邮轮。

经过40多天的海上航行，朱德抵达法国马赛，又换火车到了巴黎。他听说中国共产主义青年团欧洲支部的负责人已从巴黎转到柏林，没有打开行李就直奔德国。在这里，他遇到了比他小12岁的周恩来，并郑重地向这位24岁的年轻人提出了入党要求，很快被批准了。此后，朱德同志一直站在新时代的前列，为中国革命做出了不懈的努力。

> **第五条** "幸福不在于拥有金钱，而在于获得成就时的喜悦以及产生创造力的激情。"
>
> [（美国）富兰克林·德拉诺·罗斯福]

【引申释义】

只有付诸实际行动，才能成就自己的幸福。"站在岸上学不会游泳"，如果"一个人没有付诸实际行动，那么他就是一个空想主义者，他就会与幸福无缘。正如有人说，没有等出来的美丽，只有拼出来的辉煌"。付诸行动常使我们尝遍辛酸、体会失望，但是，蝴蝶之所以有美丽的翅膀，是因为它体会了结茧的孤独和破茧的痛苦；苍鹰之所以能翱翔于苍穹，是因为它经历了残酷的飞行训练；河蚌之所以可以结出夺目的珍珠，是因为它承受了砂粒带来的疼痛。付诸行动，直面痛苦，才有绚烂的人生。我们要用理想去铸就幸福，用心去体味幸福，用心去交融幸福，用心去感受幸福，用心去追求属于自己的幸福，让自己的人生普照幸福的阳光！

【名人简介】

富兰克林·德拉诺·罗斯福（1882年1月30日—1945年4月12日），出生于纽约州，先后毕业于哈佛大学和哥伦比亚大学，美国民主党籍政治家，美国第32任总统，美国历史上唯一连任四届（第四届未任满）的总统。

任期内，推行新政使美国经济走向复苏；"二战"期间推动美国支持并加入同盟国阵营，对塑造战后世界秩序发挥了关键作用。他的影响力在雅尔塔会议及联合国的成立中尤其明显，因此他被学者评为美国历史上最伟大的总统之一，同华盛顿和林肯齐名。

【案例1】

司马光由贪睡到勤学

司马光是个贪玩贪睡的孩子，为此他没少受先生的责罚和同伴的嘲笑，在先生的谆谆教诲下，他决心改掉贪睡的坏毛病。为了早早起床，他睡觉前喝了满满一肚子水，结果早上没有被憋醒，却尿了床，于是聪明的司马光用圆木头做了一个警枕，早上一翻身，头滑落在床板上，自然惊醒，从此他天天早早地起床读书，坚持不懈，终于成为一个学识渊博的写出了

《资治通鉴》的大文豪。

【案例2】

巴雷尼超越残疾终获诺贝尔奖

巴雷尼小时候因病落下残疾,母亲的心就像刀绞一样,但她还是强忍住自己的悲痛。她想,孩子现在最需要的是鼓励和帮助,而不是妈妈的眼泪。母亲来到巴雷尼的病床前,拉着他的手说:"孩子,妈妈相信你是个有志气的人,希望你能用自己的双腿,在人生的道路上勇敢地走下去!好孩子,你能够答应妈妈吗?"

母亲的话,像铁锤一样撞击着巴雷尼的心扉,他"哇"的一声扑到母亲怀里大哭起来。从那以后,妈妈只要一有空,就帮巴雷尼练习走路、做体操,常常累得满头大汗。有一次妈妈得了重感冒,她想,做母亲的不仅要言传,还要身教,尽管发着高烧,她还是下床按计划帮助巴雷尼练习走路。黄豆般的汗珠从妈妈脸上淌下来,她用毛巾擦擦,咬紧牙,硬是帮巴雷尼完成了当天的锻炼计划。

体育锻炼弥补了残疾给巴雷尼带来的不便,母亲的榜样作用更是深深教育了巴雷尼,他终于经受住了命运对他的严酷打击。他刻苦学习,学习成绩一直在班上名列前茅,最后,以优异的成绩考进了维也纳大学医学院。大学毕业后,巴雷尼以全部精力致力于耳科神经学的研究。最后,终于登上了诺贝尔生理学或医学奖的领奖台。

第六条 "只有不受约束的汹涌澎湃的生活才使人想出成千的新的形式、即兴而来的主意,保持创造力,自己纠正一切失误。"

[(德国)罗莎·卢森堡]

【引申释义】

生活上的自由可以让人思想不受束缚,充满创造力。

【名人简介】

罗莎·卢森堡(1871年3月5日—1919年1月15日),国际共产主义运动史上杰出的马克思主义思想家、理论家、革命家,被列宁誉为"革命之鹰"。在反对资本主义、修正主义和帝国主义世界大战的暴风骤雨中,始终英勇斗争、不畏强暴,展现了高度的革命乐观主义精神,如其所言:"要有耐心和勇气,我们还要活下去,我们还要经历惊天动地的事呢……"德国现有以她命名的左翼政党奖学金。

【案例】

用创业思维激发创造力

江苏洋河酒厂股份有限公司拟推"核心骨干持股计划第一期",旨在通过股权激励的方式,构建"共享、创造、共享、共赢"的创业机制,让员工与企业形成利益共同体,共同促进健康成长,让自己的"二次创业"迈出坚实的一步。

近两年,该公司一直在试探"二次创业"的组装号。可见,"二次创业"迫在眉睫,势在必行。那么,该公司如何聚焦深化转型、提质增效,打造企业创新创业沃土的呢?众所周知，任何企业都具有周期性，发展到一定阶段都需要适时变革来适应内外部环境的变化，从而迎来新一轮发展机遇。在该公司看来，这种适时的改变是企业的"二次创业"。因此，2019年以来，企业踏上了实施营销转型、实现"二次创业"的征程，旨在牢牢把握周期规律，尽快从调整期跃升至成长期，实现新旧动能转换。

在行动上，江苏洋河酒厂股份有限公司不仅发布"质量革命"动员令，保持"软质量"领先，还在渠道上进行大刀阔斧的改革，形成了"一商为主，多商为辅"的合作模式。公司新董事长就任后，充分激发和调动了企业干部职工的积极性和创造性，开始实施"核心骨干持股计划"，使人力资本在一定程度上参与财富分配。"二次创业"是一次以高质量发展为目标的战略重组，旨在激发活力，谋求更好更快的发展。根据该公司2021年第一季度报告，1—3月营收105.2亿元，同比增长13.51%；扣非归母净利润38.1亿元，同比增长19%。这是企业"二次创业"的良好开端。

江苏洋河酒厂股份有限公司升级成功上市的消息，搅动了2021年夏天看似平静的白酒江湖。"天之蓝"自2003年推出以来，屡创行业销售奇迹，品牌知名度和美誉度首屈一指，是中国酒业的一颗璀璨明珠。

据了解，产品的升级只是江苏洋河酒厂股份有限公司发展战略的冰山一角。企业2021年品牌战略调整为：明确多品牌多品类战略，推进一体两翼发展模式，"洋河"为第一龙头品牌，"双沟"为第二品牌，"贵酒"品牌步步跟进。事实上，无论是单品牌还是多品牌，企业都要面对以客户为中心的消费者市场，而消费者需求各有不同，品牌更是种类繁多，因此，通过形成全面的产品矩阵去寻求消费者，要比消费者在茫茫品牌中找寻产品更为符合当下市场的规则。

第七条 "人可以老而益壮，也可以未老先衰，关键不在岁数，而在于创造力的大小。"

[（苏联）卢那察尔斯基]

【引申释义】

创造力是所有发明创造的前提，是一个国家、一个民族不断保持生命力的基础。我们人类社会发展的历史就是一部创新的历史，就是一部创造性思维实践、创造力发挥的历史。发挥自己的创新性思维，产生出某种新颖、独特、有社会或个人价值的产品的能力，其核心是创造性思维能力。简单地说，创造力就是创新的能力。创造力对一个人、一个民族，乃至一个国家都有着举足轻重的作用。在人类社会中，只有新的东西才有生命力，新的产品才有市场。

创造力在促进个人发展中的作用是非常明显的，因为我们要实现快速的发展，必须有创新的思维、创造性的工作思维。

【名人简介】

卢那察尔斯基（1875—1933年）苏联文学家、教育家、美学家、哲学家和政治活动家。卢那察尔斯基的美学和文艺理论遗产在国外也有广泛的影响。他的一些文艺理论著作和戏剧作品早在20世纪20年代末至30年代就由鲁迅、瞿秋白等介绍到中国，对中国文艺工作者产生过积极作用。

【案例1】

微波炉的创新过程

美国雷神公司（Raytheon）工程师珀西·斯宾塞是一位著名的电子学奇才。1945年斯宾塞正在测试用于雷达装备的微波辐射器（磁控管）时，突然感觉西裤的口袋里有点不对劲，甚至听到了咝咝的声音。斯宾塞停下手里的工作，结果发现是口袋里装的一块巧克力融化了。他猜可能是磁控管发射的微波烤化了巧克力。他立刻意识到也许可以把微波应用到厨房烹饪上，于是微波炉诞生了，这种厨具真可谓是全球的小吃爱好者和单身汉们的大救星。

【案例2】

干洗方法的发现

乔利·贝朗13岁时，在一个贵族家里当杂工，他包揽了所有的脏活累活。贵妇要乔利把一件礼服熨一下，他一不小心，碰翻了桌子上的煤油灯，那件昂贵的礼服上滴上了几大滴煤油。贵妇人听到了这个消息，气急败坏地跑过来吼道："这件衣服归你了，我要从你的工钱里把衣服钱扣出来，从今天起，你就准备白给我干一年活吧！"

乔利很无奈，他把让自己倒大霉的衣服挂在床前，时时提醒自己干活时要谨慎。过了些日子，他突然发现，那被煤油浸过的地方不但没脏，反而把原来的污渍除去了。"你现在可以把这件衣服给夫人送回去，没准儿她能少扣你些工钱。"与他同屋的一个男孩提醒他。乔利摇摇头说："不必了，我还要拿它做实验呢。"就这样，经过反复的实验，他又在煤油里加入了其他一些化学原料，终于研制出了干洗剂。一年之后，乔利开了世界上第一家干洗店。生意好得一发不可收，几年的时间，他就成了闻名全球的富翁。

【案例3】

"安全玻璃"的诞生

潘纳迪特斯是一位著名的法国化学家。一个偶然的机会激发了他的灵感，使他对"安全玻璃"进行了研究。那是在1907年。有一天，潘纳迪特斯在实验室分拣设备时，不小心把玻璃瓶撞倒了。实验室的地面铺着石头，玻璃瓶会不会摔成碎片？但是，出乎意料的是，瓶子没有破裂，只有一些裂缝。他拿出一个洗过的瓶子，轻轻地碰倒在地上。这次，玻璃瓶碎了。为什么两个瓶子的情况如此不同？潘纳迪特斯努力寻找答案。

随后，潘纳迪特斯目睹了一场车祸，车祸中飞溅的车窗玻璃碎片使乘客受了伤，这使潘纳迪特斯深感痛心。他不禁想起了碰倒瓶子的事，决心要弄清楚。他再次找到瓶子，仔细观察。原来，那是一瓶装有某种药水的瓶子。药水蒸发后，在瓶子的里面形成了一层坚韧的透明薄膜，对瓶子起到了保护作用。

"偶然"的发现促使他进一步研究了玻璃涂膜。经过多次实验，他终于找到了一种具有强附着力和良好透明度的合适涂料。后来，他用油漆将两层玻璃黏合在一起，发现它在防止破裂方面具有更好的性能。这样，"安全玻璃"终于诞生了。

第八条 "世界上无论多么高尚的原则，只有付诸实践才有价值。"

[（法国）夏尔·戴高乐]

【引申释义】

做一个成功者并不是说说就行了，也不是躺在那里异想天开，而是要不断地对自己的信念进行实践。信念是根基，行动是枝干，最终会结果。只有真心实意地实践自己的信念，在生活中才能够真正成为一个成功者，不仅拥有健康的心灵，而且拥有健康的生活。"实践是检验真理的唯一标准"，也道出了实践不可替代的作用。所以，要想增长本领，必须实践。"纸上得来终觉浅，绝知此事要躬行。"我们只有在干中学、学中干的过程中，才能快速成长成才。

【名人简介】

夏尔·戴高乐，法兰西第五共和国的创建者，法国政治家、军事家、作家。1913年从军参加第一次世界大战。第二次世界大战期间创建并领导自由法国政府（法兰西民族委员会）抗击德国的侵略；在战后成立法兰西第五共和国并担任第一任总统。他在任总统期间，提倡东西方"缓和与合作"，主张与苏联以及东欧国家进行贸易和文化交流。他还主张美军退出越南，并周游许多国家以加强法国国际地位。戴高乐支持发展核武器、制定泛欧外交政策、努力减少美国和英国的影响、促使法国退出北约军事组织，反对英国加入欧洲共同体、承认中华人民共和国，这一系列思想政策被称为戴高乐主义。

【案例】

杂交水稻的育种

大米，是中国人的主要食品。可长期以来，水稻产量不高，人口又那么多，农民们成年累月种田栽稻，还是满足不了"吃"的需要。粮食产量低，是我国经济发展的一个大障碍。农业科技工作者袁隆平决心为国攻关，解决这个难题。

袁隆平是湖南一个镇上的农校教员。虽然工作条件差，可他一心扑在科研工作上。每天除了教学外，就是在试验田里培育高产品种。在试验中，他发现天然杂交水稻穗大粒饱，量高，但是第二年再种，就退化了，失去了优势。他就想进行一种试验，培育能保持高产的杂交水稻的种子。为了这个理想，袁隆平不知花费了多少精力，有时候在试验田里观察，连家也顾不上回。经过10年的艰苦努力，终于培育成功了。

这种杂交水稻亩产达到1 000多斤，在全国推广后，我国稻谷在几年中增产了1 000多亿公斤，真是一个飞跃！袁隆平获得了国家第一个特等发明奖。美国等国也引进了他的成果。他被称为"杂交水稻"之父，为改变我国粮食生产的落后状态打了一个翻身仗。

第九条 "有信心地踏出第一步，你不需要看到整个楼梯，只要踏出第一步就好。"

[（美国）马丁·路德·金]

【引申释义】

人活着，就是要不断地面对各种风风雨雨，就是要面对各种各样的考验，面对人生的各种挑战。只要你敢于迈出第一步,敢于开始,那么所有的苦难最终都会变成纸老虎,有时候真正令你恐惧的,只是你自己的心理罢了。

尤其是许多时候,你觉得自己过得很难,过得很累、很绝望,但是别无选择,你只能一点一点自己扛,努力向前走,越是坚持不下去的时候,越不能放弃,因为一旦放弃了,你的人生梦想就彻底结束了。其实,无论男女老少,人生的每一个阶段,都会经历各种各样的挑战和磨难。但是,只要你勇敢地面对了,积极地去历练,那么,所有的努力和汗水,终会成为丰收的果实。

【名人简介】

马丁·路德·金(1929年1月15日—1968年4月4日),出生于美国佐治亚州亚特兰大,毕业于波士顿大学,美国黑人民权运动领袖,诺贝尔和平奖获得者。

他曾发表著名的《我有一个梦想》演说。1968年4月4日,马丁·路德·金被暗杀,年仅39岁。

【案例】

富兰克林发明避雷针

1752年夏季的一天,本杰明·富兰克林将一把钥匙系在风筝上,在暴风雨中放飞。富兰克林将风筝慢慢地升上了天,雨也哗哗啦啦地下大了。头顶上一个雷电闪过,富兰克林赶紧把一个手指靠近钥匙,一个强烈的电火花在他手边闪过,富兰克林知道这是天空的电流通过混麻绳和铜钥匙传到他手上的,他兴奋地大叫起来:"电,捕捉到了,天上的电捕捉到了!"他把铜钥匙放进能够充电的莱顿瓶里,莱顿瓶里顿时冒出了蓝色的电火花。

富兰克林成功了。他冒着生命危险(这是一个非常危险的实验,俄国科学家利赫曼即因此实验而献身,同学们千万不可模仿)证实了雷电是一种自然现象,揭穿了有关雷电的古老神话,为电学的发展做出了贡献,并由此发明了避雷针,使高楼大厦避免了被雷击的危险。

在电学史上,富兰克林是第一个正确阐述电的性质的人,堪称电学的先驱。同时,他在光学、化学、热学、植物学以及文学等各个领域都有不俗的表现。

第二章

科创篇

第一节　科学家名句

> **第一条**　"咱们不能人云亦云，这不是科学精神，科学精神最重要的就是创新。"
>
> （钱学森）

【引申释义】

这句话的意思是科学精神的核心是创新。

【名人简介】

钱学森（1911年12月11日—2009年10月31日），汉族，出生于上海，祖籍浙江省杭州市，空气动力学家、系统科学家，工程控制论创始人之一，中国科学院院士、中国工程院院士，"两弹一星"功勋奖章获得者。

【案例】

京东方科技集团股份有限公司的创新之路

京东方科技集团股份有限公司作为国内半导体行业的领军企业之一，在创新方面探索出了很多路子。

公司董事长王东升认为，企业须根据形势发展，围绕企业发展战略，进行整合创新、开放创新、大众创新和跨界创新。技术创新是企业创新的核心，但技术领先不一定赢，技术跟不上一定输。单靠技术创新还远远不够，企业必须将技术创新与产品创新、管理创新和商业模式创新整合起来；与产业链内外的合作伙伴开放创新，构建健康高效的企业创新生态；激发企业内外创新活力，培育创新文化和精神；打破原有专业化行业壁垒，促进跨界创新。只有以创新推动转型升级，企业才能在日益激烈的国际竞争中立于不败之地。

从企业的角度分析，造成有效供给不足有两个原因，一个是"想不到"，一个是"造不出"。要形成有效供给，最关键的是解决"想"与"造"的短板。"想"，需要颠覆性创新思维；"造"，需要坚实的技术支撑。企业要研究客户的痛点、痒点、兴奋点。

技术领先不一定赢，技术不行一定输。向市场供给有效需求的好产品，需要有雄厚的核心技术支撑。面板行业是一个技术更新速度极快的行业，企业如果想获取最大利润，就必须在技术上成为行业的领导者，甚至成为颠覆者。比如，京东方在合肥的10.5代线2018年建成投产，是世界上最先进的液晶面板生产线，日本、韩国都没有。再比如，在4K高清电视正处在市场爆发的前夜，而他们已经掌握了8K，甚至是10K技术。这是占领未来制高点的技术。

京东方一直坚持"亏什么也不能亏研发"的信条，始终保持高强度的研发投入，每年研发投入占销售收入的7%以上。持续的创新投入使公司在全球实现产品领先。2015年，京东方全球首发产品覆盖率达39%，年新增专利申请量6 156件，累计可使用专利超过4万件，位居全球业内前列。

"虽然科技创新是全面创新的核心，但单靠技术创新还远远不够，必须进行整合创新。"董事长王东升说，"所谓整合创新，就是要把技术创新、产品创新、管理创新和商业模式创新等都结合在一起，最终实现软硬融合、产品与服务融合。要想做一个产业的领先者乃至领导者，必须自己拥有关键核心技术。从这个意义上来说，一定要坚持自主创新，不要再寄希望于'市场换技术'。"他认为，与此同时，也要防止把"自主创新"狭隘化，认为什么技术都要自己做，关起门来搞创新。

"如果说在1.0时代封闭创新还可以，但在创新2.0时代必须有'合作共赢'的心态，实行开放创新。"他举例说，本公司一直坚持联合产业链上的合作伙伴，实行开放创新、实现价值共创。"就拿显示屏的上游——玻璃基板供应商康宁来说，我们定期与其举办'京东方康宁创新日'技术研讨会，双方进行技术分享。这种'智慧共享'的合作创新方式，有效提升了双方的创新效率。无论多大体量的公司，都不可能包揽天下。"他认为，包揽天下不仅不可能，而且成本最高、风险最大，一旦出现前所未有的替代性、颠覆性技术，就会出现船大掉头难的尴尬局面。因此，一定要以开放的心态，协同产业链上下游进行开放创新。

"开放创新的目的，是要构建健康高效的企业创新生态。"王东升说，开放创新不仅针对产业链内部，也包括产业链之外的合作创新。"一些产业链之外的小公司，哪怕是名不见经传的小公司，也有可能是可以燎原的创新火种。它们能给大企业注入新鲜的空气和血液。"

京东方的一系列新动作引发关注：以2.5亿元收购明德投资100%股权，持有其核心资产明德医院；与美国医疗集团Dignity Health签署合作备忘录公告，在医院管理运营、医务人员培训、先进技术引入和远程医疗合作等方面开展合作；与IBM签署软件许可和联合开发协议，双方建立联合团队，共同展开基于认知计算的健康管理大数据平台联合开发。

京东方正实施跨界创新战略，确立了面向未来的产业布局：由单一显示器件业务向显示器件、智慧系统和健康服务三大板块齐头并进。在不断强化显示器件事业群核心能力基础上，京东方整合成立新的两大事业群：以物联网和人工智能为主要方向的智慧系统产品和服务事业群及以信息医学和大数据为技术支点的健康服务事业群。

王东升认为，下一次工业革命的触发点科技可能是生命科技，包括人工智能、信息医学等。"我们正是在分析研判未来产业发展趋势、国民健康需求和企业自身优势的基础上，构建了新的事业群。"

> **第二条** "一些陈旧的不结合实际的东西，不管那些东西是洋框框，还是土框框，都要大力地把它们打破，大胆地创造新的方法新的理论，来解决我们的问题。"
>
> （李四光）

【引申释义】

这句话的意思是只有突破固有的思维定式和思维局限，从实际出发，不断创新理论和方法，才能取得科技创新。

【名人简介】

李四光(原名李仲揆,1889年10月26日—1971年4月29日),字仲拱,湖北黄冈人,毕业于伯明翰大学,地质学家,教育家,中国现代地球科学和地质工作的主要领导人和奠基人之一。李四光创立了地质力学,建立了新的边缘学科"地质力学"和"构造体系"概念,开创了活动构造研究与地应力观测相结合的预报地震途径。曾当选"100位新中国成立以来感动中国人物"之一。

【案例】

用创新让世界爱上中国造

珠海格力电器股份有限公司企业坚持以习近平新时代中国特色社会主义思想为指引,不忘初心,牢记使命,坚守实体经济,坚持走自力更生、自主创新发展道路,加快实现管理信息化、生产自动化、产品智能化,继续引领全球暖通行业技术发展,在智能装备、通信设备、模具等领域持续发力,创造更多的领先技术,不断满足全球消费者对美好生活的向往。

格力推出的系列空调产品"太阳式空调",在冬季零下30摄氏度的北方地区,也能使室内温度达到25摄氏度。其中一些产品搭载了企业自主研发的三缸双级变容压缩技术和双级增焓变频压缩技术,是格力在自主创新之路上收获的又一重要成果。

格力一方面围绕市场痛点和消费升级趋势不断调整产品布局,自主研发了一大批"爆款"产品;另一方面,从产品端向生产端延伸,进行多元化产业布局,提升了全产业链的市场竞争力。

格力太阳式空调采用自主研发的压缩机技术,不同产品搭配的不同压缩机可以满足我国不同地区的供暖需求,回应了南方冬天供暖的呼声,解决了北方清洁供暖的问题。其中,三缸双级变容压缩技术曾获"国际领先"认证,在空调制热方面实现了突破。

在创造中坚持自主创新,让自主创新不断赋能于智能创造,这是格力发展的鲜明特点。"真正的技术一定是掌握在自己手里。"格力董事长董明珠说,这是格力近30年来发展的"经验之谈"。

作为我国最早成立的家电企业之一,格力早期也经历过向国外同行模仿学习的过程,压缩机等核心部件一度依赖进口,处处受制于人。格力坚持走自主创新之路,研发力度不断加大,从2012年到2017年,研发投入不设上限,攻克一个又一个技术难题。凭着这种实干、苦干精神,一步步走上技术兴企、科研强企之路。

以太阳式空调为例,搭载此技术的采暖设备具有对分散型燃煤锅炉和散煤采暖的可替代性,应用后不仅能大量节约一次性能源,而且可有效缓解供暖季节北方大气污染问题,同时为用户节省采暖费用。

"煤改电必须有好的技术做支撑,好的政策做引导,真正能代替燃煤的热泵空调必须围绕热泵的特殊需求深度研发,今天鉴定的这一技术的问世,说明格力做到了这一点。"在格力三缸双级变容压缩技术鉴定会上,中国制冷空调工业协会秘书长张朝晖说。

围绕国家战略和市场需要,格力在生活电器、智能装备、芯片等领域加大投入,积极布局,开启了多元化发展新征程。

在2017年度股东大会上,董明珠向参会股东展示了格力今后的产业规划图,未来的格力业务将分为四大部分：空调、高端装备、生活品类和通信设备公司。董明珠说，格力是一个有梦想的企业，将带着永不满足、勇于挑战的基因，抢占未来发展高地，实现从空调单打冠军向智能制造全能选手转型。

在进中求变，拓展市场。空调是工业产品，也是格力的拳头产品，格力家用空调多年来始终保持市场份额全球第一。外国机构发布的"2017年全球主要商品与服务市场份额调查"显示，格力以占有率21.90%的绝对优势位列第一。

在变中求进，良性发展。在工业机器人领域，格力只用5年时间就跑出了"加速度"，屡屡实现工业机器人核心零部件的国产化，还迅速发挥技术优势，增强品牌辐射力，完成"从1到N"的产业布局和市场占位，确立了行业领跑者的优势地位。

依靠自主研发制造的智能装备，格力整体生产效率提升了10.5%，目前已掌握了除芯片以外制造空调所需的全部核心技术。为补足最后一块短板，格力成立了芯片公司进行技术攻关。据介绍，预计芯片实现自产自用后，可直接为企业带来数十亿元的效益。通过从产品端不断延伸到制造端，格力将形成空调产业完全自主知识产权的全产业链。

"进入智能装备、手机和芯片这些新产业，是格力打破上游产业链瓶颈，掌控智能家居、智能制造的关键环节。"董明珠表示，在实现高质量发展的征程中，格力将始终坚持自主创新，加速转型升级，努力迈向全球价值链中高端。

第三条 "创新有时需要离开常走的大道，潜入森林，你就肯定会发现前所未见的东西。"

[（英国）亚历山大·格拉汉姆·贝尔]

【引申释义】

这句话的意思是创新需要打破陈规，另辟蹊径。

【名人简介】

亚历山大·格拉汉姆·贝尔（1847年3月3日—1922年8月2日），出生于英国爱丁堡市，毕业于伦敦大学学院，是著名的苏格兰裔发明家、企业家。他获得了世界上第一台可用的电话机的专利权，创建了贝尔电话公司（AT&T公司的前身）。关于电话的发明者尚存争议，美国国会2002年6月15日判定意大利人安东尼奥·梅乌奇为电话的发明者，加拿大国会则于2002年6月21日通过决议，重申贝尔是电话的发明者，另外一部分人则认为伊莱沙·格雷是电话的发明者。

【案例】

互联工厂创新与实践模式

海尔集团于1984年建立，经过30余年发展，目前已经成为全球领先的国际型超大企业。欧洲透视发布最新数据显示，海尔已连续3年蝉联全球白色家电第一品牌，每年约有几十万人来参观。海尔集团的"日事日毕，日清日高"的"OEC"管理模式是海尔集团企业管理的精髓，被哈佛商学院收为经典教学案例，引起国际管理界高度关注。

海尔集团互联工厂是集团全系统全流程的、颠覆性的创新，互联工厂包含智能制造体系所有内容，即智能功能、系统集成、产品生命周期。在智能功能上，互联工厂通过五大系统集成，构建了数字化互联互通的云平台，实现全流程的信息融合，形成大规模定制、远程诊断、智慧生活场景商务等新兴业态。在系统集成上，互联工厂构建了设备层、控制层、车间层、企业层和上下游协同层，实现人、机、物等互联以及信息的共享。在产品生命周期上，互联工厂体系覆盖产品设计、生产、物流、销售和服务等产品的全生命周期，为客户提供全流程最佳的服务体验。

互联工厂涵盖了市场、研发、采购、制造、服务等全流程，全产业链由"1+7"平台构成，与国家智能制造示范项目要素条件完全匹配，覆盖离散制造、智能产品、智能制造新业态新模式、智能化管理、智能服务五个领域。基于这种创新模式、通过互联网技术和制造技术的融合，搭建互联工厂架构，满足客户体验。互联工厂系统架构共分为三层：第一是基础层，通过智能设备、大数据平台、物联网等先进技术的应用，构建互联工厂的系统架构，实现数据采集、数据集成可视、数据分析和决策的全流程数据链集成及互联。对应智能制造系统标准体系架构的系统层级。第二是数字化平台，基于基础层的体系搭建全流程的数字化平台，构建全流程、全生命周期的大规模定制能力。数字化平台侧重于从用户视角和用户体验出发，让用户、第三方资源更好地参与到大规模定制过程中，提升企业资源与用户零距离交互的能力，支撑该集团商业模式的重塑。对应智能制造标准体系架构的全生命周期层。第三是商业模式，基于基础层和数字化平台，可以改变传统的卖产品的商业模式，从用户体检的角度重新思考商业模式。通过这种互联能力，构建新的制造模式和生态规则，按用户的各种智慧生活场景搭建生态圈。该层对应智能制造标准体系架构的智能功能维度。

海尔集团互联工厂实施后总体经济效益明显，整体效率大幅提升，具体表现在：产品开发周期缩短20%左右，交货周期由之前的21天缩短到7～15天；运营成本降低20%左右，能源利用率提高5%；作为中国最早实施智能制造的企业，海尔2015年网器销售同比增长54%左右。云平台已介入海尔集团全系列智能网器、微软小冰、苹果HomeKit平台等80多个智能产品，平台设备总量达到100多万台。设备上报数据突破1亿条/天。

海尔互联工厂不仅是一个工厂的概念，而且是一个生态系统，对整个集团进行全系统、全流程改造，具体表现在以下几个核心特点：

（1）摒弃传统企业思维，采用互联网模式，让互联网真正融入企业。从制造型企业向平台型企业转型，搭建共赢生态圈，通过持续为用户提供最佳体验，吸引客户。

（2）互联网技术和工业技术的深度融合，让用户融入该集团产品设计和制造过程中，满足用户个性化需求，实现大规模定制。互联工厂和传统工厂的最大区别在于：

第一，企业与用户互联：用户需求信息通过CPS（赛博物理系统）实现虚拟设计，然后生产线智能机器人进行制造。

第二，企业与产品互联：产品卖出去不是产品生命周期的结束，可通过网器作为连接件，实现企业持续与用户对话，提高用户体验，加快后续产品的迭代。

第三，流程互联：企业之间，企业与供应商、外协商连接起来，有力保证产品的设计和生产，能以最快的速度满足客户的需求。

海尔互联工厂与国内同行业案例相比，具备以下优势：始终围绕用户最佳体验，让用户参与全流程，通过用户需求驱动企业转型；互联工厂不但开发给用户，而且开发给其他创客；互联工厂实现全流程覆盖、全系统创新，比目前同行领先很多；通过创新文化，推进大众创新，营造全员创新的氛围。

第四条 "如果我比别人看得更远，那是因为我站在巨人的肩上。"

[(英国) 艾萨克·牛顿]

【引申释义】

　　一个人的成功离不开前人的指引和提点，科学上的进步是要靠一代一代人前赴后继努力的。只有充分利用前人的智慧，才能最终有所突破。

【名人简介】

　　艾萨克·牛顿（1643年1月4日—1727年3月31日）爵士，英国皇家学会会长，著名的物理学家，百科全书式的"全才"，著有《自然哲学的数学原理》《光学》。

　　他在1687年发表的论文《自然定律》里，对万有引力和三大运动定律进行了描述。这些描述奠定了此后三个世纪里物理世界的科学观点，并成为现代工程学的基础。他通过论证开普勒行星运动定律与他的引力理论间的一致性，展示了地面物体与天体的运动都遵循着相同的自然定律；为太阳中心说提供了强有力的理论支持，并推动了科学革命。

　　在力学上，牛顿阐明了动量和角动量守恒的原理，提出了牛顿运动定律。在光学上，他发明了反射望远镜，并基于对三棱镜将白光发散成可见光谱的观察，发展出了颜色理论。他还系统地表述了冷却定律，并研究了音速。

　　在数学上，牛顿与戈特弗里德·威廉·莱布尼茨分享了发展出微积分学的荣誉。他也证明了广义二项式定理，提出了"牛顿法"以趋近函数的零点，并为幂级数的研究做出了贡献。

　　在经济学上，牛顿提出金本位制度。

【案例1】

周有光与汉语拼音

　　周有光是我国著名的语言学家，他早年专攻经济，近50岁时才转修为语言学家。抗战时他没钱，带领全家逃难途中写新闻稿来赚取稿费，稿子写多了，对语言产生了兴趣。

　　抗战胜利后，周有光被新华银行派往欧洲工作，他发现欧洲人对字母学很重视，于是买了许多字母学的书籍，利用业余时间自学。

　　中华人民共和国成立后，周有光受邀担任汉语拼音方案委员会委员，参与制定汉语拼音改革方案，为国家做出了重要贡献，被誉为"汉语拼音之父"。

　　几千年来，无数文人都立志改革中国文字，实现文字和语音的统一，并给汉字注音。现代人发明注音字，还用国际音标注音等，但到现在为止，汉语拼音是最简明、最方便的。很多人都做出了很大的贡献，但周有光完成了如足球的"临门一脚"。

【案例2】

袁隆平——站在前人肩膀上的"杂交水稻之父"

　　与周有光类似，也有人对袁隆平的"世界杂交水稻之父"有意见，认为最早提出杂交水稻的是美国人 Henry Beachell，而且中国研究杂交水稻不止一个科研小组，有人还在他的前面；高产杂交水稻的关键是发现了雄性不育株，这也是他的学生发现的。为什么要称他是"杂交水稻之父"呢？

这是因为袁隆平在研究中攻克了"制种关"，摸索总结制种技术成功，给中国生产了大量粮食。从产粮食这个角度来看，他应该是"杂交水稻之父"。

人类社会就是这样在混沌中摸索出来的，历史上还有很多科学家，即使没有做出太多成绩，也是伟大的。

第五条 "人们都把我的成功归功于天才，其实我的天才只是刻苦而已。"

[（美国）阿尔伯特·爱因斯坦]

【引申释义】

没有人能随随便便成功，成功的背后是艰辛的努力，科学巨人是如此，创业达人也是如此，每一个成功的企业家都有艰辛的创业历程。

【名人简介】

阿尔伯特·爱因斯坦（1879年3月14日—1955年4月18日），出生于德国巴登-符腾堡州乌尔姆市，是现代物理学家。1999年12月，爱因斯坦被美国《时代周刊》评选为20世纪的"世纪伟人"（Person of the Century）。

【案例】

爱因斯坦的成功公式

一提起爱因斯坦，人们都会想起他的"科学家"和"物理学家"这两个标签，并且将"爱因斯坦"作为高智商的代名词。爱因斯坦不仅提出了相对论，还留下了许多名言警句，改变了人们对世界的认识，教人们如何自处。众所周知的爱因斯坦的成功公式：

$$m = x + y + z$$

其中：m 代表成功，x 代表艰苦的劳动，y 代表正确的方法，z 代表少说空话。

据说，这是一个不肯干实事又不珍惜时间的青年纠缠爱因斯坦，非让爱因斯坦说出成功秘诀时，爱因斯坦列出的公式。公式确实说出了成功的诀窍，当然也不乏劝诫这个青年珍惜时间的诚心与善意。少说多做，尤其是做实事（如实验）是成功的必要条件之一。青年人要珍惜时间，因为时间就是生命，任何成功都是勤奋与时间结合的产物。

分析爱因斯坦的成功公式，我们可以得出这样的结论：要想完成一件事情，不能只喊口号，而要落实到行动上，不能只顾"低头拉车"也要经常"抬头看道"，只有这三方面都做到了，才能够成功。

长期以来在大众眼中，爱因斯坦都是当之无愧的天才。他是理论物理学家、哲学家、作家，甚至可以说是迄今为止最有影响力的科学家。

爱因斯坦对科学界的贡献是无与伦比的，他提出了相对论，建立了相对论宇宙学，预测了由于地心引力造成的光的偏移，给出了固体中原子运动的量子论，提出了零点能的概念，同时还提出了单原子气体的量子论，等等。

成功的方法千千万万，然而，成功者的共性之一就是坚持。毋庸置疑，爱因斯坦是一位名利双收，甚至德高望重的成功人士。他的成功一直被后世的无数仁人志士学习模仿，甚至试图超越，然而终究难以望其项背。爱因斯坦并不是偶然实现了他的想法，相反，他的成就建立在几十年的研究和实验的基础上。

　　当你过早地放弃一件事的时候，你也同时放弃了成功的机会。通常来说，一个领域最成功的人并不是那个最聪明、有天赋的人，而是最能坚持和保持好奇心的那些人。

　　一个人要想成事，艰苦努力是必不可少的，毕竟事情是做出来的，实干才能兴业。其次，光蛮干也不可取，我们不能"用战术上的勤奋来弥补战略上的懒惰"，要选对方向和方法，才能事半功倍、做事高效，毕竟成功还是一场与生命、时间的竞赛。

　　上天是相对公平的，他给你关上一扇门，也会给你打开一扇窗；虽然我们每个人的出身环境不一样，但是改变命运的上升机会没有被剥夺。富人骄奢淫逸富贵不长，富不学富不长；穷人孩子早当家，家俭则兴，人勤则健，能勤能俭，永不贫贱。

　　我们共处于一片蓝天之下，都生活在地球上，在时间面前，我们是绝对的平等，不论贫富，都只有 24 小时。这 24 小时分为三等分，8 小时睡觉，8 小时工作，8 小时是业余时间。但正是这 8 小时的业余时间是拉开人与人之间差距的地方。

　　真正厉害的人，想的不是挣更多的钱、获得更多的权力，而是想干成一两件有价值的事，不虚度此生，证明自己的存在，找到自己愿意付出一切的使命，为之努力。做一件事情，不是为了完成某个具体的"目标"，而是为了发展一个"系统"，"目标"着眼于当时当刻能完成什么，"系统"则是综合发展。

　　人的一生，就是一个系统、一个生态，因此人生要有"系统"思维。

　　但有了目标和方向还不够，因为到达目标的道路从来都是曲折的、坎坷的。就创业而言，创业者必须具备起码的水平，"一个领导人重要的素质是方向、节奏，他的水平就是合适的灰度"。

　　我们现在创业，经验可以摸索，道路可以跟随，唯有系统性思维只能是自己下功夫。

　　而有了目标，有了方向，还要有信念和坚持才有机会达到成功。

　　如果没有牢固的信念，你就会在任何一个方向上浅尝辄止，最多是做个跟随者，永远无法达到顶尖的水平。从古往今来所有的成功人士身上，你都可以找到"目标、信念和坚韧不拔"三个成功要素。

　　"什么是伟大的事情？无数次平凡、重复、单调、枯燥地做同一件事，就会做成伟大的事。"这就是坚持的力量。

　　通往成功的道路上，鲜花和掌声只在最后，甚至最后都不会出现，一路漫长，充满了无数的枯燥、简单、重复和平凡。

第六条　"发明的秘诀在不断地努力。"

[（英国）艾萨克·牛顿]

【引申释义】

　　没有创新就没有竞争力，没有竞争力社会也将难以进步，创新是衡量一个企业是否能在现实社会中长期生存的重要指标，是在未来社会竞争中取得胜利的法宝。

【案例】

苹果公司的创新秘诀

众所周知，苹果公司的发展进程中就离不开"创新"这两个字，该公司的七个创新秘诀如下：

一是做你乐意做的事。公司 CEO 乔布斯曾经鼓励员工："人有激情就能让世界变得更美好。"他一生都跟随自己的内心，正是来自内心的激情实现了所有这些创举。只有我们怀着推动社会前进的热情，才能够拥抱创新和独树一帜的理念。

二是要有改变世界的理想。只有激情是不够的，需要远大的理想指引方向，乔布斯的理想是让每个人拥有一台电脑。1979 年，当他看到一款概念阶段的图形用户界面时，眼前浮现出未来人人拥有图形用户界面计算机的远景。随后将该技术应用，揭开全球图形化电脑界面的序幕。

三是跨界创新。"创造力是桥梁，是纽带。"乔布斯坚信创新一定要进行跨界，一定要从其他行业寻找灵感。无论是电话薄还是钢琴，都可以成为他创新灵感的源泉。

四是卖的不是产品，是梦想。购买苹果产品的人是什么呢？是顾客吗？不是，乔布斯把顾客看作有血有肉有情感有梦想的人。公司的产品正是要帮助顾客去实现自己的梦想。伟大的产品将帮助顾客激发潜能天赋，这样的产品能赢得用户的心。

五是少即是多。创新意味着消除多余的元素，苹果的产品从包装到官网，奉行少即是多的原则。乔布斯说："我对做过的事情感到自豪，但我对决定不做的事情同样感到自豪。"

六是提供超酷的体验。全世界最好的零售店就是苹果品牌商店，其体验是超酷而又简洁的。商店内没有收银员，却有产品专家、顾问，甚至天才。商店不是为卖而卖，而是为了丰富用户生活体验，这两者之间相差甚远。其实每个公司都可以这样去做，但是能接受这样的观念吗？

七是要懂得说故事。乔布斯是擅长演讲的 CEO，每一次产品推介都是经过精心策划设计的故事，包括每一页 PPT、每一个图片、每一句话、每一个动作，苹果产品发布成为一种行为艺术，每一次都全球瞩目并且在全球瞩目下揭示创新的产品。

苹果的成功没有离开"创新"这两个字，不是因为别的什么原因，而是因为创新创造出了亮点，这些新的亮点的吸引力使其一步一步走向成熟走向成功。苹果的成功让我们都意识到学习创新精神的重要性，其模式可以复制，但必须有所创新，单纯的复制永远赢不了。

> **第七条** "创新是既有观念性又具有认知性的，因此，想要创新，就必须多看、多问、多听。"
>
> ［(美国) 彼得·德鲁克］

【引申释义】

只有创新的观念是不够的，关于如何创新，还需要有很多具体的认知，而这些认知的来源，来自市场、来自同行、来自消费者，处处留心，都有可能激发出创新的动力。

【名人简介】

彼得·德鲁克（1909年11月19日—2005年11月11日），现代管理学之父，其著作影响了数代追求创新及最佳管理实践的学者和企业家，各类商业管理课程也都深受彼得·德鲁克思想的影响。彼得·德鲁克1909年生于奥地利首都维也纳，祖籍为荷兰，后移居美国。德鲁克从小生长在富裕的文化环境之中，其1979年所著的自传体小说《旁观者》对其成长历程做了详细而生动的描述。

【案例1】

华为的操作系统创新

鸿蒙操作系统的问世在全球引起巨大反响。人们普遍相信，这个中国电信巨头打造的操作系统在技术上是先进的，并且具有逐渐建立起自己生态的成长力，它的诞生将拉开永久性改变操作系统全球格局的序幕。世界很讨厌美国电信和IT巨头的垄断，鸿蒙系统的问世是打破美国垄断的一个现实方案，它对全球技术平衡具有积极意义。尽管苹果和安卓系统已经占领全球市场，但欢迎竞争是市场的天性，只要技术确实领先，中国市场为它孵化、积累出有竞争力的生态系统，它逐渐走向全球市场就不会比之前的中国电信设备走向世界不可思议。中国工程院院士倪光南接受媒体采访时也表示，不是技术比人家差，而是在生态系统的建设上更加难一些。因为发达国家先入为主，已经在市场中建立了一个完备的生态系统，而新的生态系统必须通过市场的良性循环才能建立起来，这是很不容易的。同时，他认为，包括操作系统在内的核心技术，中国是肯定需要掌握的。关键核心技术还是要立足于自主创新，要自主可控。希望自主研发的操作系统，能够在中国市场的支持下，更快建立起自己的生态系。

【案例2】

马里亚纳计划

除了操作系统外，中国手机厂商们也感受到了巨大的危机。其中，OPPO效仿华为，启动"马里亚纳计划"，开启自研芯片之路。而vivo也开始寻找"备胎"，跟三星达成合作意向，以此避免未来高通断供，自家手机无芯片的尴尬处境。此外，国内的小米也重新启动澎湃芯片研发计划，在不久前收购了多家半导体公司，用于澎湃芯片的研发。

国内绝大多数企业都感受到了巨大的外部压力。在这样一种情况下，中国操作系统宣布融合，统一操作系统联盟正式成立，并已推出统一操作系统UOS正式版。这比"中兴事件""华为事件"给国内带来的影响更大，也让国内其他科技企业感受到了巨大压力。它们意识到，所谓的合作伙伴，所谓的技术无国界，只不过是无能者自欺欺人的美好愿望罢了。或许美国也想不到，制裁了中兴跟华为后，竟然激起了中国企业的危机意识。而在未来，随着越来越多的中国科技企业走自研之路，中国的科学技术必然会出现巨大的飞跃。

第八条 "失败也是我需要的,它和成功一样有价值,只有我知道一切做不好的方法,我才知道做好一件工作的方法是什么。"

[(美国) 爱迪生]

【引申释义】

"失败是成功之母",所有渴望成功的人都必须做好随时迎接失败的准备。不付出代价的成功是不可能存在的,要想有所结果就必须付出勇气和毅力,必须准备面对失败。要知道,失败对于一个人来说,是一种非常重要的财富,你如何珍惜这种失败的财富,将成为决定自己未来的先决条件。失败是金钱和时间的试验剂,如果不能充分利用这个试验剂,你就无法变为成功者。

【名人简介】

托马斯·阿尔瓦·爱迪生(1847年2月11日—1931年10月18日),出生于美国俄亥俄州米兰镇,逝世于美国新泽西州西奥兰治。世界著名的发明家、物理学家、企业家,被誉为"世界发明大王",拥有重要的发明专利超过2 000项,被传媒称为"门洛帕克的奇才"。美国《生活》杂志评选出千年来全球最有贡献的100位人物,发明电灯的爱迪生名列榜首。爱迪生被美国的权威期刊《大西洋月刊》评为影响美国的100位人物第9名。

【案例1】

爱迪生的故事

有一次,一个人提醒爱迪生说,他在发明蓄电池时,一共失败了25 000次,但是这位伟大的发明家却回答:"不,我并没有失败,我发现了24 999种蓄电池不管用的原因。"爱迪生在他的一生中,共得到1 093项发明专利,例如留声机、电影、电动笔、蜡纸及日光灯,等等。

现在电灯是大家都习以为常的东西,但是,它的发明者爱迪生却为此付出了巨大的努力和耐心。世界上还没有电灯时,人们都用煤油灯或者煤气灯来照明,但是,这种灯十分差,因为它气味刺鼻,又很容易会引发火灾。

于是,爱迪生就开始研究这个问题。他试验做灯丝的材料,以极大的毅力和耐心,试验了1 600多种材料,用炭条、白金丝,还有钌、铬等金属做灯丝,都以失败告终。

面对失败,面对外界的冷嘲热讽和不被看好,爱迪生没有退缩,而是继续试验。经过13个月的艰辛探索,爱迪生试用了6 000多种材料,试验了7 000多次,终于发现了可以用棉丝做灯丝。用棉丝做灯丝的电灯,足足亮了45小时,灯丝才被烧断,这是人类第一盏有用的电灯。

后来,爱迪生进一步试验,发现用竹丝做灯丝效果很好,很耐用,电灯可以亮1 200小时。此后,电灯就开始进入寻常百姓家了。

可以想象到,在他非凡的生涯中,经历过多少次失败。

【案例2】

怀疑派化学家波义耳

波义耳1627年1月25日出生于爱尔兰的一个贵族家庭。父亲是个伯爵,家庭富有。在14个兄弟中他最小。童年时波义耳并不特别聪明,说话还有点口吃,不大喜欢热闹的游戏,但十分好学,喜欢静静地读书思考。他从小受到良好的教育,1639—1644年,曾游学欧洲。在这期间,他阅读了许多自然科学书籍,包括天文学家和物理学家伽利略的名著《关于两大世界体系的对话》。这本书给他留下深刻的印象。他后来的名著《怀疑派化学家》就是模仿这本书写的。

由于战乱、父亲去世,家道衰落,1644年他回国随姐姐居住在伦敦,在那里开始学医学和农业。学习中接触了很多化学知识和化学实验,很快成为一位训练有素的化学实验家,同时也成为一位有创造能力的理论家。在这期间,他同许多学者一起组织了一个科学学会,每周开一次讨论会,主要讨论自然科学的最新发展和在实验室中遇到的问题。波义耳称这个组织为"无形大学"。这个学会就是著名的以促进自然科学发展为宗旨的"皇家学会"的前身。波义耳是该学会的重要成员。由于学会的分会设在牛津,波义耳于1654年迁居牛津,在牛津,他建立了设备齐全的实验室,并聘用了一些很有才华的学者作为助手,领导他们进行各种科学研究。他的许多科研成果是在这里取得的。那本划时代的名著《怀疑派化学家》就是在这里完成的。这本书以对话的体裁,写四位哲学家在一起争论问题,他们分别为怀疑派化学家、逍遥派化学家、医药化学家和哲学家。逍遥派化学家代表亚里士多德的"四元素说"观点,医药化学家代表"三元素说"观点,哲学家在争论中保持中立。在这里,怀疑派化学家毫不畏惧地向历史上权威的各种传统学说提出挑战,以明快和有力的论述批驳了许多旧观念,提出了新见解。该书曾广泛流传于欧洲大陆。

波义耳十分重视实验研究。他认为只有实验和观察才是科学思维的基础。他总是通过严密和科学的实验来阐明自己的观点。在物理学方面,他对光的颜色、真空和空气的弹性等进行研究,总结了波义耳气体定律;在化学方面,他对酸、碱和指示剂的研究,对定性检验盐类的方法的探讨,都颇有成效。他是第一位把各种天然植物的汁液用作指示剂的化学家,石蕊试液、石蕊试纸都是他发明的。他还是第一个为酸、碱下了明确定义的化学家,并把物质分为酸、碱、盐三类。他创造了很多定性检验盐类的方法,如利用铜盐溶液是蓝色的,加入氨水溶液变成深蓝色(铜离子与足量氨水形成铜氨络离子)来检验铜盐;利用盐酸和硝酸银溶液混合能产生白色沉淀来检验银盐和盐酸。波义耳的这些发明富有长久的生命力,以至我们今天还经常使用这些古老的方法。波义耳还在物质成分和纯度的测定、物质的相似性和差异性的研究方面做了不少实验。她在1685年发表的《矿泉水的实验研究史的简单回顾》中描述了一套鉴定物质的方法,成为定性分析的先驱。

1668年,由于姐夫去世,他又迁居伦敦和姐姐住在一起,并在住宅的后院建立了实验室,继续进行他的实验工作。晚年波义耳的工作主要集中在对磷的研究上。1670年,波义耳因劳累而中风,之后健康状况时好时坏,当无法在实验室进行研究工作时,他致力于整理自己多年来从实践和推理中获得的知识。只要身体稍感轻快,就去实验室做他的实验或撰写论文,并以此为乐趣。1680年,他曾被推选为皇家学会的会长,但他谢绝了这一荣誉。1691年12月30日,这位曾为17世纪的化学科学奠定基础的科学家在伦敦逝世。恩格斯曾对他做出最崇高的评价："波义耳把化学确定为科学。"

第九条 "敏于观察，勤于思考，善于综合，勇于创新。"

（宋叔和）

【引申释义】

观察敏锐，能发现问题；思考勤快、肯动脑筋，能想办法解决问题；擅长综合分析，有全局观，就能知道轻重缓急，懂得取舍。

【名人简介】

宋叔和（1915年7月14日—2008年2月5日），字克如，出生于河北迁安，著名地质岩石学家、区域岩石及有色金属矿学家。曾任中国地质科学院矿产资源研究所名誉所长、研究员。1938年毕业于清华大学地质地理气象学系。1950年加入九三学社。1980年当选为中国科学院学部委员。1982年创办《矿床地质》（学术季刊），担任主编。1984年后任《地质学报》副主编。

【案例】

居里夫妇的伟大发现

玛丽·居里，世称"居里夫人"，1867年出生于波兰华沙，高中毕业后，患了一年精神疾病。由于是女性的原因，她不能在俄罗斯或波兰的任何大学继续进修，所以她做了几年家庭教师。最终，在她姐姐的经济支持下移居巴黎，并在索邦大学学习数学和物理学。经过四年的努力后，玛丽取得物理及数学两个硕士学位。在那里，她成为该校第一名女性讲师。玛丽在索邦结识了另一名讲师——皮埃尔·居里，就是她后来的丈夫。他们两个经常在一起进行以沥青铀矿石为主的放射性物质的研究，因为这种矿石的总放射性比其所含有的铀的放射性还要强。在研究过程中，他们发现能放射出那种奇怪光线的不只有铀，因此，他们做出大胆判断：还有一种物质能够放射光线，这种新的物质，也就是还未发现的新元素，只是极少量地存在于矿物之中。居里夫人把它定名为"镭"，因为在拉丁文中，它的原意就是"放射"。当时很多科学家并不相信，认为居里夫妇只是一种假设，甚至有人说道："如果真有那种元素，请提取出来，让我们瞧瞧！"要提炼镭元素，需要足够的沥青铀矿，而这种矿很稀少，价格又很昂贵，他们根本无法得到。这件事后来传到奥地利，得到奥地利政府的支持，奥地利政府赠送他们1吨已提取过铀的沥青矿残渣，他们这才开始了提取纯镭的实验。经过3年多的艰苦工作，居里夫妇终于在1902年提炼出0.1克镭盐，接着又初步测定了镭的原子量。这种元素的放射性比铀强200万倍，不用借助任何外力就会自然发光发热。

镭的发现，引起科学乃至哲学的巨大变革，为人类探索原子世界的奥秘打开了大门。可以说，它的发现，开辟了科学世界的新领域，并由此诞生了一门新兴的放射学，所以，镭被誉为"伟大的革命者"。正是因为居里夫妇为科学革命做出了巨大的贡献，第二年，他们便获得了诺贝尔物理学奖。

第十条 "科学研究工作,尤其富于创造性的意义,尤其需要依靠自力更生。"

(李四光)

【引申释义】

企业作为一种社会机构,想要立足社会就必须适应社会日新月异的变化,这就需要不断地创新。企业核心技术和产品,尤其富于创造性的意义,尤其需要依靠自力更生。

【案例1】

腾讯公司关注国内研发

腾讯公司董事长马化腾曾不止一次在媒体上表示:国内企业必须重视基础学科的研究,只有这样,才能更好应对外部突发的一系列危机。马化腾斥巨资联合国内的杨振宁、施一公等杰出科学家设立了"科学探索奖",用来扶持我们国家45岁以下的杰出人才,鼓励中国优秀科研人才去研究基础学科及国际前沿科学技术。未来科学大奖(Future Science Prize)是由香港未来科学大奖基金会有限公司发起,北京怀柔未来论坛科技发展中心协办举行的评奖活动,旨在奖励在中国大陆、香港、澳门及台湾做出杰出科技成果的科学家(不限国籍)。"未来论坛"在北京创立大会上,时任百度公司首席科学家吴恩达、北京大学讲席教授饶毅、时任清华大学教授施一公、《奇点临近》一书作者雷·库兹韦尔等国内外顶尖科学家,以及陈恂、邓锋、丁健等"未来论坛"创始理事悉数出席。未来科学大奖基金会下设不同的奖项,每个奖项由一个人发起,三个人一起参与。未来科学大奖奖金为100万美元,每位捐赠人出资25万美元。

【案例2】

天宫遨游——中国空间站不再遥远

空间探索技术无疑是现今各国竞争最为激烈的高新技术领域之一,其成熟与否正日益成为衡量一个国家科技实力的重要指标。而其中,空间实验室技术的成熟与否对空间探索技术的进一步发展起着至关重要的作用。

空间站作为长期在轨运行的"太空母港",是人类历史上规模最大的航天器,可满足航天员长期在轨生活工作,其天然的高真空、微重力、超洁净环境也可以充分用于开展各类科学技术研究,推动科学技术进步。因此,空间站工程将产生巨大经济效益和社会效益,已经成为衡量一个国家经济、科技和综合国力的重要标志,受到各航天大国的高度重视。

说起空间站,很多人最先想到的是国际空间站,这是目前在轨运行最大的空间平台,是一个拥有现代化科研设备,可开展大规模、多学科基础和应用科学研究的空间实验室。它的规模有400多吨,由美国、俄罗斯、加拿大、日本等16国联合,历经12年建造完成。然而,国际空间站的合作大门并未向中国敞开,我们走上了自主研制建造的道路。

20世纪90年代初,我国载人航天工程正式启动,采取"三步走"战略:

第一步是载人飞船阶段,在此期间完成了载人飞船的研制,实现了航天员天地往返等目标。

第二步是空间实验室阶段,在这一阶段,我国不仅掌握了出舱、交会对接技术,成功地对航天员中期驻留太空进行了验证，还成功验证了推进剂在轨补加技术，完成了运送货物补给等任务。

第三步就是现在正在进行的空间站建设阶段，我国将建造长期有人照料的空间站。

天宫，这个中国神话传说中天帝居住的宫殿，在 21 世纪第三个 10 年的中国，被赋予更多科学与梦想的色彩，成为中国航天的新名片——"天宫"空间站。这是中国人自主建造的近地载人空间站。

早在 1992 年，中国就确立了以建立空间站为目标的航天计划，而其中十分重要的一步就是实现空间实验室的在轨运行。实现空间实验室技术的在轨验证可以说是中国广大航天科技人员的夙愿。而随着"天宫二号"和"神舟十一号"的相继发射成功，并完成交会对接，我国真正迈出了空间实验室建设的关键一步，对我国的空间探索意义深远。

2021 年 4 月 29 日，在文昌航天发射场，伴随着发动机巨大的轰鸣声和耀目的蓝白色火焰，"长征五号 B"遥二运载火箭成功将"天和号"送入高度 340~450 千米的近地轨道，这是中国空间站第一个，也是最重要的一个舱段——核心舱。至此，属于中国空间站的在轨组装建造大幕正式拉开，紧锣密鼓的载人航天大戏开始了。

"天和"核心舱之后，紧接着就是"天舟二号"货运飞船，再接着是"神舟十二号"载人飞船……目前，"问天"实验舱、"梦天"实验舱已基本完成与"天和"核心舱的对接，"天舟四号"货运飞船与"天舟五号"货运飞船已成功对接"天和"核心舱。"神舟十三号""神舟十四号"载人飞船成功发射并返回，"神舟十五号"的航天员还在"天宫"驻留……

由此可见，我国的空间实验室建设正在有条不紊地顺利进行，我国的空间探索技术正日益成熟，我们走出了一条独立自主、不等不靠、掌握核心技术的空间探索之路。

第二节　知识学习名句

第一条　"科学研究要勇于探索，勇于创新，这个是关键。"

（袁隆平）

【引申释义】

这句话表明科研探索与创新对科学研究的重要性，鼓励人们要富有探索和创新的精神。知识进步往往起源于知识创新，创新探索是推动知识不断发展的根本途径。

【名人简介】

袁隆平（1930 年 9 月 7 日—2021 年 5 月 22 日），中国工程院院士，被誉为"杂交水稻之父"，"共和国勋章"获得者，湖南省政协原副主席，国家杂交水稻工程技术研究中心原主任。袁隆平院士一生致力于杂交水稻技术的研究、应用与推广，是海内外著名的农业科学家，中国杂交水稻事业的开创者和领导者。他发明了"三系法"籼型杂交水稻，成功研究出"两系法"杂交水稻，创建了超级杂交稻技术体系。

【案例】

悟空探秘——大国重器之"悟空号"探测卫星

暗物质粒子探测卫星（Dark Matter Particle Explorer，DAMPE，又称"悟空号"）是中国科学院空间科学战略性先导科技专项中首批立项研制的4颗科学实验卫星之一，是目前世界上观测能段范围最宽、能量分辨率最优的暗物质粒子探测卫星。其观测能段是国际空间站阿尔法磁谱仪的10倍，能量分辨率比国际同类探测器高3倍以上。

"悟空号"有效载荷质量1 410千克，可以探测高能γ射线、电子和宇宙射线。它由一个塑料闪烁探测器、硅微条、钨板、电磁量能器和中子探测器组成。"悟空号"的主要科学目标是以更高的能量和更好的分辨率来测量宇宙射线中正负电子之比，以找出可能的暗物质信号。它也有很大潜力来加深人类对于高能宇宙射线的起源和传播机制的理解，也有可能在高能γ射线天文观测方面有新发现。

2015年12月17日，我国在酒泉卫星发射中心用"长征二号丁"运载火箭成功将暗物质粒子探测卫星"悟空号"发射升空。它具有能量分辨率高、测量能量范围大和本底抑制能力强等优势，将中国的暗物质探测提升至新的水平。

"暗物质"被比作"笼罩在21世纪物理学天空中的乌云"，它是一类从未被直接观测到的大质量物质。科学家推测，宇宙物质总量包含4.9%的普通物质，它们组成了行星、恒星、星系、星际气体等可见物质，其余95%是看不见的暗物质和暗能量。而以《西游记》中"悟空"命名的暗物质粒子探测卫星，则是人类发现和认识神秘暗物质的"火眼金睛"，它能通过高能和高分辨率的仪器来测量宇宙射线中正负电子之比，从而找出可能的暗物质信号。

第二条　"能正确地提出问题就是迈出了创新的第一步。"

[（美国）李政道]

【引申释义】

知识创新重在发现问题、找出问题、提出问题。正确地提出问题往往是创新的开始。

【名人简介】

李政道，1926年11月24日生于上海，江苏苏州人，哥伦比亚大学全校级教授，美籍华裔物理学家，诺贝尔物理学奖获得者，因在宇称不守恒、李模型、相对论性重离子碰撞（RHIC）物理和非拓扑孤立子场论等领域的贡献闻名。

【案例】

勤学好问的伽利略

伽利略青年时期曾就读于医学院。有一次上课，比罗教授讲胚胎学。他讲道："母亲生男孩还是生女孩，是由父亲的强弱决定的。父亲身体强壮，母亲就生男孩；父亲身体衰弱，母亲就生女孩。"

比罗教授的话音刚落，伽利略就举手说道："老师，我有疑问。"

比罗教授不高兴地说："你提的问题太多了！你是个学生，上课时应该认真听老师讲，多记笔记，不要胡思乱想，动不动就提问题，影响同学们学习！""这不是胡思乱想，也不是动不动就提问题。我的邻居，男的身体非常强壮，可他的妻子一连生了5个女儿。这与老师讲的正好相反，这该怎么解释？"伽利略没有被比罗教授吓倒，继续反问。

"我是根据古希腊著名学者的观点讲的，不会错！"比罗教授搬出了理论根据，想压服他。

伽利略继续说："难道讲得不符合事实，也要硬说是对的吗？科学一定要与事实符合，否则就不是真正的科学。"比罗教授被问倒了，下不了台。

后来，伽利略果然受到了校方的批评，但是，他勇于坚持、好学善问、追求真理的精神却丝毫没有改变。正因为这样，他才最终成为一代科学巨匠。

第三条　"在工作实践中发现新问题，才能有创新。"

（程开甲）

【引申释义】

知识创新是引领发展的重要动力。知识创新并非凭空产生，它需要足够的知识理论和经验积累，在发展的道路上需要在工作实践中找出矛盾和新问题，才会有新发现和创新。

【名人简介】

程开甲（1918年8月3日—2018年11月17日），男，汉族，中共党员、九三学社社员。中国科学院院士，著名理论物理学家、"两弹一星"功勋奖章获得者，2013年国家最高科学技术奖获得者，中国核武器事业的开拓者之一，中国核试验科学技术体系的创建者之一，中国人民解放军总装备部科技委顾问。

【案例】

青藏铁路在冻土学研究上的知识创新

中国科学院院士、冻土学家程国栋系统地研究了青藏高原多年冻土区地下冰的成因、分布规律，为青藏高原上国家重大工程建设项目提供了重要的工程地质资料和方法。"厚层地下冰形成的重复分凝机制"被国际冻土界誉为"程氏假说"，得到国际公认，解决了冻土学中"近地面厚层地下冰的成因"问题。"高海拔多年冻土分布的三向地带性理论"也被国内外学者引用。针对青藏铁路建设冻土路基高温、高含冰量等世界难题，程国栋在国际上首次系统地提出"主动冷却路基"的思路和方法，为青藏铁路建设中冻土路基稳定性维护提供了科学途径。他组织领导的科研团队，就青藏铁路重大科技问题展开攻关和集成研究，成果在青藏铁路建设中得到了应用。

在进行冻土学研究的同时，程国栋针对西部地区生态环境建设面临的重大科学问题进行了研究，主持完成的"黑河水资源问题与对策"建议已成为水利部向国务院提交建议的重要依据。他作为首席科学家，正在主持进行"黑河流域水—生态—经济系统综合管理试验示范"研究，在退化生态系统的修复、重建，水土资源合理利用，国土整治与开发等方面提出了很有价值的依据，为国家加快西部发展，提供了创新性的理论基础。

程国栋采取提要求、创条件、给机会等措施，促进年轻人成长。他对学生说："先做人，后做事。不论是做人，还是做事，一定坚持做到最好。"

第四条 "凡事力争最好的可能性，但必须做最坏的准备，做创新的科研工作更是如此。"

（王世真）

【引申释义】

知识创新要"沉得下去"，创新者包袱少，敢想敢干，因而更具创新的活力和潜质。只要刻苦努力，甘于寂寞，沉下心来做学问，一定会有所成就。

【名人简介】

王世真（1916年3月7日—2016年5月27日），出生于日本千叶，原籍福建福州，生物化学家、核医学家、中国科学院院士、中国协和医科大学教授、中国医学科学院放射医学研究所名誉所长。

【案例】

最坏的打算就是最好的防守

2001年的时候，阿里巴巴决心要做"80年企业"。一个业内的堂·吉诃德出现了，他就是马云，人们都把他当作疯子、狂妄家。然而马云跟他的阿里巴巴并没有对这些言论做出反击，反而不理不睬。因为马云和他的团队都已经做了最坏的打算，当他们这样想的时候，他们反而变得轻松了。

为什么？因为当他们对未来做出了最悲观的预测并且有充足的思想准备时，那些所遇到的困难、艰辛反而更容易承受，他们知道一切都还没有到不可收拾的局面，心态反而变得积极起来。

马云说："我们是这样把握的：第一，我们做任何一件事情首先要考虑好，这件事情全部砸了，对我们公司会怎么样？如果最坏的打算会对公司有影响，但不会伤筋动骨，我们就干。"

只有预先接受了最坏结果，你才能从容地面对人生，应对每一个不测事件，并且始终做到情绪平稳。这样的你才不会焦虑，更不会失控。

第五条 "创造包括万物的萌芽，它培育了生命和思想，正如树木的开花结果。"

[（法国）莫泊桑]

【引申释义】

独创性也称原创性或初创性，独创性有两个主要的表现形式：一是从无到有进行创造；二是在他人已有的基础上进行创造。莫泊桑的这句话阐述了知识创新的过程和方式。

【名人简介】

居伊·德·莫泊桑（1850年8月5日—1893年7月6日），19世纪后半期法国优秀的批判现实主义作家，与俄国契诃夫和美国欧·亨利并称为"世界三大短篇小说巨匠"，其中莫泊桑被誉为现代文学中的"世界短篇小说之王"。他一生创作了6部长篇小说、359篇中短篇小说及3部游记，是法国文学史上短篇小说创作数量最大、成就最高的作家。代表作品有《项链》《漂亮朋友》《羊脂球》《我的叔叔于勒》等。他的短篇小说所描绘的生活面极为广泛，成为反映19世纪下半期法国社会整体面貌的一幅风俗画，更重要的是，他把现实主义短篇小说的艺术提高到了一个前所未有的水平，他在文学史上的重要地位主要就是由他短篇小说的成就奠定的。

【案例】

中国北斗系统的创新探索之路

2018年12月27日，"北斗三号"基本系统正式向"一带一路"及全球提供基本导航服务，中国北斗向全球组网的目标迈出了实质性一步。回首来路，穿越激荡的40年，中国"北斗"蹚出了一条独特的探索道路，在导航领域成就了一段波澜壮阔的东方传奇。

北斗工程诞生之前，我国曾在卫星导航领域苦苦摸索，在理论探索和研制实践方面开展了卓有成效的工作。作为先驱者，立项于20世纪60年代末的"灯塔计划"虽然最终因技术方向转型、财力有限等原因而终止，却如同黑夜中的一盏明灯，为后来上马的北斗工程积累下宝贵的经验。

中国导航卫星究竟走什么样的道路？在国际导航竞技场上，中国又一次站在了十字路口。1983年，以陈芳允院士为代表的专家学者提出了利用2颗地球同步轨道卫星来测定地面和空中目标的设想，通过大量理论和技术上的研究工作，双星定位系统的概念逐步明晰。

接下来，是一步跨到全球组网，还是分阶段走？这在当时引发了不小的争议。"系统一下建那么大（全球组网），需要大量的时间和资金。当时刚刚开放，用户还是集中在国内、周边，因此'先区域、后全球'的技术途径符合中国国情。"参与了技术路线讨论的"北斗一号"卫星总设计师范本尧院士说。

于是，"先区域、后全球"的思路被确定下来，"三步走"的北斗之路由此铺开。

先解决有无。作为第一步，"北斗一号"要"花小钱，办大事"，验证系统设计思想的正确性。1993年年初，五院提出卫星总体方案，初步确定了卫星技术状态和总体技术指标。1994年，"北斗一号"系统工程立项，组建卫星团队全面展开研制工作。经过艰苦卓绝的关键技术攻关和重大故障的成功排除抢修，终于在2003年建成"北斗一号"系统，使我国成为继美、俄之后第三个拥有自主卫星导航系统的国家。

面对快速增长的应用需求，在保留"北斗"特色的同时，"北斗二号"迈出了提升性能的第二步。2004年，"北斗二号"正式立项研制，并于2006年成为国家16个重大科技专项之一。2012年12月27日，北斗系统面向亚太区域提供服务，成为国际卫星导航系统四大服务商之一。

站在前两代星座的肩膀上，北斗的第三步迈得自信而坚定。立项于2009年12月的"北斗三号"开始尝试冲刺和领跑，并于2018年完成10箭19星发射，创下世界卫星导航系统建设的新纪录，在太空中再次刷新了中国速度。星间链路、全球搜救载荷、新一代原子钟……伴随着这些新"神器"闪亮登场，北斗导航系统的整体性能大幅提升。

"'北斗'的研制，是中国人自己干出来的。'巨人'对我们技术封锁，不让我们站在肩膀上。唯一的办法，就是自己成为巨人。""北斗一号"卫星总指挥李祖洪说。作为国之重器，自主创新是北斗工程的必由之路。秉承"探索一代，研发一代，建设一代"的创新思路，中国"北斗"始终把发展的主动权牢牢掌握在自己手中。

"北斗一号"原创性地提出双星定位的卫星实现方法，打破了国外技术垄断，建立起国际上首个基于双星定位原理的区域有源卫星定位系统——北斗导航卫星试验系统。"北斗二号"突破了区域混合导航星座构建、高精度时空基准建立的关键技术，实现星载原子钟国产化，在国际上首次实现混合星座区域卫星导航系统。区域系统建成后，各项技术指标均与GPS等国际先进水平相当。

"北斗"人至今还记得研制首颗"北斗二号"卫星那段"激情燃烧的岁月"。根据国际电联的规则，频率资源是有时限的，过期作废。时间不等人！在争分夺秒完成前期所有研制任务后，为节省时间，所有参试人员进驻发射场后大干了三天体力活，搬设备、扛机柜、布电缆，接下来又是200小时不间断地加电测试……这一次，院士、型号老总和技术人员一起排班，很多人因为水土不服而拉肚子、发烧，但大家都带病坚持在岗位上，经受住了次次险情和种种考验。2007年4月16日，在成功发射的两天后，北京从飞行试验星获得清晰信号，此时距离空间频率失效仅剩下不到四小时——正是这次壮举，有效地保护了我国卫星导航系统的频率资源，拉开了北斗区域导航系统建设的序幕。

在"北斗三号"全球组网建设中，五院率先提出国际上首个高中轨道星间链路混合型新体制，形成了具有自主知识产权的星间链路网络协议、自主定轨、时间同步等系统方案；研发出国内首个适于直接入轨一箭多星发射的"全桁架式卫星平台"，实现了卫星自主监测和自主健康管理；成功应用星载大功率微波开关、行波管放大器等关键国产化元器件和部组件，打破核心器部件长期依赖进口、受制于人的局面，为全球快速组网建设铺平道路。

"这是一项团队工程，没有个人英雄，航天事业的成功是一个团队的成功。""北斗三号"工程副总设计师、卫星首席总设计师谢军说。的确，每一颗北斗卫星都有着强大的幕后团队，牵动着卫星、运载火箭、运控、应用、测控、发射场等各大系统。以卫星系统为例，总体设计、结构机械、热控制、综合电子、控制与推进、载荷等众多分系统，以及测试、总装等环节的"北斗"人，尽管身处不同岗位、面临不同挑战，但大家总是心往一处想、劲儿往一处使，共同推动北斗工程一步步稳健地向前迈进。

团队中的泰斗和"明星"人物相信，"教会徒弟才能解放师傅，一代更比一代强"，从而热心地推进知识转移和人才培养，摸索出"自我学习、自我提高"的自助，"以老带新、传承经验"的帮助，"专业培训、注重实效"的辅助和"专业互补、共同进步"的互助这样一个"四助"策略。

创业阶段，老"北斗"人用药盒和大头针制作出简易的卫星模型向新员工细细讲解；后来，他们采用"共享笔记本"等形式，你一句、我两行地记录研制经验和心得；后来，他们设立了督导师制度，手把手地助推青年成长，编著出总体设计指南以及各分系统的设计/工作手册作为传授宝典，以《航天器总体设计禁忌》详解设计中的"清规戒律"；再后来，创新开展的虚拟卫星培训项目渐渐成为"北斗"新人们的必修课，大家分工协作，用不到一个月的时间设计一颗"麻雀虽小，五脏俱全"的虚拟卫星，通过考核后才能走上工作岗位……现在，他们又有了"科研生产一体化管控平台"等数字化工具，显著提升了设计制造能力。

给力的传帮带，加上密集组网的工程历练，大大缩短了"北斗"人才成长的周期。如今，"北斗"研制形成了一支平均年龄38岁、老中青结合的团队，先后走出了中国工程院院士范本尧以及10余名卫星总设计师/总指挥、20余名副总设计师/副总指挥等领军人才，为我国航天事业的发展锤炼出一个宝贵的"明星"阵容。

探寻北斗导航卫星研制的背后故事，也就领悟到自主创新、团结协作、攻坚克难、追求卓越的"北斗"精神。天河漫漫，北斗璀璨，浩渺的星河从未离我们如此之近。

第六条 "人之可贵在于能创造性地思维。"

（华罗庚）

【引申释义】

知识进步往往起源于思维创新。创新思维是推动知识不断发展的根本途径。但是值得注意的是，知识创新不能简单地认为创新是人们思维的结果，有时候不同的实践活动决定着思维活动的不同性质和思维方式的不同内容。

【名人简介】

华罗庚（1910年11月12日—1985年6月12日），全国政协原副主席。出生于江苏常州金坛县（现金坛区），祖籍江苏丹阳，数学家，中国科学院院士，美国国家科学院外籍院士，第三世界科学院院士，德国巴伐利亚科学院院士，中国科学院数学研究所研究员、原所长。

华罗庚先生作为当代自学成才的科学巨匠和誉满中外的著名数学家，一生致力于数学研究，并以科学家的博大胸怀提携后进和培养人才，以高度的历史责任感投身科普和应用数学推广，为数学科学事业的发展做出了贡献，为祖国现代化建设付出了毕生精力。华罗庚由于为中国数学发展做出的贡献，被誉为"中国现代数学之父""中国数学之神""人民数学家"。华罗庚是在国际上享有盛誉的数学大师，他的名字在美国史密森尼博物馆与芝加哥科技博物馆等著名博物馆中，与少数经典数学家列在一起，被列为"芝加哥科学技术博物馆中当今世界88位数学伟人之一"。

【案例1】

一物二用的导游手帕

在日本东京，"夫妻店"随处可见，它们往往都有自己的经营妙方。有一家专卖手帕的"夫妻老店"，由于超级市场的手帕品种多，花色新，他们竞争不赢，生意日趋清淡，眼看经营了几十年的老店就要关门了，他们在焦虑中度日如年。一天，丈夫坐在小店里漠然地注视着过往行人，一群穿着艳丽的旅游者走来，他忽然来了灵感，不禁忘乎所以地叫出来，把老伴吓了一跳，以为他急疯了，只听他念念有词地说："导游图，印导游图。""改行？"妻子惊讶地问。"不不，手帕上可以印花、印鸟、印水，为什么不能印上导游图呢？一物二用，一定会受游客的青睐！"老伴听了，恍然大悟，连连称是。于是，这对老夫妻立即向厂家订制一批印有东京交通图及风景区导游的手帕，然后广为宣传。这个点子果然灵验，销路大开。他们的"夫妻店"绝处逢生，生意一下好起来。

好奇心会产生联想，而联想就会产生创造力，手帕和导游图可以说两者毫不相干，但只要巧妙地加以组合，就能产生意想不到的效果。相比之下，我们不少经营者却缺少这种对原有产品再挖掘、再创造的精神。循规蹈矩的多，开拓进取的少。由于创新意识淡薄，产品的市场竞争力自然就差了。试想，如果日本这家"夫妻店"，面对激烈的竞争束手无策，想不出什么新花样，而是照卖原来的手帕，那么生意的路子势必越走越窄，最终会被市场淘汰。导游手帕的成功给我们这样一个启示：只要生产经营者敢于创新，老产品也能找到新卖点。

【案例2】

米老鼠的诞生

美国华特迪士尼公司的创始人迪士尼曾从事美术设计，后来他失业了。原来他和妻子住在一间老鼠横行的公寓里，但失业后，因付不起房租，夫妇俩被迫搬出了公寓。这真是连遭不测，他们不知该去哪里。一天，二人呆坐在公园的长椅上，正当他们一筹莫展时，突然从迪士尼的行李包中钻出一只小老鼠。望着老鼠机灵滑稽的面孔，夫妻俩感到非常有趣，心情一下子就变得愉快了，忘记了烦恼和苦闷。这时，迪士尼头脑中突然闪过一个念头。对妻子惊喜地大声说道："好了！我想到好主意了！世界上有很多人像我们一样穷困潦倒，他们肯定都很苦闷。我要把小老鼠可爱的面孔画成漫画，让千千万万的人从小老鼠的形象中得到安慰和愉快。"风行世界数十年之久的米老鼠就这样诞生了。在失业前，迪士尼一直住在那间公寓里，经常看到老鼠窜来窜去，却没有产生这样的设想，而在穷途末路、面临绝境的时候出现了这样的灵感，原因何在？其实，米老鼠就是触发了灵感的产物。他说："米老鼠带给我的最大礼物，并非金钱和名誉，而是启示我陷入穷途末路时的构想是多么伟大！还有，它告诉我倒霉到极点时，正是捕捉灵感的绝好机会。"发现灵感思考法是指在对问题已进行较长时间思考的执着探索过程中，需随时留心和警觉，在同某些相关与不相关的事物接触时，有可能在头脑中突然闪现所思考问题的某种答案或启示。

就像迪士尼由小老鼠触发灵感一样，许多意想不到的东西都可以成为触发灵感的媒介物。这一点常常使思考者喜出望外，兴奋异常。

第七条 "创新就是建立一种新的生产函数。"

[（奥地利）约瑟夫·熊彼特]

【引申释义】

"创新"是指建立一种新的生产函数，即把一种从来没有过的关于生产要素和生产条件的"新组合"引入生产体系，而"创新者"的职能就是引进"新组合"，实现"创新"。

【名人简介】

约瑟夫·熊彼特（1883年2月8日—1950年1月8日），1901—1906年在维也纳大学攻读法学和社会学，1906年获法学博士学位，是一位有深远影响的政治经济学家（尽管他并非"奥地利学派"成员，但在早期受到奥地利学派的深刻影响）。其后移居美国，一直任教于哈佛大学。

他与同时代的凯恩斯，用"既生瑜，何生亮"来形容再贴切不过了。两人之间既惺惺相惜，也存在不屑与论争。他被誉为"创新理论"的鼻祖。1912年，发表《经济发展理论》一书，提出了"创新"及其在经济发展中的作用，轰动了当时的西方经济学界。《经济发展理论》创立了新的经济发展理论，即经济发展是创新的结果。其代表作有《经济发展理论》《资本主义、社会主义与民主》《经济分析史》等，《经济发展理论》是他的成名作。

近年来，熊彼特在中国大陆声名日隆，特别是一谈到"创新"，熊彼特的"五种创新"理念时常被人引用和提及，几乎到了"言创新必称熊彼特"的程度。不仅仅是在中国，作为"创新理论"和"商业史研究"的奠基人，熊彼特在西方世界的影响也正在被"重新发现"。据统计，熊彼特提出的"创造性毁灭"，在西方世界的被引用率仅次于亚当·斯密的"看不见的手"。

【案例】

中国高铁创新之路

2021年1月19日，习近平总书记乘坐京张高铁赴张家口赛区考察北京冬奥会、冬残奥会筹备工作。抵达太子城站后，他走进车站运动员服务大厅，一边听取介绍一边仔细察看京津冀地区铁路网图、京张高铁和赛区位置示意图以及沙盘等展示。习近平总书记指出，我国自主创新的一个成功范例就是高铁，从无到有，从引进、消化、吸收再创新到自主创新，现在已经领跑世界。要总结经验，继续努力，争取在"十四五"期间有更大发展。

中国高铁展现出铁路强大的自主创新能力。高速铁路的建设是一个复杂的系统工程，其创新更是一个布满荆棘、充满艰难险阻的过程。2004年，中国决定通过技术引进发展高铁，但是在国际市场中，核心技术很难用钱买到，高铁技术也是如此。为此铁路先引进先进技术，再从技术设计到制造工艺，安排科研人员、技术人员学习，开阔中国技术人员的思路和眼界，技术人员用不屈不挠的意志、变不可能为可能的勇气，努力学习技术、不断积累，积极探求未知领域。时速350千米的"复兴号"从2012年开始研制到2017年投入使用，前后历时仅5年；完全自主知识产权的"复兴号"中国标准动车组已经装备超过560组；高铁软件和操作系统也做到了自主可控，在追赶到领跑这条漫长而艰辛的路上，无数科学家、工程师一路开拓求索、筚路蓝缕，不知道走过了多少艰辛历程，付出了多少心血汗水，熬过多少不眠之夜，才有了今天的伟大成就，彰显了我们强大的自主创新能力。

中国高铁展现出了令人骄傲的自主创新成果。截至"十三五"末，中国高铁运营里程达3.79万千米，在短短数十年时间里，中国从没有高速铁路，发展到拥有世界上运营里程最多的高速铁路。从"和谐号"动车组到完全自主知识产权的"复兴号"动车组，从"四纵四横"到"八纵八横"，不断发展的高铁技术、不断扩大的高铁版图，给民众带来了越来越便利的出行体验。中国高铁在创新之路上用举世瞩目的成就印证着中国铁路事业的蓬勃发展与时代进步，闪烁着耀眼的光芒。

第八条 "创新是科学房屋的生命力。"

[(美国) 阿西莫夫]

【引申释义】

知识创新是知识进步的灵魂，科学技术是当代发展的力量源泉。创新就是打牢基础、构建框架的建设者，以空前未有的热情，以知识融合经验，激发独特的创新精神，推动科学技术发展，是科技发展的生命力。

【名人简介】

艾萨克·阿西莫夫（1920年1月2日—1992年4月6日），俄罗斯（犹太）裔美国科幻小说作家、科普作家、文学评论家，美国科幻小说黄金时代的代表人物之一。

阿西莫夫一生著述近500部，题材涉及自然科学、社会科学和文学艺术等许多领域，与罗伯特·海因莱因、亚瑟·克拉克并列为科幻小说三巨头，同时也是著名的门萨学会会员，并且后来担任副会长。其作品《基地系列》《银河帝国三部曲》和《机器人系列》三大系列被誉为"科幻圣经"，曾获代表科幻界最高荣誉的雨果奖和星云终身成就大师奖。小行星5020、《阿西莫夫科幻小说》杂志和两项阿西莫夫奖都是以他的名字命名。他提出的"机器人学三定律"被称为"现代机器人学的基石"。

阿西莫夫对人文主义抱有严肃的态度，他经常发表与其相关的演说并写文章甚至整本书来探讨。他把科学看作地球上伟大而统一的原则。他利用科幻小说这种特殊的文学形式，在普及科学知识的同时，促使人们去考虑人类与科技、历史等各方面的联系，考虑人类与整个社会的协调发展。晚年时，他成了美国人文主义协会的主席，担任此职务一直到他去世。

阿西莫夫被认为是一位"理性、科学和怀疑论的卫士"，也就是反对伪科学、超自然现象和宗教迷信的先锋斗士。他以自己的著作在这些方面做了大量的解惑释疑的工作。他自称是科幻小说中"属于比较认真的那一派"，他强调作品的科学性，反对粗制滥造和毫无根据的胡思乱想。他的科幻作品不仅牢固地建立在科学的预测基础之上，而且还具有高度的思想性和艺术性，真正反映了科学技术的发展及其对人类社会的进步所产生的巨大影响，帮助人们扩大视野，创造性地思索未来，向未知的领域延伸、拓展。

【案例】

"天问"奔火——中国探火启程

穿越漫漫星河，跋涉297天，"天问一号"成功着陆火星。2020年7月23日，"长征五号"火箭在万众瞩目中点火升空，成功将"天问一号"送入地火转移轨道。

中国航天器首次奔赴火星，就"毫发未损"地出现在遥远的红色星球上，完成了人类航天史上的一次壮举，实现了我国航天器首次地外行星着陆。着陆后，"祝融号"火星车成功传回了遥测信号。

从进入火星大气到着陆火星表面是整个火星着陆过程中最为惊险的时刻。在火星着陆分为气动减速、伞系减速、动力减速、悬停避障与缓速下降四个阶段，历时"惊魂九分钟"。两器分离约30分钟后，环绕器进行升轨，返回停泊轨道，为着陆巡视器的后续探测任务提供中继通信，搭建起地球和火星之间的通信桥梁。后续，"祝融号"火星车依次对着陆点全局成像、自检、驶离着陆平台并开展巡视探测。

"天问一号"探测器于 2021 年 2 月 24 日成功进入周期为两个火星日的火星停泊轨道，随后对火星开展了全球遥感探测，并对预选着陆区进行详查，探测分析了火星的地形地貌、沙尘天气等，为着陆火星做了充分的准备。

"天问一号"探测器由环绕器和着陆巡视器组成，于 2020 年 7 月 23 日由"长征五号"运载火箭成功发射，距离地球约 3.2 亿千米。"天问一号"突破了第二宇宙速度发射、行星际飞行和测控通信、地外行星软着陆等关键技术，是我国航天事业发展史上又一具有里程碑意义的事件。

"天问一号"探测器着陆火星，迈出了我国星际探测征程的重要一步，实现了从地月系到行星际的跨越，在火星上首次留下中国人的印迹，使我国在行星探测领域进入世界先进行列。

第三节　技术创新名句

第一条　"苟日新，日日新，又日新。"

(《大学》)

【引申释义】

这句话原意是指今天把一身的污垢洗干净了，以后便要天天把污垢洗干净，这样一天一天下去，每天都要坚持。后被引申为精神上的洗礼，品德上的修炼，比喻从勤于省身和动态的角度来强调及时反省和不断革新。在这里，"苟日新，日日新，又日新"表示一种革新的姿态，驱动人们弃旧图新。

【名人简介】

"苟日新，日日新，又日新"是商朝的开国君主成汤刻在澡盆上的警词。成汤（约前 1670—前 1587 年），子姓，名履，又名天乙，河南商丘人，是契的第十四代孙，主癸之子，商朝开国君主。

《大学》记载的这句话，代表人类不断发展和积极进取的精神，是一个日积月累的变化，从量变到达质变的必然趋势和结果，是人类思想进步和物质创新的哲学。

2013 年 5 月 4 日习近平总书记同各界优秀青年代表座谈时，谈到在实现中国梦的生动实践中放飞青春梦想时，引用此话激励大家："广大青年一定要创新创造。创新是民族进步的灵魂，是一个国家兴旺发达的不竭源泉，也是中华民族最深沉的民族禀赋，正所谓'苟日新，日日新，又日新'。生活从不眷顾因循守旧、满足现状者，从不等待不思进取、坐享其成者，而是将更多的机遇留给善于和勇于创新的人们。"

【案例】

星河路虽远，我有中国箭

"长征五号"是 21 世纪 10 年代中国航天科技集团公司所属中国运载火箭技术研究院抓

总研制的一种大型低温液体捆绑式运载火箭。"长征五号"为捆绑四个助推器的两级半构型火箭，采用无毒无污染推进剂，火箭总长56.97米，起飞质量约869吨，具备近地轨道25吨、地球同步转移轨道14吨的运载能力，可以完成近地轨道卫星、地球同步转移轨道卫星、太阳同步轨道卫星、空间站、月球探测器和火星探测器等各类航天器的发射任务。"长征五号"于2006年正式立项研制，2016年11月3日，在文昌航天发射场首次成功发射，将"实践十七号"卫星送入预定轨道。2020年11月24日4时30分，"长征五号"遥五运载火箭在文昌航天发射场点火升空，将"嫦娥五号"探测器送入地月转移轨道。

"长征五号"的研制成功，标志着中国运载火箭实现了升级换代，是由航天大国迈向航天强国的关键一步，使中国运载火箭低轨和高轨的运载能力均跃升至世界第二。

1986年，中国制订"863"计划，把"大型运载火箭和天地往返运输系统"确立为航天领域的重大探索项目，但由于各方面条件的限制，大型运载火箭的工程研制工作一直未能开展。进入20世纪90年代，"长征三号乙"火箭的首飞一定程度上完善了中国运载火箭系列，但在整体上，原有的长征系列火箭的技术仍偏于老旧。

1988年，开始了大型运载火箭的论证工作。通过和世界新一代运载火箭以及自身需求的对比，中国火箭专家认为，旧的"长征"火箭系列存在着运载能力低、芯级直径小、型号偏多、型谱重叠、可靠性不高、发射准备周期长、使用的偏二甲肼和四氧化二氮推进剂毒性大且价格昂贵的问题，在小型火箭方面还存在空白。

1990年，中国从苏联引进了2台RD-120发动机进行原理研究，之后进行关键技术攻关，奠定了YF-100的基础。

2000年，"长征五号"使用的液氧煤油补燃循环发动机YF-100获得工程立项。

2001年，"长征五号"使用的一级氢氧发动机YF-77获得研制立项。

2001年，"长征五号"火箭预研工作正式开始，针对问题研制方明确了火箭的运力指标、级数、推进剂种类，并要求新型火箭高可靠、低成本。

2001年后，继续对新型火箭的设计方案、发展途径、发射场等方面进行讨论。

2002年，根据"863"计划火箭发动机和大型运载火箭专家组组长朱森元"模块化研制、积木式发展"的建议，确定了"一个系列、两种发动机、三个模块"的总体发展思路，以及"通用化、系列化、组合化"的设计思想。

2001—2005年，YF-100火箭发动机分别进入初样研制和试样研制阶段。

2006年10月，国防科工委和财政部联合立项研制"长征五号"运载火箭，经国务院批准，由国防科工局、国家航天局牵头组织实施，由中国航天科技集团有限公司所属中国运载火箭技术研究院抓总研制。

2009年，YF-77火箭发动机转入试样研制。

2009—2010年，原计划作为"长征五号"系列中衍生型号的小型、中型火箭分别独立形成"长征六号"与"长征七号"，"长征五号"系列中仅剩下5米芯级直径的大型火箭。同时，为避免火箭系列间运载能力交叉重叠，"长征五号"系列的优先发展型号由2006年时的基本型构型D转变为近地轨道、地球同步转移轨道运力最强的两种型号：构型B和构型E。2011年左右，二者分别被命名为"长征五号乙"和"长征五号"，再加上配套的"远征二号"上面级，便形成了"长征五号"系列。

"长征五号"初样研制阶段，完成了以5.2米直径整流罩和5米直径火箭舱段为代表的大部分箭体结构的制造、生产、试验等，并在中国实现了火箭全型号数字工程化应用。

2011年，"长征五号乙"立项进入工程研制。

2012年，"长征五号"研制用于火箭、航天器生产、总装、测试的中国新一代运载火箭天津产业化基地一期建成投入使用，用于箭体运输的"远望"21号船于同年下水。

2012年8月，YF-100发动机500秒长程热试车成功，确定了"长征五号"首飞发动技术状态。

2013年7月，"长征五号"进入试样研制阶段，主要完成了全箭模态试验、各动力系统试车，整流罩分离试验等大型地面试验，并开展火箭的生产、总装和测试。

2013年，"长征五号"研制同时带动一系列配套设置的建造。为了火箭测试，研制完成了70吨级的世界最大推力的振动台。

2016年，"长征五号"完成发射场合练，验证了火箭、发射场、地面发射支持系统的接口协调以及吊装起竖、测试、转运等流程，最终确定"长征五号"火箭整体技术状态。

2016年11月3日，"长征五号"运载火箭在文昌航天发射场成功发射升空。随后，"长征五号"运载火箭与其托举的"远征二号"上面级成功分离，将"实践十七号"卫星送往预定轨道。由中国航天科技集团公司抓总研制的"长征五号"运载火箭首次飞行任务取得成功。

2021年4月29日，"长征五号B"遥二火箭一声轰鸣，直冲九霄，中国空间站在轨建造大幕拉开。"长征五号B"火箭是专门为中国载人航天工程空间站建设研制的一型新型运载火箭，近地轨道运载能力大于22吨，是中国近地轨道运载能力最大的新一代运载火箭。星光不问赶路人，时光不负有心人。"长征五号B"火箭以零窗口、零故障的完美表现，实现了高密度执行探火、探月、载人航天等重大航天工程任务连战连捷的"自我超越"。

"长征五号"运载火箭是按照"高可靠、低成本、无毒无污染、适应性强、安全性好"的原则和模块化思想研制的新一代大型运载火箭，这对形成中国新一代无毒无污染的运载火箭型谱将发挥牵引和辐射作用，带动新一代中小型火箭的发展。

"长征五号"是中国实现载人空间站工程、探月三期工程的重大航天工程项目的关键支柱和发展基石，同时也支撑中国未来深空探测工程的发展。"长征五号"的试验件规模之大、模态数量之多、模态密集程度和模态耦合程度之高、数据处理难度之大、激振通道、陀螺通道、脉动压力通道、推进剂加注量均创下历史最高纪录。

"长征五号"的研制成功，是中国从航天大国走向航天强国的重大标志，标志着中国运载火箭实现升级换代，使中国运载火箭低轨和高轨的运载能力均跃升至世界第二。

第二条 "富有之谓大业，日新之谓盛德。"

（《周易·系辞传上》）

【引申释义】

这句话的意思是，拥有万物就叫伟大业绩，不断更新就叫崇高品德，变化不止就叫易，表明必须每天努力进步取得业绩，才能感应到自然规律，与天地自然同步。

【名人简介】

《系辞传》是《易传》中最重要的部分，为今本《易传》7种中的第四种，它总论《易经》大义，兼顾占筮象数和义理的解释，用数学方法解释了《周易》筮法和卦画的产生和形成。

《易传》是一部战国时期解说和发挥《易经》的论文集，其学说本于孔子，具体成于孔子后学之手。《易传》共7种10篇，它们是《彖传》上下篇、《象传》上下篇、《文言传》、《系辞传》上下、《说卦传》、《序卦传》和《杂卦传》。自汉代起，它们又被称为"十翼"。

《系辞传》分上下两传，各12章。运用《易经》的基本原理，《系辞传》进行了创造性的阐述和发挥，它把中国古代早已有之的阴阳观念，发展成为一个系统的世界观，用阴阳、乾坤、刚柔的对立统一来解释宇宙万物和人类社会的一切变化。把儒家的思想引入其中，并形成了一定的宇宙观和世界观。

孔子（公元前551年9月28日—前479年4月11日），子姓，孔氏，名丘，字仲尼，鲁国陬邑（今山东省曲阜市）人，祖籍宋国栗邑（今河南省夏邑县），中国古代伟大的思想家、政治家、教育家，儒家学派创始人，"大成至圣先师"。

【案例】

利用技术创新打破"中国贫油论"

关于中国石油资源的远景，在20世纪50年代以前，不少地质学家抱着悲观的看法。1915—1917年，美孚石油公司的马栋臣、王国栋曾率领一个钻井队，在陕西北部一带，打了7口探井，花了不少钱，收获不大。1922年美国斯坦福大学教授布莱克·威尔德来中国调查地质，回国后写文章说，中国是贫油国家，在中国东南部找到石油的可能性不大，西南部找到石油的可能性更是遥远，西北部不会成为一个重要的油田，东北部不会有大量石油，从此"中国贫油论"就流传开来。但是，李四光根据自己对中国地质的深入钻研，认为"中国贫油论"是没有事实根据的。在1928年的时候，李四光就曾写文章指出：美孚的失败，并不能证明中国没有油田可开。中国西北方出油的希望虽然最大，然而还有许多地方并非没有希望。

不走寻常路，依托技术创新，李四光从构造地质角度出发，大胆地提出油区是生油和储油条件比较优越的地区，而油田是储油条件特别好的地区，找油要先找油区再找油田。他认为，我国石油勘探远景最大的区域有三个：一是青、康、滇、缅大地槽；一是阿拉善—陕北盆地；另一是东北—华北的平原地区。他说首先应该把柴达木盆地、黑河地区、四川盆地、伊陕台地、阿宁台地、华北平原、东北平原等地区，作为寻找石油的对象。

李四光的报告极大地鼓舞了石油战线的广大工作者。1954年年初，地质部成立了全国石油、天然气普查委员会。1955年1月20日，地质部召开第一次全国石油普查工作会议，决定组成新疆、柴达木、鄂尔多斯、四川、华北五个石油普查大队。经过艰苦工作，终于发现了很多可能储油的构造。

1956年1月下旬，地质部召开第二次全国石油普查工作会议，决定1956年派93个地质队、430多名地质人员奔赴12个地区进行普查和细测。这样经过3年的石油普查工作，在新疆、青海、四川、江苏、贵州、广西及华北、东北等有希望的含油远景区，找到了几百个可能的储油构造，并在柴达木等构造上，探到了具有工业价值的油流。1958年3月，四川的南充等地相继出油，开辟了我国西南石油工业基地。1958年2月，石油工业部和地质部共同发出"三年攻下松辽"的战斗号召。地质部从四川、青海、陕甘宁调集队伍，加强松辽找油工作，终于在吉林省扶余县的一个钻井中，首次遇见厚达70厘米和50厘米的油砂岩层。同年秋天，发现了大同镇"长垣"构造，出油后改为大庆长垣。大庆油田的发现，是我国东部找油的一个重要突破。之后，又在华北、中原、汉江、广东等地相继发现一大批油田。

第三条 "现在的一切美好事物，无一不是创新的结果。"

[（英国）穆勒]

【引申释义】

卓越源于执着的创新。对于科技或企业而言，只有执着于技术创新，才能在所在科技领域和市场中越跑越快，成为美好事物的创建者和领跑者。穆勒这句话表明了技术创新对社会发展的重要作用。

【名人简介】

詹姆斯·穆勒（1773年4月6日—1836年6月23日）是19世纪著名的苏格兰历史学家、经济学家、政治理论家、哲学家、功利主义伦理学家和功利主义教育思想家。他与大卫·李嘉图同是古典经济学后期的代表人物。他的儿子约翰·斯图亚特·穆勒也是著名哲学家。

穆勒是英国机械联想主义的典型代表，联想主义心理学的主要传播者。他赞成意识是由元素构成的，感觉和观念是组成意识的基本元素，各种复杂的心理现象都是在联想的作用下，使这两类元素发生各种联合的结果。而这种结合依靠的是一种所谓的心理机械动力，并且按照力学原理来运行。这是一种极端又机械的看法。实际上，人的心理现象并不完全靠联想的作用来实现，是否服从力学原理至今也尚未可知。

【案例】

港珠澳大桥——中国桥隧建设史上的里程碑

被国外媒体称为"现代世界七大奇迹"之一的港珠澳大桥，是在中国境内一座连接香港、珠海和澳门的桥隧工程，位于广东省珠江口伶仃洋海域内。

港珠澳大桥于2009年12月15日动工建设，于2017年7月7日实现主体工程全线贯通，于2018年10月24日上午9时开通运营。港珠澳大桥东起香港国际机场附近的香港口岸人工岛，向西横跨南海伶仃洋水域接珠海和澳门人工岛，止于珠海洪湾立交桥。港珠澳大桥桥隧全长55千米，其中主桥29.6千米、香港口岸至珠澳口岸41.6千米。桥面为双向六车道高速公路，设计速度100千米/小时，工程项目总投资额1 269亿元。港珠澳大桥因其超大的建筑规模、空前的施工难度和顶尖的建造技术而闻名于世。港珠澳大桥建成通车，极大缩短了香港、珠海和澳门三地间的距离，是中国从桥梁大国走向桥梁强国的里程碑之作。该桥被业界誉为桥梁界的"珠穆朗玛峰"，不仅代表了中国桥梁先进水平，更是中国国家综合国力的体现。

港珠澳大桥四大创新：首创半刚性沉管新结构；首创曲线段沉管工厂法预制新工艺；首创整体式主动止水最终接头新方案；首创复合地基加组合基床的隧道基础新形式。

港珠澳大桥四大突破：突破大直径深插钢圆筒快速成岛技术；突破深水基础施工技术；突破外海沉管安装成套技术；突破第三代沉管技术。

众多成果及胜绩：开展了140多项验证试验；取得了454多项技术专利；形成了40多项创新成果；144个集体、194名个人获省部级以上表彰，其中23个集体、13名个人获国家级荣誉。

准确安全记录：13船钢圆筒48 000千米海上运输"安全准时"；沉管预制156道工序无一偏差；38次"外海远征"平安往返；28次台风侵袭，工程、人员无一受损。

港珠澳大桥是一个突破性工程、一个典型的创新性工程，它不仅是中国桥隧建设史上的里程碑，同时，也是世界桥隧建设史上的里程碑。

第四条　"采用原始创新去开发新技术，而原始创新要有科学技术知识的积累。"

（闵恩泽）

【引申释义】

原始创新是指前所未有的重大科学发现、技术发明、原理性主导技术等创新成果。原始创新意味着在研究开发方面，特别是在基础研究和高技术研究领域取得独有的发现或发明。原始创新是最根本的创新，是最能体现智慧的创新，是一个民族对人类文明进步做出贡献的重要体现。这句话表明了原始创新对技术创新的重要性，以及知识创新对原始创新的重要作用。

【名人简介】

闵恩泽（1924年2月8日—2016年3月7日），四川成都人，石油化工催化剂专家，中国科学院院士、中国工程院院士、第三世界科学院院士、英国皇家化学会会士，2007年度国家最高科学技术奖获得者，2007年度"感动中国"人物之一，是中国炼油催化应用科学的奠基者，石油化工技术自主创新的先行者，绿色化学的开拓者，被誉为"中国催化剂之父"。

1946年，闵恩泽毕业于国立中央大学；1951年，获美国俄亥俄州立大学博士学位；1955年，进入石油工业部北京石油炼制研究所工作，后为中国石油化工股份有限公司石油化工科学研究院高级顾问。2016年3月7日，闵恩泽先生因病于北京逝世，享年93岁。闵恩泽的巨大贡献，不仅仅在于卓越的科研成果，更在于他带出了一支勇于攻关、善于团结、勤谨踏实的科研队伍，为石化研究储备了一个人才库。

【案例】

中国太空技术发展速度前所未有

众所周知，国际空间站是目前在轨运行最大的空间平台，主要由美国国家航空航天局、俄罗斯联邦航天局、欧洲航天局、日本宇宙航空研究开发机构等共同运营。中国从2011年起就被挡在国际空间站门外，当时美国国会通过一项法案，以国家安全为由，禁止美国与中国的航天计划有任何接触。中国太空技术的进步一直依靠自力更生。2021年4月，"天宫"空间站的"天和"核心舱成功发射，中国空间站建设的大幕开启。5月，空间站"天和"核心舱完成在轨测试验证。6月，在"神舟十二号"载人飞船与"天和"核心舱成功实现自主快速交会对接后，3名中国航天员进入"天和"核心舱工作。此外，"天问一号"着陆巡视器成功着陆于火星乌托邦平原南部预选着陆区，中国首次着陆火星探测任务取得圆满成功。

原始创新就是从无到有、从0到1的诞生过程，这一过程往往以漫长、艰难乃至痛苦的探索为前提，成功的原始创新是千万个不幸中的万幸。趋利避害是人类的本能，正因为原始创新的艰难和充满不确定性，相比之下，人们更喜欢做"1到N"的技术应用和拓展，或者以技术集成规避关键技术研发的风险。有价值的太空技术创新的前提是要有创新文化来保障。太空工程的应用价值越大，对应的科学问题和技术问题往往越具有挑战性，技术的原创性越强，颠覆性意义也越大。

从中国太空技术发展过程和发展成就来看，我国太空技术的重大成果，以国家任务为导向的成果比例较高。科研人员的创造性既需要国家使命感的激发，也依赖于他们对科学的热爱和自主探索，这就需要科研团队发挥更大的作用。颠覆性太空技术往往围绕解决工程中的问题而产生、定型和拓展，其中团队的作用不可小视。大团队的成就都是建立在已经成熟的基础科学研究成果上的。在基础性的科学项目上，小团队才是独具优势的组织方式。

创新的本质就是发现，也是一种远见。凝聚太空技术的研究目标和方向，需要科研人员和科研团队的大局观和眼光，同时，还需要领导者的组织力和执行力。在新一轮太空潮兴起的关键时期，太空大国都在支持重大应用目标导向的原创性基础研究，强力支持能满足国家重大需求和自主发展的太空技术基础研究。值得一提的是，中国没有故步自封，"天问一号"任务中，中国国家航天局和欧洲航天局、法国国家空间中心、阿根廷空间活动委员会、奥地利研究促进局四家航天机构通过载荷搭载、测控支持等方式开展广泛合作。同时，中国还正与法国、奥地利、俄罗斯等有关机构，就"天问一号"火星探测数据的应用合作保持沟通。中国也与美国国家航空航天局、欧洲航天局开展火星探测器轨道数据交换合作。下一步，在探月工程四期、小行星探测以及国际月球科研站等工作中，中国将继续保持开放态度，按照共商、共建、共享原则与国际同行开展广泛合作。中国日益丰富的太空计划反映了自身的崛起，该领域的快速进展使其能够在国际太空领域规避美国对我国施加的限制和排斥。

第五条 "科学的幻想归根结底是科学和技术的大胆创造。"

[（苏联）费定]

【引申释义】

技术创新，指生产技术的创新，包括开发新技术，或者将已有的技术进行应用创新。科学是技术之源,技术是产业之源,技术创新建立在科学道理的发现基础之上,而产业创新主要建立在技术创新基础之上。这句话表明,技术创新要大胆想象,对现有科学和技术进行改造。

【名人简介】

康斯坦丁·亚历山大罗维奇·费定(1892年2月24日—1977年7月15日),苏联作家。十月革命后曾在红军报纸和政府机关工作,所作长篇小说《城与年》《兄弟们》,都以国内战争为背景,描写知识分子的思想变化。长篇小说《攫取欧洲》反映欧洲资本主义危机;代表作三部曲《初欢》(一译《早年的欢乐》)、《不平凡的夏天》和《篝火》,通过主人公伊兹微柯夫的成长过程,反映第一次世界大战前后俄国革命力量的发展、保卫苏维埃政权的斗争和卫国战争对苏联人民的严峻考验;还写有剧本、中短篇小说、特写、回忆录等。1959—1971年任苏联作家协会主席。

费定于1958年当选为苏联科学院院士。1959年起担任苏联作家协会书记处第一书记。1967年获"社会主义劳动英雄"称号。1971年起任苏联作家协会主席团主席。鲁迅曾于1928年翻译介绍他的《果园》。《城与年》和《初欢》《不平凡的夏天》等也已译成中文出版。

【案例】

鲲龙展翅——大型水陆两栖飞机AG600海上首飞成功

2020年7月26日,我国自主研制的大型灭火/水上救援水陆两栖飞机"鲲龙"AG600在山东青岛附近海域,成功实现海上首飞,为下一步飞机进行海上试飞科目训练及验证飞机相关性能奠定了基础。

作为我国"大飞机家族"之一的大型水陆两栖飞机AG600,是为满足森林灭火和水上救援的迫切需要,首次研制的大型特种用途民用飞机,是国家应急救援体系建设急需的重大航空装备。

目前,AG600飞机已完成360余小时的科研试飞,积累和获取了大量飞行试验数据,结合地面试验验证,研制团队对水陆两栖飞机气、水动融合等关键设计理论、设计方法、验证方法进行了修正完善,进一步突破了水陆两栖飞机设计关键技术。

AG600项目于2009年9月5日正式启动。2017年12月24日,在广东珠海金湾机场成功实现陆上首飞;2018年10月20日,在湖北荆门漳河机场完成水上首飞。为验证AG600飞机海上特性,在成功完成水上首飞后,2019年全面开展了科研试飞及试飞员改装培训等一系列工作。在前期的研制难点突破之后,AG600飞机将加快研制进程,把它做得更好,从"能用"到"好用、耐用、飞行员喜欢用",尽快投放市场,更好地发挥它在灭火、救援等方面的价值。

AG600别名"鲲龙",是目前世界上在研最大的水陆两栖飞机。采用悬臂式上单翼、前三点可收放式起落架、单船身水陆两栖飞机布局形式,选装4台国产涡桨6发动机,机长37米、翼展38.8米、机高12.1米(外部尺寸与波音737相当),最大起飞重量53.5吨。

AG600飞机按照"水陆两栖、一机多型"的设计思路研制,其最大特点是既能在陆地起降,又能在水面起降。AG600可在水源与火场之间多次往返投水灭火,既可在水面汲水,也可在陆地机场注水,可最多载水 12 吨,单次投水救火面积可达 4 000 余平方米。拥有高抗浪船体设计,除了水面低空搜索外,还可在水面停泊实施救援行动,水上应急救援一次可救护 50 名遇险人员。在满足森林灭火、水上救援等要求的同时,可根据用户的需要加改装必要的设备,满足其他特殊任务需要。

AG600 可以仅用 3 秒就将 9 吨水倾泻而下,并精准覆盖目标区域,成功完成投水作业,展现出了强大的灭火能力。"既是会飞的船,也是会游水的飞机。" AG600 的出世,突破了我国在水陆两栖飞机技术领域的空白,打破了国外的长期垄断。

AG600 的结构零件、机载设备,都是由国内的供应商自主研制、提供的,建立了一个较为完整的自主产业链。在外国的一系列技术封锁下,中国"十年磨一剑",依靠科学技术,自行设计、制造出了 AG600 水陆两用飞机,累计获批的相关专利有 100 余项,编制了 2 000 余项标准和规范,实现了相关技术的独立自主。这架庞大的飞机零部件众多,结构件差不多有 6 万多个,系统件 2 万多个,光用来连接的各种螺钉、铆钉就高达 130 万个,涉及 70 多家供应商、100 多家技术合作单位。不仅是专业厂商,部分高校、民营企业也参与了飞机的研制,极大推动了材料加工、传感器、机载设备乃至服务支持等行业的发展,对全产业链的发展完善都具有成体系的带动、牵引作用。

AG600 的性能覆盖了我国全疆域,是我国应急救援体系和自然灾害防治体系急需的一项重大航空装备。不仅满足有关方面的期盼和需求,也全面加快提升了我国水面飞行器的设计和制造能力。

第六条 "非经自己努力所得的创新,就不是真正的创新。"

[(日本)松下幸之助]

【引申释义】

自主创新是以人为主体积极、主动、独立的发现、发明、创造的活动,以内容来划分包括自主科学创新与自主技术创新,以主体来划分包括个人自主创新、企业自主创新、国家自主创新、民族自主创新。自主创新是主体性的最高表现形式,是实行赶超、后来居上、超越发展的根本途径。这句话表明技术创新中自主创新的重要性。

【名人简介】

松下幸之助(1894 年 11 月 27 日—1989 年 4 月 27 日),出生于日本和歌山县海草郡和佐村千旦之木(现和歌山市根宜),实业家、发明家,是日本著名公司"松下"(松下电器产业株式会社、松下电器产业、松下电器制作所、松下电气器具制作所)的创始人。他创立"终身雇佣制""年功序列"等管理制度,被人称为"经营之神"。松下幸之助很注重对员工的教育。每周都要在员工大会上做演讲,还创作了松下的歌曲,使团队凝聚力大大提升,令每个员工都以自己是松下的一员而自豪。所以在松下公司很少出现劳资纠纷。1989 年 4 月 27 日上午 10 点 6 分,松下幸之助因支气管肺炎在大阪府守口市的松下纪念医院去世,享年 94 岁。2018 年 12 月 18 日,党中央、国务院授予国际知名企业参与中国改革开放的先行者松下幸之助中国改革友谊奖章。松下经营秘诀中,有三项是最突出的,即自来水经营理念、水坝式经营法和玻璃式经营法。松下认为,经营的第一理想应该是贡献社会,以社会大众为企业发展考虑的前提，才是最基本的经营秘诀。企业如同宗教，是一种除贫造富度众生的事业。松下幸之助曾经直言不讳地说："赚钱是企业的使命，商人的目的就是赢利。"但他同时又声言，"担负起贡献社会的责任是经营事业的第一要件"，他甚至把企业当作宗教事业来经营。这种从表面看来是矛盾的经营理想，在松下的人生、经营实践中，却是高度统一的。如果做一简单的解释就是：正因为把自己的企业、事业纳入整个社会的发展中，才要不折不扣地强调赚钱赢利，只有这样才是对社会的贡献；相反，不赚钱，亏损，社会也必将"亏损"。反过来说，如果组成社会的团体、个人都亏损，何来社会的"赢利"？社会何以发展？赚钱赢利与贡献社会的矛盾，是不难解决的，困难的是树立服务、贡献社会的信念，并把它付诸行动。

【案例】

揭秘我国最先进的自主潜水器的别致设计

我国最先进的自主潜水器——"潜龙三号"2018年4月20日凌晨进行首次下潜，开始闯荡深海世界。没想到，"潜龙三号"的外形像条"小丑鱼"；更没想到，"小丑鱼"的五官长相全都非同一般，各带神功绝技。在"小丑鱼"进行首次深海探险之际，"潜龙三号"副总设计师、本次潜水器海试总体技术负责人许以军揭示了其别致的设计奥秘。

"潜龙三号"的外形像一条橘黄色的"小丑鱼"。与红色一样，黄色是海上较醒目的颜色，"小丑鱼"涂成黄色，是为了在它从海底回到水面后，容易被识别和发现，好快速把它回收到母船上来。

"小丑鱼"的嘴、眼睛、脑门、鳍、肚子、尾巴等都有特殊功能，到深海后可以发挥不同的作用。为满足我国大洋矿产资源勘查和深海科考需求，2016年9月中国大洋协会与中科院沈阳自动化研究所、国家海洋局第二海洋研究所签订了"潜龙三号"4 500米级自主潜水器建造合同。随后，长3.5米、高1.5米、重1.5吨的"小丑鱼"面世。

在"潜龙二号"的基础上，"潜龙三号"可靠性、实用性、安全性和国产化率进一步提高。比如，针对一些电子设备功耗较高，新的潜水器加以改进降低了能耗；惯性导航系统等核心部件由进口改为国产；推进系统原来噪声较大、推进效率较低，现在进行了改进，噪声降低、抗流能力得到加强；潜水器本体电磁兼容性更好，声学成像质量得到相应提高，声信号通信更加稳定。

此外，"潜龙三号"在海底的最长可工作时间在"潜龙二号"30多个小时的基础上，预计将有显著的提高。

正是装有这些独特的设备，"小丑鱼"拥有了大本领。在深海复杂地形进行资源环境勘查时，具备微地形地貌成图、温盐探测、甲烷探测、浊度探测、氧化还原电位探测、海底高清照相以及磁力探测等热液异常探测功能。

> **第七条** "创造性模仿不是人云亦云，而是超越和再创造。"
> [（美国）西奥多·莱维特]

【引申释义】

创新是引领发展的第一动力，表明了其在经济社会发展中的地位。历史证明，创新并非凭空产生，它需要足够的经验积累，在发展的道路上需要用模仿奠定基础，用创新开拓进取。借鉴，方能创新，模仿做好了量的积累，但要实现质的飞跃，还需要在这一基础上有所突破，进而实现创新。假如只有模仿并不能实现创新，就只能原地踏步，甚至退步。所以说，我们需要有所突破，积极主动地开拓进取、超越。

【名人简介】

西奥多·莱维特（1925—2006年），现代营销学的奠基人之一，市场营销领域里程碑式的偶像人物，曾经担任《哈佛商业评论》的主编。他那些令人耳目一新、精心编撰，但又充满争议的书籍和文章影响了一代又一代的学者和实业界人士。

西奥多·莱维特1925年出生于德国法兰克福附近的一个小镇，为躲避纳粹迫害，10岁时随全家移居美国俄亥俄州。高中毕业后他加入了美国陆军，参加过第二次世界大战，退役后他先后就学于安提奥奇学院和俄亥俄州立大学，毕业后一度执教于北达科他大学，1959年加入哈佛商学院，不久即获得了很高的国际声望。《营销短视症》（Marketing Myopia，1960）最初刊登于《哈佛商业评论》，一经发表即大获成功，1 000多家公司索要了35 000份重印版，40年来，总共售出850 000多份，是《哈佛商业评论》历史上最畅销的文章之一。西奥多·莱维特的书籍和文章为他赢得了哈佛校园外的大批追捧者，在哈佛商学院，他也是备受欢迎的老师和精明干练的行政人员。1977—1983年，他是学院市场部的主任；1979年，他被命名为爱德华·W.卡特工商管理教授。1990年，莱维特离开教坛时已成为传奇式人物，他从实践与理论上改变了市场营销学。

【案例】

中国核电创新之路

无数事例说明，任何关键技术的掌握，必须建立在自主创新的基础上。中国核事业创新之路从"一堆一器"到"多堆多器"，底气源自自主创新。

"我们现在是蛮有底气的。"中国核工业集团首席专家张天爵站在一块140吨重的磁铁旁，抚今追昔，颇为自信。这块磁铁是我国第一台回旋加速器的主体部件，与这块已作为工业遗址的磁铁相对的，是我国第一座重水反应堆。

核科技的发展离不开反应堆、加速器等科学装置，核科技水平集中体现在反应堆、加速器的先进程度上。1958年，在苏联的援助下，中国原子能科学研究院建成了我国第一座重水反应堆和第一台回旋加速器（简称"一堆一器"），中国进入原子能时代。

如今，第一座重水反应堆已经关闭，第一台回旋加速器已经退役。原子能院已从"一堆一器"走向"多堆多器"，成为国内加速器与反应堆类型最多的综合性研发基地。我国核工业的发展，走上自主创新的道路。

房山新镇，确如其名，是一个为新的使命而诞生的小镇。60多年前，我国做出发展原子能事业的决定，并从苏联引进一座7 000千瓦的重水反应堆和一台直径1.2米的回旋加速器。一批核科技开拓者来到北京西南郊区的一片荒滩和田野上，在这儿建起一座原子能科研基地——中国原子能科学研究院。

1964年，原子能院自主设计和建成我国第一座国产反应堆——49-2游泳池式反应堆。该堆安全运行了50多年，承担了我国重大项目燃料元件考验任务，同时还用于同位素生产、材料辐照考验、单晶硅辐照、核电服务和人才培养等。在即将退出历史舞台时，49-2 堆还用于核供热。循着 49-2 堆开启的自主化之路，中国的核科技事业大步前进。

1984 年，原子能院自主开发和设计建成了我国第一座微型中子源反应堆（原型微堆），可用于中子活化分析、同位素生产等。

2010 年，原子能院建成我国首座快中子增殖反应堆——中国实验快堆（简称"快堆"），将天然铀资源的利用率从压水堆的不到 1% 提高到 60% 以上。这对于充分利用我国铀资源、持续稳定地发展核电、解决后续能源供应等问题具有重大的战略意义。

2010 年，原子能院自主研发设计建成一座多用途、高性能研究堆——中国先进研究堆，其主要技术指标居世界前列、亚洲第一，为我国核科学研究和开发应用提供了重要的科学实验平台。

1996 年，原子能院自主研制了我国首台国产回旋加速器——30MeV 强流质子回旋加速器，我国回旋加速器进入强流时代。2014 年，原子能院自主研制建成 100MeV 强流质子回旋加速器，性能指标达到了国际领先水平，束流功率和强度世界第一，可以做很多科学研究。强流质子回旋加速器已用于空间电离辐射环境下国产电子元器件单粒子效应与抗辐射加固、医用同位素生产等。

目前，原子能院已研制 230MeV 超导质子回旋加速器，这个具有完全自主知识产权的加速器，将用于癌症治疗。质子治疗被认为是最先进的癌症治疗手段之一，适用于黑色素瘤、颅内肿瘤、眼癌、前列腺癌、肺癌、肝癌等癌症，但目前设备基本被国外垄断。原子能院的自主创新还走出了国门，研制的微堆已出口到巴基斯坦、伊朗、加纳等国家，研制的无损检测电子直线加速器已出口到土耳其。

第八条 "可持续竞争的唯一优势来自超过竞争对手的创新能力。"

[（英国）詹姆斯·莫尔斯]

【引申释义】

技术创新是一个社会进步发展的灵魂，是创新创业者的必经历练之途。这句话表明，技术创新是超越竞争对手、发展可持续竞争优势的重要途径。

【名人简介】

詹姆斯·莫尔斯（又译为詹姆斯·莫里斯），1936 年 7 月生于苏格兰的明尼加夫，与亚当·斯密是同乡，激励理论的奠基者，在信息经济学理论领域做出了重大贡献，1996 年获得诺贝尔经济学奖。曾任香港中文大学博文讲座教授兼晨兴书院院长。

1957 年在爱丁堡大学获得数学硕士学位，1963 年取得英国剑桥大学哲学博士学位。此后曾任教于剑桥大学，也曾担任麻省理工学院客席教授。1969 年，年仅 33 岁就被正式聘为牛津大学的教授。1969—1995 年一直从教于牛津，任该校埃奇沃思讲座经济学教授、Nuffield 学院院士。2002 年起出任香港中文大学博文讲座教授，2006 年获委任为香港中文大学晨兴书院院长。他还曾担任过世界计量经济学会会长、英国皇家经济学会会长、中国政府经济顾问等职，是英国科学院院士、美国艺术与科学院院士，1997 年被英国女王授予"爵士"爵位。2018 年 8 月 29 日在英国剑桥辞世，享年 82 岁。

由于在信息经济学理论领域做出了重大贡献，尤其是不对称信息条件下的经济激励理论的论述，莫尔斯获得 1996 年诺贝尔经济学奖，该理论已成为现代经济学的重要基石。除信息经济学外，莫尔斯教授在其他方面也有很多重要建树。最著名的是他对公共财政理论（public finance）的贡献。他在福利经济学、增长理论、项目评估方面都有贡献。

【案例】

吴渔夫的技术创新历程

吴渔夫（曾用名吴锡桑）是一个标准的网虫，1991 年进入暨南大学计算机科学系是因为喜欢玩街边的电子游戏机而报考电脑专业。此前他从没有见过真正的计算机，与那些一进机房就能噼里啪啦拨弄键盘的同班同学相比，简直有些无地自容。

笨鸟先飞，何况吴渔夫一点都不笨，只是先天不足后天补，于是整天泡在电脑机房，从零开始。"记得是进大学的第二年，在学习 DOS 图形界面下的点阵汉字编程，《计算机世界》报上的一篇编程技巧文章令我豁然开朗。我赶紧抄下那段程序，到系里的机房编程实现。从此《计算机世界》报走进了我的生活，成为我的良师益友。"从此，吴渔夫经常到图书馆查阅《计算机世界》《电脑》等报刊，从开始的照葫芦画瓢到把学到的知识融于实践，渐渐地有了自己的思维，几个月下来，已经不比同学们差了。

之后，吴渔夫开始了对软件编程知识的大面积吸收过程，从 Pascal、C 语言、病毒、加密解密到财务管理和多媒体开发等，当时流行的编程知识与技巧无一遗漏。1994 年，随着 Windows 编程和多媒体技术的兴起，出现了许多题材的多媒体光盘。经过半年的努力，吴渔夫帮助暨南大学软件工具研究所开发出"南粤多媒体开发平台"1.0 版，几年的积累终于有了收获。吴渔夫也因此获得了 1995 年广东省"高校杯"软件比赛第一名、《计算机世界》奖学金，通过了广东省科委组织的专家鉴定。

此时的吴渔夫突然觉得自己充满了写程序的灵性和创意，又花了几个月时间，对这个软件进行了升级，并代表暨南大学参加了当年在武汉大学举行的"挑战杯"全国大学生竞赛，在参赛的 254 所高校中取得团队第八名，为广东省高校历年最好成绩。

本来，毕业的时候到了深圳工作，想锻炼一两年再出来创业，各种际遇和机会却让吴渔夫在 1995 年年底就仓促地开办了自己的公司：广州飞鹰电脑公司。"那时候，从媒体上看到中国几位著名程序员求伯君、王志东、鲍岳桥、朱崇军等人的开发事迹热血沸腾。他们登峰造极的技术水平是我一直追求的梦。"这些顶尖高手成为吴渔夫的偶像，让他充满了奋斗的激情，准备以"南粤多媒体开发平台"为起点，做出一个像样的产品来。于是，他汗流浃背地把自己锁在宿舍里，对原产品进行了升级，并改名为"飞鹰多媒体创作工具"3.0 版。1996 年中，"飞鹰多媒体创作工具"3.0 版正式发行。当时，飞鹰电脑公司是一家不足 10 人的微型 IT 公司，产品推出时发展势头良好，营业额节节上升。但在接下来的几次涉及公司重要发展决策中，比如技术方向、吸引投资等方面与合伙人产生了分歧，让吴渔夫失去了信心，最后带着"飞鹰 4.0"离开了公司。那段时间，吴渔夫对软件行业发展进行了深入的思索。身边搞技术的朋友一个个去了美国，难道那里才是软件技术人员的乐土吗？吴渔夫决定出去读书，去看看外面的世界，去感受硅谷的疯狂，去学习新的软件技术和管理模式，并在 1998 年 10 月开始了申请。"等待签证的日子很无聊"，闲暇时吴渔夫帮朋友做一个投标项目时见到了"中文热讯"创始人之一陈仲文。他刚好也有新的想法，想离开"中文热讯"

独立发展。"我们不想错过这个时代,"吴渔夫说,"而且我们发现彼此有许多地方是可以互补的,越谈越拢,相见恨晚。于是他说服我留了下来,我跟他一起整理资料,编写商业计划书,规划公司的经营方向和模式。"之后,两人一路取经,为创业做准备。1999年9月,吴渔夫收到了加拿大的签证。1999年11月,风险投资到位,仙童数码科技有限公司正式创立。仙童数码科技有限公司定位于互联网应用软件和电子商务解决方案提供商。吴渔夫说:"在公司任CTO,面对如火如荼、不断涌现的网站'淘金'大军,网上应用软件有着巨大的市场需求,而且我们更愿意做'卖工具'的,所以我们创办了一家软件公司。如今,公司已经成功推出了16个软件产品,其中拳头产品为电子邮件系统和集成电子商务引擎。"有人把现在的仙童数码科技有限公司概括为"娃娃元帅娃娃兵",确实,在50多名员工中,最大的也不过30出头。"管理一家年轻的有点规模的公司不是一件容易的事情。"作为公司的CTO,负责公司核心生产部门(开发、研究、质检、产品)的运转,吴渔夫所面对的是管理和技术两道关卡,另外还有自身素质的提高。"除此之外,"吴渔夫说,"会抽时间多看些企业、人事管理方面的书籍,活学活用地把它们应用到公司的日常管理中,有时候可以得到意想不到的好效果。"

　　吴渔夫指挥30多人的开发队伍开发电子邮件、聊天室、搜索引擎、新闻发布系统等18个产品。然而,陈仲文想把开发出来的产品做成光盘,做成盒装软件去卖,但技术出身的吴渔夫认为行不通,陈仲文没有听吴渔夫的。2000年11月底,吴渔夫将15%的股份转让给陈仲文,离开了仙童数码。"既然目标不一致,我只有选择离开。这就好比开车开错路了,我会选择下车,没有必要跟着车子一起冒险。""我在仙童只交了一年的学费,我开始从程序员向管理者转变,正是角色的转变,才使我深切地体会到创业伙伴间的相互信任对一个企业来说是多么的重要。一个成功的企业,必须有良好的团队合作精神作为基石。"显然,吴渔夫此时思考问题的层次已远非他在飞鹰时所能企及。

　　离开仙童,吴渔夫出任天夏公司CEO。天夏是广州第一家游戏公司,主打产品是网络游戏《天下》。作为CEO,吴渔夫不得不考虑一系列作为程序员根本无须考虑的问题——融资。吴渔夫找到联众和新浪,未果。"网络游戏的发展前景很大,但我们没有资金支持,所以只能被别的公司收购。"吴渔夫的言语中满是无奈。不能随着《天下》一起成长,吴渔夫觉得很遗憾。但他更不情愿从创业者转到职业经理人,"拿一份薪水不是我想做的事情"。"职业经理人不是我所追求的,当然,职业经理人比创业者会轻松得多,他只要去执行任务就行了,而创业者首先必须决定企业前进的方向。相比而言,我更向往创业成功的成就感。在天夏,我学会了一点:在诱惑面前,不要轻易改变自己的方向。从某种意义上说,这就好比踢点球。踢点球其实比的就是心理素质,一定要认准一个方向,坚决踢这个方向,这样才有进球把握。方向不定是点球的大忌。"

　　2001年4月,吴渔夫离开公司,为期半年的CEO生涯给他上了如何做CEO的第一课。在新的起跑点,吴渔夫选择了将宽带计费和增值服务作为前进的方向。迷信技术的他当然相信自己的技术眼光,现在看来,他似乎修成了CEO的"正果"。"我是做技术出身的,我能够知道某一项技术在未来一两年内会怎么发展。离开公司前,我就意识到宽带增值服务的市场前景不可限量,而在宽带增值服务领域,计费设备是一个最佳切入点。于是,这一次创业我看准了宽带。"

第九条 "道在日新，艺亦须日新，新者生机也，不新则死。"

（徐悲鸿）

【引申释义】

技术创新涵盖了知识、管理、商业、经营等方方面面。技术创新是企事业单位生存发展的基石，但是技术创新又源于企业知识、管理、商业、经营等方面。这句话可以引申理解为，技术创新的基础是从理论和方法上进行突破。技术创新要有充足的储备，不断发展，否则技术创新将沦为空想，遭遇失败，创新将失去基石，发展将会停滞。

【名人简介】

徐悲鸿（1895年7月19日—1953年9月26日），汉族，原名徐寿康，江苏宜兴屺亭镇人，中国现代画家、美术教育家。1917年，徐悲鸿任北大画法研究会导师，北大先后成就了画坛大师徐悲鸿和北大书法史两巨匠沈尹默、李志敏。徐悲鸿曾留学法国学西画，归国后长期从事美术教育，先后任教于国立中央大学艺术系、国立北平大学艺术学院和北平艺专。1949年后任中央美术学院院长。擅长人物、走兽、花鸟，主张现实主义，强调国画改革融入西画技法，作画主张光线、造型，讲求对象的解剖结构、骨骼的准确把握，并强调作品的思想内涵，对当时中国画坛影响甚大，与张书旗、柳子谷三人并称为画坛"金陵三杰"，所作国画彩墨浑成，尤以奔马享名于世。

徐悲鸿被尊称为中国现代美术教育的奠基者，他主张发展"传统中国画"的改良，立足中国现代写实主义美术，提出了近代国画之颓废背景下的"中国画改良论"。1953年9月26日，徐悲鸿因脑溢血病逝，享年58岁。按照徐悲鸿的遗愿，夫人廖静文女士将他的作品1 200余件，他一生节衣缩食收藏的唐、宋、元、明、清及近代著名书画家的作品1 200余件，图书、画册、碑帖等1万余件，全部捐献给了国家。

【案例】

超级工程背后的超级创新

2018年10月24日，港珠澳大桥开通了。它是世界建筑史上里程最长、投资最多、施工难度最大，也是最长的跨海大桥，被英国《卫报》评为"新的世界七大奇迹"之一。

港珠澳大桥被誉为：

最长跨海大桥：港珠澳大桥全长55千米，是目前世界最长的跨海大桥。

最长钢铁大桥：港珠澳大桥有15千米是全钢结构钢箱梁，是目前世界最长的钢铁大桥。

最长海底隧道：港珠澳大桥海底沉管隧道全长6.7千米。

最大沉管隧道：沉管隧道标准管节，每一节长180米，排水量超过75 000吨。

最精准"深海之吻"：沉管在海平面以下13米至48米不等的深度进行海底无人对接，对接误差控制在2厘米以内。

最深沉管隧道：港珠澳大桥海底隧道最深处在海底48米，而目前世界沉管隧道很少有超过45米的。

作为我国交通工程奇迹，科技与创新是这座大桥与生俱来的基因与烙印。比如，由于伶仃洋环境的特殊性，世界上已有的刚性管节、柔性管节两种技术，均不适用于港珠澳大桥的隧道工程。世界上已有的技术已经解决不了这一难题，经过长时间的实验、攻关，设计人员终于提出半刚性管节结构体系，这在世界沉管隧道领域还是首次提出并应用。

大桥沉管隧道东、西两端各规划有一座人工岛，但是面对珠江口海底软基厚的特点，如果用传统抛石围堰的工法，不仅对海洋环境污染大，而且会导致工期延长。经过反复论证、实验，大桥建设者决定采用深插式钢圆筒围护快速成岛工艺，通过该技术两个 10 万平方米的人工岛在 215 天内即完成岛体成岛，创造了"当年开工，当年成岛"的工程奇迹，"人工岛快速成岛工艺，比传统抛石围堰工法施工效率提高近 5 倍，走在了世界前列"。

港珠澳大桥主体工程的建设按照"就高不就低"的标准进行，为实现 120 年使用寿命的要求，建设者们实现了海洋混凝土结构耐久性技术的突破，如今这一突破被命名为"港珠澳模型"，彰显了"中国制造"的实力。

港珠澳大桥建设难度极大，新材料、新工艺、新设备、新技术层出不穷，仅专利就达 454 项之多，在多个领域填补了空白。超过 200 家公司、2 万多名施工人员参与工程建设，科研队伍人员超过 1 000 人。仅由交通运输部组织实施的国家科技支撑计划研究参与单位就有 21 家企事业单位、8 所高等院校，科研队伍人数超过 500 人，共设 5 大课题、19 个子课题、73 项课题研究，取得项目创新工法 31 项、创新软件 13 项、创新装备 31 项、创新产品 3 项。此外，港珠澳大桥建设前后实施了 300 多项课题研究，发表论文逾 500 篇（其中科技论文 235 篇）、出版专著 18 部、编制标准和指南 30 项、软件著作权 11 项；创新项目超过 1 000 个，创建工法 40 多项，形成 63 份技术标准，创造 600 多项专利（中国国内专利授权 53 项）；先后攻克了人工岛快速成岛、深埋沉管结构设计、隧道复合基础等 10 余项世界级技术难题，带动 20 个基地和生产线的建设，形成拥有中国自主知识产权的核心技术，建立了中国跨海通道建设工业化技术体系。

港珠澳大桥的建设不仅提高了我国基础设施建设水平，更使我国的隧岛桥设计施工管理水平走在世界前列，多项世界领先的关键技术也将在世界产生巨大反响。

第十条　"把创新当作一场没有终点的长跑。"

(陆元九)

【引申释义】

技术创新是一场寂寞的长跑，必须葆有那么一种执着的劲头、那么一种求新的品质、那么一颗永恒的初心，才能抵达胜利的终点。总抱着一种投机心态、钻空子思想，舍不得下苦功，坐不住冷板凳，不可能摘取创新的沉甸甸果实。

【名人简介】

陆元九，男，汉族，1920 年 1 月 9 日出生于安徽滁州，自动控制、陀螺及惯性导航技术专家，中国科学院院士，中国工程院院士，国际宇航科学院院士，中国航天科技集团科技委顾问。

陆元九院士在陀螺、加速度计、平台及捷联惯导系统等研制工作中做出了重大贡献，并在几种卫星、导弹的方案论证及飞行实验数据的分析等方面发挥了重要作用。陆元九院士作为航天自动化科学技术的开拓者、航天事业的奠基人之一，为航天事业奉献终身，并在"长征三号乙"运载火箭、人造卫星控制研究和惯性技术领域都取得重大突破，培养了一大批航天领军人才，陆老淡泊名利的品格为广大航天科技工作者树立了榜样，他以科技报国、服务人民的情怀成为广大航天人学习的榜样和楷模。

【案例】

求新求变是技术创新的终极追求

华为公司发现卖到湖南的交换机一到冬天经常会短路，但是反复维修后并未解决问题。经过该公司技术人员反复排查，机器外壳上疑似动物的尿渍引起了技术人员的注意。经过日日夜夜的苦思冥想、反复测试，技术人员针对"老鼠尿断电"这种特殊情况，对设备进行了改造，能有效防止老鼠钻入设备撒尿导致断电。正是对几滴老鼠尿都不放过的细致严谨、打破砂锅问到底、精益求精的技术创新钻研精神，成就了华为日后的辉煌。

所谓创新，就是从更宽的视野观之，以求新求变为终极追求。倘若失去这种品质，适可而止、小成即安，是不能在技术创新的道路上开辟全新的未来的。"你能不能做出一台没有出风口的空调？"一位企业家面对这个看似玩笑的问题，让该公司的技术团队忙活了一年，但"双门对开"的方案仍被认为"不够简洁"，几百万元模具成本打了水漂。又拼了整整一年，技术团队才研制出了令人惊叹的"无风空调"。仔细推究，那些创意十足、魅力四射的科技产品背后，闪耀的总是这种求新求变的光芒。

"生活从不眷顾因循守旧、满足现状者，从不等待不思进取、坐享其成者，而是将更多机遇留给善于和勇于创新的人们。"创新是一场没有终点的寂寞长跑，重拾筚路蓝缕、以启山林的进取精神，激荡敢为天下先的昂扬意气，方能不断开拓创新的境界，充满民族的创新魂魄。

第三章

产创篇

第一节　团队建设名句

第一条　"成功自是人权贵，创业终由道力强。"

（梁启超）

【引申释义】

清代梁启超先生的名言，意为成功自然会带来人权的高贵，创业还须依靠途径、办法、力量等的强大。用于警示清代洋务运动中，建设中国资本主义工商业的爱国有志青年。成功自然会带来人权的高贵，但是创业在当时那个艰难的年代中，受到封建势力和国外资本主义的打压，因此需要"道力强"，成为当时实业救国的一句名言。

【名人简介】

梁启超（1873年2月23日—1929年1月19日），字卓如，一字任甫，号任公，又号饮冰室主人、饮冰子、哀时客、中国之新民、自由斋主人。广东省广州府新会县熊子乡茶坑村（今广东省江门市新会区茶坑村）人。清朝光绪年间举人，中国近代思想家、政治家、教育家、史学家、文学家，戊戌变法（百日维新）领袖之一，中国近代维新派、新法家代表人物。

梁启超被公认为是清末优秀的学者，中国历史上一位百科全书式人物，而且是一位能在退出政治舞台后仍在学术研究上取得巨大成就的少有人物。梁启超一生勤奋，著述宏富，在将近36年的政治活动又占去大量时间的情况下，每年平均写作达39万字之多，各种著述达1 400多万字。梁启超于学术研究涉猎广泛，在哲学、文学、史学、经学、法学、伦理学、宗教学等领域，均有建树，以史学研究成绩最显著。梁启超是近代资产阶级史学的奠基人，是20世纪前期创建我国近代史学理论的代表人物。他前期发表的《中国史叙论》《新史学》对中国几千年来的封建史学进行了较为系统和猛烈的批判，并且大呼"史学革命"。继此，他又撰写了一系列论著，构建其资产阶级的新史学理论体系，如《中国历史研究法》和《中国历史研究法补编》等，集中反映了梁启超的史学观及其突出贡献，产生了广泛而深远的影响。戊戌变法失败后，他接连发表震动一时的《中国史叙论》和《新史学》，猛烈抨击封建史学，倡导"史学革命"，较系统地阐述了有关史学功用、历史哲学、治史态度和方法等一系列资产阶级史学主张。

【案例】

国家尊重和保障人权赢得世界尊重

梁启超先生有言，"成功自是人权贵，创业终由道力强"。改革开放的中国，从优化发展环境，到重视民生问题，再到落实权利保障、健全权力监督，把"国家尊重和保障人权"不断具象化在改革发展的实践中。从发展权利到人身权利，从民主权利到环境权利，人权的内涵不断得到丰富和拓展。目前，全国约3 800万名农村义务教育阶段学生全部享受免除学杂费和免费教科书政策，农村贫困人口已基本消失，城乡基本医疗保险覆盖率超过95%。

第二条 "有发明之力者虽旧必新，无发明之力者虽新必旧。"

(陶行知)

【引申释义】

任何工作都应有所创新，要创新需要一定的灵感，这种灵感来自长期的积累与全身心的投入。创新能力强，则意味着有巨大的发展潜力；创新能力匮乏，则难以走得更远。

【名人简介】

陶行知（1891年10月18日—1946年7月25日），安徽省歙县人，中国人民教育家、思想家，伟大的民主主义战士，爱国者，中国人民救国会和中国民主同盟的主要领导人之一。陶行知先生毕生致力于教育事业，对我国教育的现代化做出了开创性的贡献。他不仅创立了完整的教育理论体系，而且进行了大量教育实践。细考陶行知的教育思想，创新犹如一根金线，贯串于陶行知教育思想的各个部分。创新在这里指革除不适应时代发展需要的"旧"，创立与社会、历史进步相符的"新"。创新还具有打破偶像、破除迷信、挣脱教条的束缚、从僵化习惯性思维中走出来的含义。陶行知教育思想的创新，也表现在培养目标上。他针对旧教育把培养"人上人"作为目标的现象，指出新教育应培养全面发展的"人中人"。早在他创办南京安徽公学时就为这所学校提出三个教育目标：研究学问，要有科学的精神；改造环境，要有审美的意境；处世应变，要有高尚的道德修养。

【案例】

"甘肃省五一巾帼奖"获得者王祎：铿锵铁玫瑰

王祎，是兰飞机加分厂的一名普通铣工，她1992年入厂，毕业于兰飞技校，传承着父辈的航空梦想，为祖国的蓝天事业一路奉献，一路成长。2017年是她参加工作的第25个年头。

日复一日、年复一年的重复工作并没有使她倦怠，与此相反，王祎在日常工作中敏于观察，勤于思考，善于综合，勇于创新，总是能于细微处发现创新的契机，突破技术瓶颈，破解生产中的疑难杂症。天道酬勤，付出就有回报，这么多年的打拼，王祎获得许多荣誉，仅近三年就荣获多项省级和公司级重大荣誉：2018年荣获"甘肃省五一巾帼奖"；2016年在航空工业兰飞铣工技能大赛中，以精湛的技艺荣获大赛第一名，荣获"甘肃省技术能手"称号；微创新项目"738-19、738-30铣键槽夹具的设计制作与应用"荣获2015年度航空工业兰飞"十大微创新成果"荣誉称号、2015年度优秀技术创新成果二等奖。面对骄人的工作业绩和荣誉，王祎很谦虚，笑称自己只是踏踏实实，用心做好自己的本职工作。繁花似锦的背后，必然是辛勤的付出和努力，没有随随便便的成功。据了解，王祎主要从事轴杆类零件的加工，仅2016年，全年完成工时就达4 403小时，经她手的产品质量合格率达99.9%，与此同时还不忘探索创新，全年共完成微创新7项。王祎多次接受分厂下达的攻关任务，每次都能保质保量完成。在加工过程中，她积极探索提高工作效率，创新加工方法，努力钻研技术，将加工烦琐的步骤简单化、技巧化。王祎说，创新的基础一是新概念的指导，二是新方法的突破。在加工某轴杆类零件的键槽时，一把刀具最多能加工一两件，刀具使用效果非常不好，经常打刀，她发现刀具强度低，进给速度小，影响效率，另外刀具粗糙度高，刀口不锋利是造成打刀的原因，经反复琢磨，终于实现了一把刀能加工十多件零件，走刀量提高了一倍，质量得以保证，效率提高，成本降低。类似这样反复观察、反复尝试、改进加工方法的事情，经常发生在王祎身上，她身上有着一种不服输、敢于拼搏的劲头。王祎不仅对自己严加要求，孜孜不倦、精益求精地刻苦钻研技能，而且虚心向周围的同事学习、请教，经常与同事们切磋技艺、交流观点，不断试验，直至解决加工难题。王祎的丈夫也在机加分厂，之前也是铣工，现在操控着数控车床，在机械加工方面同样技艺精湛。王祎在日常工作中遇到难以解决的问题，就常常带回家，请教丈夫，两人一起讨论解决办法，夫妻二人不仅伉俪情深，也是良师益友。兰飞公司不断有新员工入厂，王祎先后带了好几个徒弟。对于这些初出茅庐的年轻人，王祎毫不吝啬地将自己所有的技能都倾心传授。王祎对徒弟要求很严，就像对自己那样，她说，我们加工的产品最终是要上天的，从头至尾都不能有丝毫大意，否则就会危及飞机性能和飞行员的生命，所以从一开始就要养成从严从细的习惯。她是这么说的也是这么做的。从工艺图纸、刀具选择、量具使用到材料特性，她耐心地一步一步教授自己的徒弟，只为让他们磨炼出扎实的操作技能。

第三条 "各种科学发现往往具有一个共同点，那就是勤奋和创新精神。"

（钱三强）

【引申释义】

创新，顾名思义，就是在没有人触及的未知领域中探索，在所有人都不理解的思想海洋中求知。工具要创新，思想要创新，社会要创新，人类需要创新。科学是不断发现的过程，真理是不断创新的过程，科学的发展需要创新。当然创新不仅仅在科学研究上很重要，对推动社会进步也有不可磨灭的作用。从封建社会的旧中国发展到现今思想开放的新时代，这是一个漫长的过程，其中创新起着至关重要的作用，没有文化创新，思想不会得到解放；没有制度创新，发展不会获得成功。

【名人简介】

钱三强（1913年10月16日—1992年6月28日），原名钱秉穹，核物理学家。原籍浙江湖州，生于浙江绍兴，中国原子能科学事业的创始人，中国"两弹一星"元勋，中国科学院院士。1932年，毕业于北京大学预科。1936年，毕业于清华大学。1939年钱三强完成了博士论文——《α粒子与质子的碰撞》。1946年年底，荣获法国科学院亨利·德巴微物理学奖。1948年起，任清华大学物理系教授，中国科学院副院长兼浙江大学校长，中国科协副主席、名誉主席，中国物理学会副理事长、理事长。1980年7月24日，钱三强在中南海以《科学技术发展的简况》为题讲课。1992年6月28日，在北京病逝，享年79岁。钱三强一生在核物理研究中获多项重要成果，特别是发现重原子核三分裂、四分裂现象并对三分裂机制做了科学的解释，为中国原子能科学事业的创立、发展和"两弹"研制做出了突出贡献，为中国原子能科学事业的发展呕心沥血，为培养中国原子能科技队伍立下了不朽功勋，生动诠释了清华大学"自强不息，厚德载物"的校训精神。

【案例1】

焦耳与热功当量和能量守恒定律

有一年放假，焦耳和哥哥一起到郊外旅游。聪明好学的焦耳就是在玩耍的时候，也没有忘记做他的物理实验。他找了一匹瘸腿的马，由他哥哥牵着，自己悄悄躲在后面，用伏达电池将电流通到马身上，想试一试动物在受到电流刺激后的反应。结果，他想看到的反应出现了，马受到电击后狂跳起来，差一点把哥哥踢伤。尽管已经出现了危险，但这丝毫没有影响到爱做实验的小焦耳的情绪。他和哥哥又来到群山环绕的湖上划船，焦耳想在这里试一试回声有多大。他们在火枪里塞满了火药，然后扣动扳机。谁知"砰"的一声，从枪口里喷出一条长长的火苗，烧光了焦耳的眉毛，还险些把哥哥吓得掉进湖里。这时，天空浓云密布，电闪雷鸣，刚想上岸躲雨的焦耳发现，每次闪电过后好一会儿才能听见轰隆隆的雷声，这是怎么回事？焦耳顾不得躲雨，拉着哥哥爬上一个山头，用怀表认真记录下每次闪电到雷鸣之间相隔的时间。开学后焦耳几乎是迫不及待地把自己做的实验都告诉了老师，并向老师请教。老师望着勤学好问的焦耳笑了，耐心地为他讲解：光和声的传播速度是不一样的，光速快而声速慢，所以人们总是先看见闪电再听到雷声，而实际上闪电雷鸣是同时发生的。焦耳听了恍然大悟。

从此，他对学习科学知识更加入迷。通过不断地学习和认真地观察计算，他终于发现了热功当量和能量守恒定律，成为一名出色的科学家。

【案例2】

旱冰鞋的产生

英国有个叫吉姆的小职员，成天坐在办公室里抄写东西，常常累得腰酸背痛。他消除疲劳的最好办法，就是在工作之余去滑冰。冬季很容易就能在室外找个滑冰的地方，而在其他季节，吉姆就没有机会滑冰了。怎样才能在其他季节也能像冬季那样滑冰呢？对滑冰情有独钟的吉姆一直在思考这个问题。想来想去，他想到了脚上穿的鞋和能滑行的轮子。吉姆在脑海里把这两样东西的形象组合在一起，想象出了一种"能滑行的鞋"。经过反复设计和试验，他终于制成了四季都能用的"旱冰鞋"。组合想象思考法就是指从头脑中某些客观存在的事物形象中，分别抽出它们的一些组成部分或因素，根据需要做一定改变后，再将这些抽取出的部分或因素，构成具有自己的结构、性质、功能与特征的能独立存在的特定事物形象。

【案例3】

勤奋成功的名人霍金

史蒂芬·霍金1942年1月8日出生于英国的牛津，这是一个特殊的日子，现代科学的奠基人伽利略正是逝世于300年前的同一天。霍金年轻时就身患绝症，然而他不向命运屈服，最终成为举世闻名的科学家。霍金在牛津大学毕业后即到剑桥大学读研究生，这时他被诊断患了卢伽雷病，不久，就完全瘫痪了。1985年，霍金又因肺炎进行了穿气管手术，此后，他完全不能说话，依靠安装在轮椅上的一个小对话机和语言合成器与人进行交谈。看书必须依赖一种翻书页的机器，读文献时需要请人将每一页都摊在大桌子上，然后他驱动轮椅如蚕吃桑叶般地逐页阅读。正是在这种一般人难以忍受的病魔的折磨中，成为世界引力物理科学的巨人。霍金在剑桥大学任牛顿曾担任过的卢卡逊数学讲座教授之职，他的黑洞蒸发理论和量子宇宙论不仅震动了自然科学界，并且对哲学和宗教也有深远影响。霍金还在1988年4月出版了《时间简史》，用33种文字发行了550万册。

第四条 "共同的事业，共同的斗争，可以使人们产生忍受一切的力量。"

[（苏联）尼古拉·阿列克谢耶维奇·奥斯特洛夫斯基]

【引申释义】

在一个团队当中，我们都拥有共同的事业、共同的斗争、共同的奋斗目标，共同的前进方向，也就是大家都是朝着同一个方向前进，所以每一个人都能忍受在朝着同一个方向前进的时候遇到的困难与挫折，都能为共同的目标而奋斗，共同努力走向更好的未来。这句话正是向我们表达了这个道理，团结奋斗、不懈努力、无私奉献，朝着共同的方向前进，我们能够战胜任何困难与挫折。

【名人简介】

尼古拉·阿列克谢耶维奇·奥斯特洛夫斯基（1904年9月29日—1936年12月22日），苏联作家，坚强的布尔什维克战士。奥斯特洛夫斯基出生在乌克兰一个贫困的工人家庭，11岁开始工作，1919年加入共青团，参加苏联国内战争。1920年秋天在战斗中负重伤，23岁时全身瘫痪，24岁时双目失明、脊椎硬化，但他的毅力惊人，他口述由妻子整理在1933年写成长篇小说《钢铁是怎样炼成的》。

【案例1】

老板的招聘模式

一个外企招聘白领职员，吸引了不少人前去应聘。应聘者中有本科生，也有研究生，他们头脑聪明、博学多才，是同龄人中的佼佼者。

聪明的董事长知道，这些学生有渊博的知识做后盾，书本上的知识是难不倒他们的，于是，公司人事部就策划了一个别开生面的招聘会。招聘开始了，董事长让前6名应聘者一起进来，然后发了15元钱，让他们去街上吃饭，要求必须每个人都要吃到饭，不能有一个人挨饿。六个人来到大街拐角处的一家餐厅，询问饭菜价格，服务员告诉他们，虽然这儿米饭、面条的价格不高，但是每份最低也得3元。他们一合计，照这样的价格，六个人一共需要18元，可是现在手里只有15元，无法保证每人一份。于是，他们垂头丧气地回到公司，董事长问明情况后摇了摇头，说："真的对不起，你们虽然都很有学问，但是都不适合在这个公司工作。"其中一人不服气地问道："15元钱怎么能保证六个人全都吃上饭？"董事长笑了笑说："我已经去过那家餐厅了，如果5个或5个以上的人去吃饭，餐厅就会免费加送一份。而你们是6个人，如果一起去吃的话，可以得到一份免费的午餐，可是你们每个人只想到自己，从没有想到凝聚起来成为一个团队。这只能说明一个问题，你们都是以自我为中心、没有一点团队合作精神,而缺少团队合作精神的公司,又有什么发展前途呢?"

【案例2】

马、恩共同的事业——《资本论》

马克思与恩格斯具有完全不同的家庭背景、成长经历和学历,但却具有相同的理想信念和人生志向,他们在学术研究上相互扶持,共同完成了许多给后世带来极大影响的著作。马克思对恩格斯的才能十分敬佩,说自己总是踏着恩格斯的脚印走。而恩格斯总是认为马克思的才能要超过自己,在他们的共同事业中,马克思是第一提琴手而自己是第二提琴手。《资本论》这部经典著作的写作及出版,就是他们伟大友谊的结晶。

1848年法国二月革命失败后,恩格斯不得不回到曼彻斯特营业所,从事商务活动,这使恩格斯十分懊恼,他曾不止一次地称它是该死的生意经,并且不止一次地下决心永远摆脱这些事,去干他喜爱的政治活动和科学研究。然而,当恩格斯想到,被迫流亡英国伦敦的马克思一家经常以面包和土豆充饥,过着贫困的生活时,他就抛开弃商念头,咬紧牙关,坚持下去,并取得了成功。恩格斯这样做为的是能在物质上帮助马克思,从而使朋友,也是共产主义运动最优秀的思想家能够生存,使《资本论》早日写成出版。于是,每个月,有时甚至是每个星期,都有一张张1英镑、2英镑、5英镑或10英镑的汇票从曼彻斯特寄往伦敦。1864年,恩格斯成为曼彻斯特欧门-恩格斯公司的合伙人,开始加大对马克思的援助。几年后,他把公司合伙股权卖出以后,每年赠给马克思350英镑。这些钱加起来,大大超过恩格斯的家庭开支。

马克思和恩格斯是亲密无间的朋友,他们所有的一切,无论是金钱或是学问,都是不分彼此的。他们每天通信,谈论政治和科学问题,马克思把阅读恩格斯的来信看作最愉快的事情,他常常拿着信自言自语,好像正在和恩格斯交谈似的。

马克思和恩格斯相互尊重,在他们看来,任何人对他们的思想和著作的批评都不及他们彼此交换意见意义重大。于是,一有机会,恩格斯便摆脱商务,跑回伦敦。他俩天天见面,不是在这个家里,就是在那个家里。讨论问题时,他们在屋子里各自沿着一条对角线走来走去,一连谈上几个钟头。有时两人一前一后,半晌不吭一声地踱步,直到取得一致的意见为止。然后,两人就放声大笑。

1867年8月16日,这是一个值得纪念的日子。这天凌晨2点,马克思向他的战友报告说,《资本论》第一卷所有印张(一共49个印张)的校对工作都已结束。他兴奋极了,写信对恩格斯说:"这一卷能够完成,只是得力于你!没有你为我而做的牺牲,这样三大卷的大部头著作,是我不能完成的,我拥抱你,感激之至!"

《资本论》于1867年9月14日在德国汉堡出版,这是国际工人运动具有伟大意义的大事,也是两位巨人友谊的结晶。

马克思在病重期间,曾告诉女儿爱琳娜说,希望恩格斯能为他尚未出版的《资本论》第二卷和第三卷做点什么。当然,即使马克思没有提出这样的要求,恩格斯也会去做的。从1883马克思逝世起,整整10年,恩格斯放下自己的工作,全力从事《资本论》后两卷手稿的整理、出版,补充了许多材料,重新撰写了一些章节,使《资本论》得以在1885年和1894年问世。

第五条 "一滴水只有放进大海里才永远不会干枯，一个人只有当他把自己与集体事业融合在一起的时候，才最有力量。"

（雷锋）

【引申释义】

一个人的能力始终是有限的，在创业的过程中也是如此。此刻我们需要的是一个团队，一个属于我们的集体。团队协作的力量远比单打独斗大得多。

【名人简介】

雷锋（1940年12月18日—1962年8月15日），原名雷正兴，出生于湖南望城县（现长沙市望城区），中国人民解放军士兵，伟大的共产主义战士。

雷锋1954年加入中国少年先锋队，1960年参加中国人民解放军，同年11月加入中国共产党。1961年5月，雷锋作为所在部队候选人，被选为辽宁省抚顺市第四届人民代表大会代表。1962年2月19日，雷锋以特邀代表身份，出席沈阳军区首届共产主义青年团代表会议，并被选为主席团成员在大会上发言。1962年8月15日，雷锋因公殉职，年仅22岁。

雷锋对后世影响最大的是以其名字命名的雷锋精神。雷锋精神是为共产主义奋斗的无私奉献的精神；忠于党和人民、舍己为公、大公无私的奉献精神；立足本职、在平凡的工作中创造出不平凡业绩的"螺丝钉精神"；苦干实干、不计报酬、争做贡献的艰苦奋斗精神；归根结底就是全心全意为人民服务的精神。雷锋精神影响了后来一代代中国人。2019年9月25日，雷锋被评选为"最美奋斗者"。

【案例】

父亲阿豺的教诲

从前，吐谷浑部族的首领阿豺有20个儿子。他这20个儿子个个都很有本领，难分上下。但是他们自恃本领高强，都不把别人放在眼里，认为只有自己最有才能。20个儿子常常明争暗斗，见面就互相讥讽，在背后也总爱说兄弟们的坏话。

阿豺见到儿子们这种互不相容的状况很是担心，他明白敌人很容易利用这种不和睦来各个击破，使部族处于危险境地。阿豺常常利用各种机会和场合苦口婆心地教导儿子们停止互相攻击，要相互团结友爱。但是儿子们对父亲的话都是左耳朵进、右耳朵出，表面上表示遵从，实际并没放在心上，依然我行我素。

阿豺的年纪一天天老了，他明白自己在位的日子不会很久了。但是自己死后，儿子们怎么办呢？再没有人能约束他们、调解他们之间的矛盾了，那部族不是要四分五裂了吗？究竟用什么办法才能让他们懂得要团结起来呢？阿豺忧心忡忡。

有一天，久病在床的阿豺预感到死神就要降临了，他把儿子们召集到病榻前，吩咐他们说："你们每个人都放一支箭在地上。"儿子们不知何故，但还是照办了。阿豺又叫过自己的弟弟慕利延说："你随便拾一支箭折断它。"慕利延顺手捡起身边的一支箭，稍一用力，箭就断了。阿豺又说："此刻你把剩下的19支箭全都拾起来，把它们捆在一起，再试着折断。"慕利延抓起捆在一起的箭，使出吃奶的力气也没能将箭折断。

阿豺缓缓地转向儿子们，语重心长地说道："你们也都看得很明白了，一支箭轻轻一折就断了，但是合在一起的时候，就怎样也折不断。你们兄弟也是如此，如果互相斗气，单独行动，很容易遭到失败，只有20个人联合起来，齐心协力，才会产生巨大的力量，能够战胜一切敌人。"

儿子们领悟了父亲的良苦用心，想起自己以往的行为，都悔恨地流着泪说："父亲，我们明白了，您就放心吧！"

> **第六条** "团结一致，同心同德，任何强大的敌人，任何困难的环境，都会向我们投降。"
>
> （毛泽东）

【引申释义】

如果一个团队人人都各行其是，势必如同一盘散沙，成不了大器。相反，一个团队在面对巨大的挑战时，同舟共济，那一定能够到达胜利的彼岸。强大的团队凝聚力可以提高战斗力，使我们遇到困难时能所向披靡，做事达到事半功倍的效果。一个团队越是团结，执行力就越好，团队协作能激发出团队成员不可思议的潜力，让每个人都能发挥出最大的力量，战胜一切困难，取得事业的成功。

【案例1】

小米公司的团队合作

小米公司仅用一年时间便研发出了小米第一代手机，这一切都归功于一个高凝聚力的团队。正因为他们齐心协力，使各自的资源及能力得到合理分配，小米手机才迅速研发成功并推向市场，直至取得今天的成绩。即便每个人都是精英，如果不能很好地合作，各自为战，力量势必分散，要完成一项任务都挺难的。只有加强团队内部的合作，发挥整体的力量，企业才能焕发出生机，实现既定目标。

【案例2】

支付宝与苏宁易购的合作

起初阿里和苏宁为电商界的竞争关系，但二者最终选通过合作实现共赢。阿里支付宝与苏宁易购合作，实现了资源互补，支付宝的实力是线上平台，苏宁实力是线下平台，而作为平台，都需要有强大的成员来互相支撑，所以两家平台合作利大于弊，达到拥有更多流量，使用更低资本的目的。苏宁易购帮助支付宝实现了渠道下沉，加深了其在三四线城市的品牌影响力，而支付宝为苏宁易购提供了更多的资源，吸引了更多的流量，同时未来还有很大的发展潜力。另外，消费者也因此得到了更好的消费体验。双方的合作意识，使双方的业绩都上了一个新台阶，创造了共赢的局面，也为自身带来更多的价值。

> **第七条** "凝聚产生力量，团结诞生希望。"
>
> [（德国）席勒]

【引申释义】

一个人的想法和见解是比较狭隘和片面的，单凭一己之力很难赢得未来。将自己的思考融入集体中，每个人将自己的想法思维分享出来，进行沟通交流，各自提供有价值的信息，信息越多越能帮助我们挣脱思维的局限、提升认知，冲破旧的思想认知架构，更好地认识事物。

【名人简介】

约翰·克里斯托弗·弗里德里希·冯·席勒（1759年11月10日—1805年5月9日），通常被称为弗里德里希·席勒，德国18世纪著名诗人、作家、哲学家、历史学家和剧作家，德国启蒙文学的代表人物之一。席勒是德国文学史上著名的"狂飙突进运动"的代表人物，也被公认为德国文学史上地位仅次于歌德的伟大作家。

【案例1】

维勒与李比希的合作与友谊

德国化学家维勒与李比希的合作与友谊，是科学史上也是伦理史上的一段趣话。为什么这样说呢？因为他二人性格完全是"两极"：李比希是激烈、爽朗、勇敢、自信、好奋斗、肯牺牲；维勒呢，温柔、平和、有耐心、有见识，"注意人之所忽"，遇攻击而不动声色，一眼望去，显得毫无生气。这两个人一个是"一团烈火"，一个是"一盆冷水"，然而他俩的感情相同，致力的科学相同，学问务求彻底的精神相同，所以他们是"水""火"相容，一直合作得很好。

【案例2】

强强联合

1987年7月，宝洁公司副总经理通过朋友的关系以旅游的形式与沃尔玛的老板进行会晤。双方在彼此心存好感的基础上基本达成了意向性的合作框架，形成了一致的企业未来发展设想，并明确了下一步双方管理人员进行具体磋商的方案。这次会晤为宝洁和沃尔玛缓解以往的恶劣关系、开创新的合作关系揭开了序幕。两家公司合作，提高了供应链的服务水平，一定程度上降低了生产成本，探究了新型的产销合作关系，在实践中往供应链层面发展，建立了产销联盟，并取得了不错的业绩，这也是两家合作带来的成果，在市场上形成一定的竞争优势。

一个集体如果缺乏团结合作的精神，那么就如同一盘散沙；有了团结合作的精神，就会变成一把锋利的宝剑，能劈开一切障碍，到达成功的彼岸。

第二节　企业家经典名句

第一条　"创造力只不过是连接某些东西的能力。"

[（美国）史蒂夫·乔布斯]

【引申释义】

如果你问一个有创造力的人，他们如何"创造"某个东西，他们会觉得难以回答，因为他们真的不是在"创造"东西,他们只是看到了某种东西。因为,他们能够把曾经有过的不同体验连接在一起,然后综合成某种新东西。

【名人简介】

史蒂夫·乔布斯(1955年2月24日—2011年10月5日),出生于美国加利福尼亚州旧金山,美国发明家、企业家、苹果公司联合创始人。1976年4月1日,乔布斯签署了一份合同,决定成立一家电脑公司。1977年4月,乔布斯在美国第一次计算机展览会上展示了苹果Ⅱ号样机。1998年苹果推出iMac,创新的外壳颜色透明设计使得产品大卖,并让苹果度过了财政危机。2011年8月24日,史蒂夫·乔布斯向苹果公司董事会提交辞职申请。乔布斯被认为是计算机业界与娱乐业界的标志性人物,他经历了苹果公司几十年的起落兴衰,先后领导和推出了麦金塔计算机、iMac、iPod、iPhone、iPad等风靡全球的电子产品,深刻地改变了现代人的通信、娱乐、生活方式。乔布斯同时也是前皮克斯动画工作室的董事长及首席执行官。2011年10月5日,史蒂夫·乔布斯因患胰腺神经内分泌肿瘤病逝,享年56岁。美国前总统奥巴马评论说乔布斯是美国最伟大的创新领袖之一,他的卓越天赋也让他成为一个能够改变世界的人。比尔·盖茨说很少有人对世界产生像乔布斯那样的影响,这种影响将是长期的。乔布斯是改变世界的天才,他凭敏锐的触觉和过人的智慧,勇于变革,不断创新,引领全球资讯科技和电子产品的潮流,把电子产品不断变得简约化、平民化,让曾经昂贵稀罕的电子产品变为现代人生活的一部分。

【案例】

鲁班的创造力

鲁班生于公元前507年。他一家世世代代都是工匠。鲁班本人则是一个手艺高强的工艺巧匠、杰出的创造发明家。

有一次,国王命令鲁班在15天内伐出300根梁柱,用来修一座大宫殿。于是,鲁班带着徒弟们上山了。他们起早贪黑,一连砍了10天,一个个累得筋疲力尽,结果只砍了100来棵大树。

这时,砖瓦石料都已备齐,国王选定动工的黄道吉日也快到了。如果动工时木料准备不齐,是要处死刑的。怎么办呢?晚上,鲁班躺在床上翻来覆去睡不着。他爬起来,深一脚浅一脚地向山上走去,抬头望望,启明星向他眨着眼睛,天快亮了。

突然,鲁班觉得手被什么东西划了一下,抬手一看,长满老茧的手划出一道口子,渗出了血珠。他仔细地在周围观察,原来是丝茅草划的。鲁班很惊奇,他摘了一片草叶,发现草叶边缘长着许多锋利的细齿。

他用毛竹做了一条竹片,上面刻了很多像丝茅草叶那样的齿。用它去拉树,只几下,树皮就破了,再一用力,树干出了一道深沟。可是,时间一长,竹片上的锯齿不是钝了,就是断了。这时,鲁班想起了铁。他跑下山去,请铁匠按照自己做的竹片,打了带锯齿的铁条,用它去拉树,真是快极了!这铁条,就是锯的祖先。有了它,鲁班和徒弟们只用了13天,就伐了300根梁柱。

传说刨子也是鲁班发明的。鲁班虽然木匠手艺高超,但是无法用斧子将木料砍得很光滑,特别是碰到木纹粗和疤节多的木料时,就更难了。为此他做了一把很薄的斧头,磨得很快，砍起来比以前是好多了，可还是不理想。一次，鲁班见农人用耙子把地耙得很平，受到启发，于是做了一把平刃平面的刀，上面盖了块铁片，他用这把刀在木料上推，一推，木料推下来薄薄一层木片，推了十几次，木料的表面又平整又光滑，比过去用斧子砍强多了。可这东西拿在手里推时既卡手又使不上劲，鲁班又做了一个木座，把它装在里面，刨子就这样诞生了。

由于鲁班对木工工具的改进做出了巨大贡献，所以，2 000多年来，木匠们都尊敬地称他是祖师。

第二条 "创业的宗旨一向是逐步稳健发展。"

（包玉刚）

【引申释义】

创业需要综合考虑，兼顾各个方面，保证企业稳步健康发展。创业不是一件一蹴而就的事情，要在确保企业生存的基础上，循序渐进地逐步发展，并根据市场需求不断进行技术创新和经营策略调整，使企业能够获得充足资金和技术从而稳健发展。

【名人简介】

包玉刚（1918年11月10日—1991年9月23日），浙江宁波人。早年入上海中兴学堂，后入吴淞商船专科学校。1937年辍学，供职中央信托局衡阳办事处，任中国工矿银行衡阳分行副经理，未几，任中国工矿银行重庆分行经理。抗日战争胜利后，改任上海市银行业务部经理，1946年任副总经理兼业务部经理。1949年年初至香港，与人合资开设华人行，经营进口贸易，为大陆装运进口钢材、棉花、药品等紧缺物资。1955年创设环球有限公司，经营印度至日本间煤炭运输。次年埃及收回苏伊士运河为国有，运费大涨，获资甚丰，遂购置新船，扩展业务。继与日本造船业、金融业、香港汇丰银行等合作，渐著声航运界。1967年中东战争石油危机中扩大船队，1970年改为环球航运集团股份有限公司，1972年创设环球国际金融有限公司，任董事会主席。

1978年，包玉刚的海上王国达到了顶峰，稳坐"世界七大船王"第一把交椅，香港十大财团之一。至1981年年底，拥有船只210艘，总载重吨位2 100万吨，睥睨群雄。美国《财富》和《新闻周刊》两杂志把他称为"海上的统治者"和"海上之王"。后又于纽约、伦敦、东京等地设立10多家子公司、代理公司，还兼营地产、码头仓储、公共交通等业，历任国际独立油轮船东协会、亚洲航业有限公司、世界航运及投资公司、世界海事及陆丰国际（投资）公司主席等职。1976年被英国女王册封为爵士，比利时国王、巴拿马总统及日本天皇授予他勋章、奖章。1991年9月23日，包玉刚病逝于香港，享年73岁。

【案例】

"核"力逆袭——中国核电的稳健发展之路

2022年3月，中国自主三代核电"华龙一号"示范工程第二台机组——中核集团福清核电6号机组正式具备商运条件，至此，"华龙一号"示范工程全面建成投运。消息一出，世界瞩目。作为中国核电走向世界的"国家名片"，"华龙一号"是当前核电市场接受度最高的三代核电机型之一,其全面建成是新时代中国核电发展取得的重大成就,标志着中国核电技术水平和综合实力跻身世界第一方阵,有力支撑中国由核电大国向核电强国跨越。中国核电已成为世界能源市场一支不容忽视的力量。

然而,早在40年前的改革开放之初,中国核电还只是一张白纸。伴随着改革开放的大潮,中国商用核电从零出发,以吸收引进技术为起步,到如今已走上一条始终坚持自主创新、打造自主核电技术的发展之路。而这一条从起跑,到跟跑,再到领跑的"核"力逆袭之路,以中国广核集团(以下简称"中广核")、中国建筑第二工程局(以下简称"中建二局")为代表的一代又一代核电建设者为之不懈耕耘了近40年。

一、起跑:跟着"洋师父"当学徒

1978年,中国进入了改革开放的历史新时期,广东作为前沿阵地,发展的动力和势能一触即发。但电力资源却成了发展速度的阻碍,全省的电力装机容量仅为187万千瓦,工厂常常每周开四停三。更为棘手的是,紧邻广东的香港同样面临电力紧缺的难题,珠江两岸的两颗"明珠"同时因为电力资源紧缺而无法闪耀全部的光彩。

如何解决电力紧张的难题?建设核电站成为解决粤港地区能源、电力匮乏的一条出路。当时核电站两台普通核电机组的装机容量就达到200万千瓦,比广东省全省的电力装机容量的一倍还要多。1985年1月,大亚湾核电站签约仪式在人民大会堂举行,大亚湾核电站建设全面启动。1987年8月7日,大亚湾核电站主体工程正式开工建设。作为改革开放初期我国最大的中外合资项目,大亚湾核电站承担着我国核电"高起点起步"的历史使命,时任国家总理李鹏指示大亚湾建设者的任务就是"建成,学会"。大亚湾核电站是一个"交钥匙工程",中国与法国、日本等国际大公司合作,联袂组成三国四方的HCCM核电建设合营公司,由法国人牵头建设好后,移交给中方,法国人是"老师",合营公司则是从零起步的"小学生"。

在施工期间,汇集了20多个国家和地区的1 500名外籍工作人员以及上万名的国内建设者,当时大家都戏称大亚湾是个小型"联合国"。尽管中方是跟随者,但当时所有的中方建设者对于确保安全、质量,学习先进技术从未有任何懈怠。因为他们深知,这项工程不仅是解决粤港地区电力供应、能源多样化和经济受益的问题,更重要的是要加快我国核能利用事业的发展,培养技术人才,把国际先进的核电技术拿来为我所用。

随着大亚湾核电站建成,大亚湾团队用自己的实力证明:我们做到了,而且做得更多。中建二局参加了大亚湾核电站土建工程,大亚湾核电科学的管理手段、现代化的施工技术、国内外少见的高质量施工厂房、可靠缜密的安全措施、严格有序的劳动纪律和严谨科学的工作方式,培育和锻炼了包括中建二局1 000多名职工在内的全体核电建设者,为之后的中国核电建设提供了人才保障,也孕育出了一个能与国际核电巨头同台竞技的优秀企业——中广核。

二、跟跑:核电"新兵"苦练内功

随着改革开放的不断深化推进,中国核电作为世界核电的一股新生力量,逐步扮演着越来越重要的角色。这支核电新兵始终没有停下奋力赶超的步伐,一座又一座的核电基地出现在中国的沿海:全国纬度最高的核电站——辽宁红沿河核电站,目前世界上单机容量最大的核电机组、中国建筑首个核岛工程——广东台山核电站,中俄两国迄今最大的技术经济合作项目——江苏田湾核电站,等等。

每建设一座核电站，中国的核电建设者都从科技研发、安全管理、质量控制等各个方面不断吸收先进技术与经验，多个核电工程国际标杆建设从 5 级逐步上升到 8 级水平，中国核电在超越历史、超越对手、超越自我的发展之路上不断前进。

以辽宁红沿河核电项目泵房蜗壳施工为例，蜗壳是泵房中最重要的部位，被称作泵房的"心脏"。因其形状为渐变截面螺旋状旋转，逐渐张开，逐渐变圆，状似蜗牛壳，所以称为"蜗壳"。由于蜗壳的异形结构，在施工中有着模板拼装复杂、钢筋加工绑扎难度大、精度要求高的特点。该工程的核电建设团队围绕这一重难点进行科研攻关，成功开发出"预制钢筋混凝土蜗壳施工工法"，实现了提高工程质量、缩短工期、降低工程成本"一箭三雕"的目的，具有显著的经济与社会效益，经专家鉴定，成果整体达到国际先进水平。

广东台山核电站核岛反应堆厂房堆芯结构的施工应用了一种特殊的混凝土——牺牲混凝土，这是我国核电建设首次应用该混凝土。这种混凝土最大的特性就是会"牺牲自己"，比如万一发生了公众最为担忧的核事故，牺牲混凝土与核电站堆芯熔融物接触后能受热熔化与之混合，快速降低堆芯温度，并包裹放射性裂变产物，这样就大大降低了对环境与公众的危害。

台山核电站所使用的牺牲混凝土由中建二局自主研制，它的成功应用标志着中国建筑已完全掌握了牺牲混凝土从研发到使用的全套技术，打破了国外对这一技术的垄断。30 年核电建设的过程中，这样零的突破的例子数不胜数。该公司在核电建设领域共参与了全国二分之一的核电站建设，共开发国家级专利 85 项、省部级以上各类型工法 31 项，其中 13 项科技成果达到国际领先或国际先进水平，8 项科技成果获得国内领先水平，填补了我国核电站土建施工的诸多技术空白，参编国家、行业标准 16 项，撰写发表各类技术论文 183 篇。

30 年的积累和沉淀，当年的"学徒"中建二局已经成为我国核系统外唯一一家独立承建核岛土建工程和唯一一家"常规岛-核岛土建一体化"施工的建筑企业。

三、领跑：世界核电迎来"中国芯"

改革开放春潮涌动的 40 年，中国核电以盎然的生机和活力迅速发展，曾经依赖进口的核电核心技术，历经近 40 年的积累沉淀，终于迎来了中国自主的核电品牌——"华龙一号"（HPR1000），成为与高铁齐名的又一张"国家名片"，"华龙一号"这一核电核心技术，也为世界核电注入了一枚中国强"芯"剂。

"华龙一号"是在我国 30 余年核电科研、设计、建设和运营经验基础上，采用国际最高安全标准研发设计，具有完整自主知识产权的第三代先进压水堆核电机型，能够抗击大型商用客机撞击。其安全性与国际主流技术相当，经济性更具竞争力。

2017 年 11 月 16 日，"华龙一号"英国通用设计审查（GDA）正式进入第二阶段。GDA 是世界上最严苛的核电技术审查，向英国提出申请的 5 种堆型中，至今只有法国的 EPR 技术顺利通过。只要中国的"华龙一号"通过 GDA，就具备了金牌"护照"，为其进入英国、全球推广奠定坚实基础。

而在国内，广西防城港核电二期 3、4 号核岛机组的土建工程正在紧张建设中，这两个机组都有一颗"中国芯"——"华龙一号"，它们不仅是中国广核集团"华龙一号"示范工程，也是英国布拉德韦尔 B 项目的参考电站，两台机组将伴随着 GDA 审查同步推进。除了效力于国内，"华龙一号"还肩负着推动"中国标准、中国制造、中国建造"的中国核电技术扬帆出海之重任。

"出口一座'华龙一号'核电站相当于出口 200 架大型商业客机,这对带动我国装备制造业 5 400 家企业走出去,提升'中国制造'和'中国智造'的影响力都是极为重要的。"中广核董事长贺禹说。作为建设者,广西防城港 3、4 号核岛的建设者中建二局也深知这次"护龙出海"的使命,一直坚持以最严苛的质量安全标准,为中国建造品质代言,让"华龙一号"由图纸变为现实。

以该项目 3 号机组为例,1 万多平方米的钢板全部要通过焊接成形,把这些钢板平摊开来,面积相当于 1.5 个标准足球场。其中如若出现 1.5 毫米以上的单个气孔,或者针尖大小的连续气孔,都会被视为不合格品。因此,如何提高产品质量成了关键问题。为此,项目成立了焊接培训学院,专门培养核级焊工,还配备了专业工程师运用无损检测的方法,用专业仪器检测焊缝,让所有缺陷无所遁形。

在安全管理方面,更是没少开动脑筋。比如每天开会的队形都不一样,淘汰了过去的一人在前、集体列队的方式,而是采用了被戏称为"圈儿会"的同心圆站位班组会。班组所有人围一个圈站好,班组长和工长站在圆心位置分配任务、做技术、安全交底,既保证每个人都能听清任务内容,又便于班长随时检查班组成员精神状态。

2018 年 5 月 23 日,经过近两年的建设,防城港核电站 3 号机组终于迎来"加冕"时刻。伴随着重达 220 吨、约为 3 个半篮球场面积的穹顶稳稳落在了钢衬里筒体上,3 号机组穹顶吊装成功,标志着核岛主体工程由土建施工转向设备安装阶段。虽然迎来这一重要节点,但是每个建设者仍没有停歇,为这一中国"智"造的巅峰之作而努力奋战。

从跟跑到领跑,从无到有再到强,我国核电的蜕变是改革开放 40 年来的辉煌成果。站在全新的节点,核电建设者将继续用最严苛的质量安全标准为中国建造品质代言,用核电,这一安全放心的清洁能源,守护天蓝海碧的美好明天,"筑"力更多的核电"中国芯"走向世界。

第三条 "商业竞争的胜负最终决定在经营者本身的修养上。"

(胡雪岩)

【引申释义】

做生意做到最后拼的都是人品,一个人只有能力没有格局是不行的。人品是一个人最有效的通行证,品性好的人格局必然也不会小。做人要漂亮,做事要地道。商业竞争的胜负,最终决定在经营者本身的修养上。很多优秀的领导人都具备深沉厚重的人格品质。《道德经》第二十六章中说:"重为轻根,静为躁君……轻则失根,躁则失君。"深沉厚重是作为领导人的根本。

【名人简介】

胡雪岩(1823—1885 年),本名胡光墉,幼名顺官,字雪岩,出生于安徽徽州绩溪,13 岁起便移居浙江杭州。中国近代著名红顶商人,政治家,徽商代表人物。清咸丰十一年(1861 年),太平军攻杭州时,胡雪岩从上海运军火、粮米接济清军而为左宗棠赏识,后来又帮助左宗棠组织"常捷军"、创办福州船政局。左宗棠西征平叛阿古柏时,胡雪岩为他主持上海采运局局务,在上海代借外款 5 次,高达 1 195 万两白银,供军饷、购军火,并做情报工作,常将上海中外各界重要消息报告给左宗棠。胡雪岩凭借其卓越的商业才能,利用过手的官银在上海筹办私人钱庄,后在全国各地设立了"阜康"钱庄分号,被称为"活财神"。在杭州创立了"胡庆余堂"中药店,制"避瘟丹""行军散""八宝丹"供军民之需,药店传承至今,赢得"江南药王"之美誉。

【案例1】

雅虎的错误决策

2008年2月1日,微软宣布将以每股31美元收购雅虎全部已发行普通股,交易总价值约为446亿美元。然而创办人及CEO杨致远却明确拒绝了,在他看来这一价格"大大低估了"公司的真正价值,也不符合股东利益。结果是微软放弃同雅虎的谈判,转而开发出了自有搜索引擎必应以及互联网产品Windows Live。到了2011年8月,雅虎的市值已暴跌至178亿美元,远低于微软当初的报价。具有讽刺意味的是,在继任者巴茨的主导下,雅虎又与微软达成了为期10年的合作协议,将必应用作雅虎的搜索引擎。杨致远的决定被后人"确诊为"科技行业最糟糕CEO决策之一,他的出局倒不可惜,而可惜的是雅虎这家公司的命运在杨个人的意志下被彻底改变了。

【案例2】

厘清股权结构,大权不旁落

全球最大的社交网络创始人马克·扎克伯格的成功看似是其超人的业务能力和战略方向感,实际上看其商道,我们可以明显看出来此人的精明。他很早便明白如何把公司牢牢把控在自己的手中,将AB股的结构完美地应用于董事会中。他本人只拥有不到30%的股份,但其持有的B股的投票权是A股的10倍,所以拥有大于持股比例的投票权。根据该公司的招股书,一些股东和其创始人达成了投票协议,同意创始人代表他们的股份投票。当然需要指出的是,投票协议也并非设计的结果,而是创始人依靠自己的能力和业绩获得了部分股东的完全信任。当然,AB股更多还是在国外公司中存在,即使国内允许AB股制度存在,也不可能成为所有公司的通行做法。今天我们只需要了解的是,创始人团队想要实现对公司控制权的牢牢掌握,在特定阶段有很多的方法或路径可供选择。

第四条 "我是行动主义者,相信跟我有同样构想的人必定为数不少,只是我能付诸行动,而他们什么也没做。"

[(美国)诺兰·布什内尔]

【引申释义】

行动主义者,顾名思义,行动力极强的人,相信行动带来改变现状的人,执行力强,一旦有目标就可以行动起来。空有想法的人是非常多的,但纸上谈兵没有意义,眼高手低不能推动实际,只有付诸行动才是取得成功的唯一选择。

【名人简介】

诺兰·布什内尔(1943年2月5日—)是美国雅达利电脑公司创办人。1972年,布什内尔开发出了世界上第一台业务用投币式游戏机——我们俗称的街机——《电脑空间》，从而改写了电子游戏在商业市场的空白。

【案例】

刘岩敢想敢做的性格成就了他的事业

刘岩从小就有太多与众不同的想法，并且乐意把这些想法付诸实践中。比如，他早年就读于八一中学，成绩一直很好，可没想到高二暑假的一个突如其来的想法，让他毅然决然地挥别了自己的学生生涯，成为那个时代的一个"异类"。

高二暑假，刘岩在《北京晚报》上看到了一个招聘广告，广告内容是，某广告公司要招广告业务员。当时，刘岩并不知道这个工作到底是做什么的，只是觉得这个工作好像挺有意思的，就去应聘了。让他没想到的是，自己刚到那里，就被负责招聘的一个小姑娘给拦住了。她告诉刘岩，这个工作指标是两个人，结果现在来了400多人，报名表都用完了。刘岩怏怏不乐地回到家，他越想越不舒服："我连负责招聘的头儿都没见到，就这样放弃了？不行，我不能这样，至少我要和负责招聘的头儿谈一次！"于是，刘岩再次来到了那个招聘地点，直接溜进了经理室。"经理见到我这个不速之客，真是吓了一跳。他问我，既然我对自己那么有信心，那是否有相关的经历呢？我坦率地告诉他，我就是一个普通学生，虽然没什么经历，但是我有无限的热情和勇气！"刘岩说，"当时那个老板看了我半天，最后被我的诚意打动了，决定给我3个月的试用期。条件是，这3个月中我要给公司创造10万元的利润。否则，我就得走人！"对于一个完全没做过广告的人来说，这确实不是一件容易的事情，但是刘岩却觉得很有意思，就毫不犹豫地答应了下来。

刘岩说，他接受任务后，就开始翻着大黄页，给潜在的客户打电话，每天他打的数量都有近百个。一个月过去了，接过电话的客户都没什么反应，刘岩反思自己：是不是自己的方法有问题呢？正在他有些茫然的时候，金鱼洗衣机给出了回应，这个当时最牛的企业决定要拍摄广告，并且要拍一个好的广告片，用胶片拍。"虽然我接下了这个广告，但说实话，我完全不知道如何去做这个广告！好在，我就是个很胆大的人，什么没做过都想尝试尝试！"在这种心态下，刘岩联系了景岗山和任静，用每人1 500元钱的酬劳，让他们同意了拍摄这个广告。这个广告播出后一下子就火了，金鱼洗衣机的销量翻了很多倍，刘岩这个毛头小伙子，一下子引起了广告界的注目，就这样刘岩开始了自己的广告历程。

1996年，自己成立公司一年多的刘岩看中了中央电视台的一档全新节目：《大风车》。那个时候，这档节目还处在没有任何广告的阶段，没有一个广告商认为，这档新的儿童节目会有什么市场价值。刘岩向中央电视台表示，他愿意包下《大风车》的广告，但是他有一个要求，那就是要在节目中插播广告。这在央视是前所未有的，央视广告部的人经再三思考后，同意了刘岩的要求。果然，由于在节目中插播广告的形式很新颖，一时之间，很多厂商都对这个形式大感兴趣。"可以毫不夸张地说，那时候，广告客户排着队找我，请我帮他们在《大风车》中做广告！"刘岩说，"当年我为央视创造了两三千万的利润。"

在广告圈已经发展了7年的刘岩，在1995年开创了自己的公司，而他迎来的第一个客户就是娃哈哈。那个时候，娃哈哈还没什么名气，刘岩认为，他要做的就是让这个品牌声名显赫，从没名气到有名气，那才是很牛的事情。刘岩在接了娃哈哈广告没多久，就到美国进行了一次为期一个月的广告考察，他开始了解"整合行销"的概念。回国以后，聪明的刘岩立刻把"整合行销"用在了娃哈哈广告中，景岗山"我的眼里只有你"的广告语深入人心。从此，他开始和娃哈哈结下了深厚的友谊。

2002年，娃哈哈推出了茶饮料，当时的竞争形势对娃哈哈不太有利，因为康师傅等品牌早已把茶饮料做得深入人心了。刘岩说，他的目标就是一定要让娃哈哈进入中国茶饮料市场的第一梯队，所以，他就在娃哈哈的广告上下足了工夫。"我记得当时周星驰的《大话西游》特火，几乎街头巷尾都在探讨《大话西游》，我就想，我怎么把娃哈哈和《大话西游》联系起来呢？"刘岩想起了周星驰，那时候找周星驰是很有难度的，因为他不怎么来内地。"我想了很多办法，最后终于和周星驰联系上了，我告诉周星驰，我要让冯小刚当导演，你来做广告的主演，我要把这个娃哈哈的广告做得跟你的电影那么有趣！"周星驰听了刘岩的创意，觉得很有意思，于是同意了。但是几次开会下来，刘岩发觉，如果让冯小刚和周星驰一起演会更有意思，他又用尽气力说服了客户和周星驰。一切证明，刘岩的想法完全正确，等到这个广告片播出的时候，就引起了巨大的轰动效果，娃哈哈的茶饮料一下子家喻户晓了。

生活中的刘岩是一个很沉默的人，这种沉默让人感到他的不怒自威和镇定，更让人很难猜测他变幻莫测的眼神后表达的是什么。有时候，刘岩也会讲一些冷幽默的笑话，让听者捧腹大笑。刘岩就是这样一个人，写着自己独特的个性标签。他承认，和他的这种成功相对等的，是他所承担的巨大压力，而他解压的一个好方法就是爬山。

第五条 "卓有成效的管理者善于用人之长。"

[（美国）彼得·德鲁克]

【引申释义】

要科学合理地分配不同程度的工作给不同能力的人。利用他人的长处来实现自己的目标，是一个管理者的最终目的。一个卓有成效的管理者，需要做的是发现他人的长处，然后将他们的长处利用到最大化。按照他们的能力，分配相应的工作。简单的工作由能力较低者完成，复杂的工作由能力较高者完成，这样做有效避免了人力资源的浪费，一定程度上减少了员工工作的挫败感，提高了工作的积极性。对一个企业来说，这不仅仅保证了工作的效率，还有利于公司结构的稳定，使企业的人力资源的开发最大化。

【案例】

乔布斯的用人之法

乔布斯在一次讲话中说过，一名出色的人才可以顶50个平庸的员工。而他认为，自己的成功得益于发现了许多才华横溢、不甘平庸的人才。

乔布斯是怎样吸引这些天才来为其工作的呢？阿特金森是一名神经系统博士，属于乔布斯认为的顶级人才。乔布斯为了劝说他加入苹果，去找他聊了三个小时，乔布斯的说服力是非常强的，一般人难以抵挡。

阿特金森喜欢冲浪，于是乔布斯习惯性地，用那种让人无法直视的问题问他："你是愿意到大浪的前头去冲浪，还是在大浪的后头安全地狗刨？"阿特金森真的是无法回答，像被点中了死穴一样。

不久，乔布斯给阿特金森寄去了一张不能退票的单程机票。阿特金森觉得反正不能退票嘛，就去了，去了后就留在苹果公司工作了。在苹果二代软件开发问题上，阿特金森主张用PASCAL替代原来的BASIC。乔布斯本来不同意，觉得BASIC其实也可以了。但乔布斯是这么跟他讲的："我知道你对替换这件事特别有热情，我给你6天时间，我希望你用这6天来证明我错了。"

乔布斯希望别人来证明他错了！了解乔布斯的人就应该知道，这种话是什么样的分量和力量！阿特金森真的做到了，而且没有用到6天时间。从此乔布斯非常尊重阿特金森，直到阿特金森后来离开苹果公司，始终对他敬重有加。

第六条　"没有什么比忙忙碌碌更容易，没有什么比事半功倍更困难。"

[（美国）亚历克·马肯策]

【引申释义】

善于利用忙碌的人，往往能在各种各样的事情中守住秩序，有条有理地做事。在百忙之中能够找到头绪的人，才是真正的"牛人"。

【名人简介】

亚历克·马肯策，美国管理学大师。

【案例】

代云华：云端上的最强"舞者"

在中国铁路昆明局集团有限公司昆明供电段说起接触网检修车间检修一工区接触网工代云华，大家最津津乐道的是他过硬的业务技能。

别人6分钟更换一根软横跨直吊弦，他只要3分钟；别人网上作业半小时就浑身乏力，他几个小时倒挂在接触网上作业不用休息；别人最怕碰到的悬空落锚作业，他可以轻松搞定……别人干不了的活，他能干；别人干得了的活，他干得又好又快。只要有他在，所有作业难题便迎刃而解。

一分钟剪断50次铁线，1分30秒制作一副吊弦，3分钟制作一个回头，25秒上下接触网杆一次，80分钟"天窗"带领作业组拆除50根旧吊弦、安装60根新吊弦、调整10个跨距导高……他创造的一项项纪录，至今无人打破。

骄人纪录的背后，承载的是他6 000多个日日夜夜的苦练和坚守。2001年，刚参加工作的代云华和普通新职工一样，只能在地面做做防护、递递扳手、背背工具包。每当看着别人在网上潇洒起舞，代云华心里就痒痒。2002年，昆明供电段举行职工技能竞赛，作为参赛选手，代云华只能负责在地面推梯车，名副其实的"板凳队员"。这次比赛成绩不理想，代云华心里非常难受。他暗下决心：一定要做接触网检修"最强者"。

从此，代云华就像变了一个人似的，一边刻苦学习，一边编织自己的梦想。无论在作业现场还是业余时间，他都安全带、安全帽、工具包不离身。一个简单的吊弦制作，他练习成百上千遍，手上挑破的血泡结成了厚厚的茧子。为了练体能，他每天做100个俯卧撑、100

个蛙跳,并且坚持至今。制作承力索回头、爬杆上网,他一练就是几个月。在被大家调侃为"魔鬼"训练的接触网"特训班"中,代云华早上跑步强体能,白天和大家一起练实操,晚上自我加压背规章、学标准,没叫过一声苦。几年下来,他练就了一身硬功夫。

现场是最好的赛场。2008年,受一次地震影响,成昆线新江站2道3个跨距接触网被落石击中掉落地面,吊弦拉断、松脱40多根,多处定位偏斜,供电系统瘫痪。接到险情后,代云华和同事从元谋站迅速赶到新江站,并主动冲在最前面,仅用1小时28分钟就抢通供电线路,确保震后第一趟抢险救灾列车顺利开行。

2009年,代云华代表昆明供电段参加昆明局集团公司技能大赛,一举夺魁。2011年,他带着几名徒弟代表昆明局集团公司参加第三届全国铁道行业职业技能大赛,获得团体第五名、个人第五名的好成绩,还获得全国技术能手奖牌和奖章,登上了牵引供电领域高峰。

2009年到接触网检修车间工作后,代云华的舞台更大了。作为昆明供电段"王牌部队"的"特种兵",在地跨云贵川三省3 000多公里的铁道线上,代云华活跃在接触网大型施工、设备集中检修整治现场,先后参加了20多项重点施工和近百次急难险重任务,发现重大设备缺陷520多个、破解作业难题300多个,避免各类事故隐患130多处。他参加施工、检修的9 800多公里接触网,合格率100%,未发生一起设备故障。

一次次攻坚克难,一次次淬火历练,一次次化险为夷,代云华凭借的不仅是过硬的技术,更是他的一颗为接触网事业奉献的真心。

工作之余,代云华把更多精力放在发明创造上。2014年,以代云华个人命名的"代云华技能大师工作室"成立。他带着徒弟先后发明了止动垫片锤、接触线接头制作辅助器等20多个轻巧实用的新工装,在全段推广使用,大大减轻了职工的作业强度,提升了作业效率。改造后的"预绞式冗余耐张线夹",有效解决了旧装配方式存在的安全隐患问题,产生直接经济效益460万元。

岗位就是舞台,登高才能望远。2016年,代云华又把他所有的心思放到了高铁上。如今,在新的征程上,代云华正带着他的徒弟们不断攀登技术高峰。

第七条 "如果你有一件工作必须赶快做,把他交给那个最忙的人准没错。"

[(美国) 罗佰特·克比]

【引申释义】

表示越能干的人,效率越高。最忙的人,其实是最善用资源的人,也是最懂得时间管理和自我管理的人。工作忙碌的人通常时间观念很强,专业能力突出,是领导信得过的能人,能够更好更快地完成工作任务。

【名人简介】

罗佰特·克比,曾任美国西屋企业总裁。

【案例】

提升效率的秘诀

美国著名的领导学讲师凯文·克鲁(Kevin Kruse)曾对200多位成功人士进行了采访,

包括 7 位亿万富翁、13 位奥运选手、20 位全优生和 200 多位成功的企业家，探寻了他们在提升效率方面的秘诀。

秘诀 1：精准到分钟，而不是小时

普通人会按照电子日历默认的一小时和半小时来做日程规划，那些非常成功的人却很清楚，每天有 1 440 分钟，没有什么比时间的价值更大。千金散尽还复来，但时间浪费了就永远收不回。

传奇的奥林匹克体操运动员香农·米勒（Shannon Miller）曾经说："直到今天，我仍然以分钟为单位安排我的时间表。"要掌控你的生活，须掌握生活中的每一分钟。

秘诀 2：每次只专注一件事

超高效能的人很清楚什么是最重要的事，他们每天早晨会花 1~2 小时在这件事上，其间不接受任何干扰。

Ziglar 公司的首席执行官 Tom Ziglar 表示，"每天的第一个时段，要去做可以有助于事业提升的第一要务"。哪项任务能够最好地实现目标？取得什么成绩，才可以让你在工作中升职？

秘诀 3：不用 To-Do List（待办事项清单）

丢掉你的 To-Do List，把所有事情安排到日程表上。事实证明，待办清单上只有 41% 的任务可以完成。由于蔡格尼克效应（一种记忆效应，指人们对于尚未完成的事，比已经完成的事情印象更加深刻），未完成的事项让人失眠，感到压力。

高效能人士会把每件事都放到日历上，据此来安排工作和生活。"使用电子日历，并把一整天以 15 分钟为单位来规划，这听上去很痛苦，但会让你完成 95% 的工作"。The Art of Charm 的联合创始人 Jordan Harbinger 建议道。

秘诀 4：用"时间旅行"的思路打败拖延症

未来的自己是不可信任的，因为时间上会存在一种"断片"。比如，我今天买了蔬菜，是因为我今天认为自己整周都要吃得健康，但过几天这些蔬菜以腐烂告终；再比如，我今天买了健身课程的 DVD，因为我今天认为我会开始大力锻炼，但一年过去了，我连光盘盒都还没打开过。

那么现在的你可以做些什么，来确保未来的自己也会做正确的事情呢？

你要去预知未来的自己会怎么"自我破坏"，并在现在提出一个方案阻止未来的自己进行"破坏"。

秘诀 5：回家吃晚饭

从英特尔的安迪·格罗夫（Andy Grove）那里可以学到这一点："总有更多工作需要做、应该做，但事情总是做不完的。"那些非常成功的人都清楚各种事情在生活中有着怎样的价值——除了工作，他们也有其他珍视的东西。

这并没有一个统一的答案，对于许多人来说，珍视的东西包括：陪伴家人，锻炼身体，自我提升，等等。他们有意识地将他们每天的 1 440 分钟的时间分配到每件有价值的事情中，然后坚持据此执行。

秘诀 6：随身携带纸质笔记本

维珍集团的董事长理查德·布兰森（Richard Branson）不止一次地提到，如果没有简单的笔记本，他就无法创办维珍集团；无论走到哪里，他都会随身携带笔记本。

希腊船王亚里士多德·奥纳西斯（Aristotle Onassis）在一次采访中说："我总是随身携带一个笔记本。把所有事记下来……这是一堂价值100万美元的课，商学院可不会教你！"超高效能的人会把一切写下来，借此可以解放他们的大脑。

秘诀7：每天只处理几次邮件

那些效能很高的人，不会一天到晚检查电子邮件，也不会对每一次手机震动做出反应，去看是谁发了消息或邮件。

相反，他们也会把查看邮件列入规划，高效快速地进行处理。有些人一天只处理一次邮件，有的人每天在早中晚会分别处理一次。

秘诀8：不惜一切代价避开会议

NBA达拉斯独行侠队的老板马克·库班（Mark Cuban）关于效率的最佳建议："除非有人在写支票，否则不要开会。"

会议是臭名昭著的时间杀手——开始得晚，混杂着各种人，讨论常常不切主题并且冗长。不论何时，你应该尽可能地避开会议，如果你确实得开个会，就速战速决。

秘诀9：对几乎所有事情都说"不"

亿万富翁沃伦·巴菲特（Warren Buffet）曾经说："成功的人和特别成功的人区别在于，特别成功的人会对几乎所有事情都说'不'。"

美国风投家詹姆斯·阿勒库赫（James Altucher）的小提示："如果事情不是'必须要做'，那就是'不'。"

记住，每天你只有1 440分钟。不要轻易放弃任何一分钟。

秘诀10：遵循80/20定律

80/20定律，也被称作帕累托法则——多数情况下，80%的结果仅来自20%的活动。

超高效率的人知道什么行为可以带来最好的结果，并会专注于那些行为，忽略其他的事。

秘诀11：对几乎一切工作放权

日常高效的人们不会去问"我怎么完成这项任务"，而是会问"这项任务该怎么完成"。

他们会尽可能地把"我"抽离出来。他们不是"微观管理者"，不存在"控制"的问题。

秘诀12：设定主题日

非常成功的人士，每周会设定几个主题日，专门做一些重要的事情。

比如把周一定为"会议日"，确保与每一个直接汇报的下级进行一对一的对话。另外，在新的一周开始前，处理好财务和一般性事务，因此建议在每周五的中午处理这些事情。

Twitter创始人杰克·多西（Jack Dorsey）也有类似做法，借此他同时运营两家公司（Twitter和移动支付公司Square）。分批次地进行工作，可以让你的效率和产出最大化。

秘诀13：小事一次做完

想一下：有多少次你打开了一封邮件，然后又关了，想着以后再处理；多少次，你邮件看到一半，然后又关上了，想着先放在收件箱以后再处理。

那些非常成功的人，对这类事物"只碰一次"。如果某件事只需要5～10钟就能完成，那么无论是什么事，他们都会立即处理。这么一来，琐事不会一直在脑子里，这可以减轻一些压力，将来也无须再次阅读或者评估，因此可以提升效率。

秘诀 14：始终如一的晨间"仪式"

《晨间奇迹》一书的作者哈尔·埃尔罗德（Hal Elrod）说："虽然大多数人会注重通过'做'得更多，来实现更多目标，但《晨间奇迹》的要点是，'准备好'去做更多——起初做得少一些，但为了最终可以实现更多的目标。"

秘诀 15：精力就是一切

你无法让每天的时间变多，但可以提升你的精力，这样会增加你的注意力、专注力、决策力和整体的效率。

非常成功的人不会为了追求过高目标就不吃饭、不睡觉或者不休息。相反，他们的认知是：食物是燃料，睡眠是恢复，做事需有张也有弛。

试着运用这些秘诀，工作生活定有改善。你可能不是一个企业家、奥林匹克运动员或者百万富翁，甚至你没有想过成为这类人。但他们的这些秘诀，或许可以帮你用更少的时间达成更多的目标，让你不再感觉负荷超载。

第四章

专创篇

第一节　工匠精神名句

第一条　"做事情力图做到精益求精就是一种美德，学习知识也一样。"

[（德国）卡尔·威特]

【引申释义】

学习和实践都追求完美，做到极致，这是一种美德。在工作和生活中，只要细心去观察和学习，那么将发现一切困难都不是困难。不要灰心，不要轻言放弃，只要持有坚持不懈的精神，它将会引导我们看到希望，走向成功。

【名人简介】

卡尔·威特（1800年7月1日—1883年3月6日）是19世纪德国的一个著名的天才。他八九岁时就能自如地运用德语、法语、意大利语、拉丁语、英语和希腊语这6国语言；并且通晓动物学、植物学、物理学、化学，尤其擅长数学；9岁考入莱比锡大学；10岁进入哥廷根大学；13岁出版了《三角术》一书；年仅14岁就被授予哲学博士学位（事实上，卡尔目前仍然是《世界吉尼斯记录大全》中"最年轻的博士"纪录保持者）；16岁获得法学博士学位，并被任命为柏林大学的法学教授；23岁他发表《但丁的误解》一书，成为研究但丁的权威。与那些过早失去后劲的神童们不同，卡尔·威特一生都在德国的著名大学里授学，在有口皆碑的赞扬声中一直讲到1883年3月6日逝世为止。

【案例1】

每一道工序都影响成败

"我们所焊的每一个点都关系到航天员的生命安危，每一道工序都影响着载人航天的成败。"

不久前，我国空间站天和核心舱成功入轨，展现了我国航天制造的顶尖实力。空间站的核心舱舱体巨大，焊缝总长度超300米，焊接时要高标准一次成型，难度极大，造型复杂的球面壁板舱体焊接更是从未有人挑战过。

作为核心舱密封舱体的主岗焊接，空间站焊接团队负责载人航天器 I 类焊接。焊缝要求最大气孔的直径不能超过头发丝粗细，微小到肉眼无法辨别，只能通过专业 X 光拍摄后，用放大镜才能看到。

焊接团队发现一旦空气湿度超过40%，试验件里的气孔数量和直径都明显增加。反复琢磨后，他们想到了通过烤灯和加热带双重加温的方式，降低湿度，解决难题。问题解决了，他们却经常需要在五六十摄氏度的高温下连续工作一个多小时。

目前，由焊接团队担任主岗焊接的神舟飞船、天宫、天舟、新一代载人飞船试验船相继成功发射，空间站核心舱等航天器也已经陆续启程，开启了中国人在轨建设空间站、探索宇宙奥秘的新时代。

【案例2】

追求产品的极致状态

30岁出头的大国工匠常晓飞能用比头发丝还细0.05毫米的刻刀刀头在直径0.15毫米的金属丝上刻字,这些字要用高倍显微镜才能看清,他的技术被国家评为"中华十大绝技"。常晓飞是中国航天科工二院的高级技师,1988年出生的他参与了国家导弹和航天产品的复杂关键零部件及新型卫星零部件的制造任务。

为练就炉火纯青的数控加工技术,常晓飞不断挑战技艺的极限。一块硬币大小的金属板,高速旋转的极细刀头,一个多小时之后,182个直径比头发丝还细的小孔神奇地精确成型。只有通过强光,才能看到这些小孔。

常晓飞曾接到一项新型复合材料的加工任务,这种极难加工的硬脆材料将用于新型武器装备的关键部位,关系到武器试验成功与否。通过无数次修改编程、调整刀具,经近3个月时间,常晓飞终于找到了一种最优方式,将这种复合材料的加工成品率从30%提高至80%,最终提高到100%。

一身真本领,也让常晓飞获得了无数荣誉。然而,比起这些耀眼的荣誉,常晓飞最自豪的还是能用自己精湛的技术参与我国航天航空事业。

【案例3】

精益求精

运-20飞机,是我国自主研制的首款大型运输机,标志着我国大飞机设计制造能力取得了突破性进展。2015年年底,为提高制造效率,中航西飞决定在运-20装配中启用数字化系统进行机身调姿,这是飞机制造的一次革命性变革。

机身调姿对精度要求极高,全长50米的机身,各部位偏差不能超0.5毫米。飞机上任何一个小孔出现问题,都可能产生裂纹,久而久之,可能导致飞机在空中解体。以往这项工作需十几个人通力合作一个月才能完成。而运-20飞机机身数字化装配的领军人、"90后"的年轻人胡洋,硬是带领团队实现了对大飞机机身数字化装配零的突破,将效率提高了百倍,精度达到毫米级,如今只要两三个人一天就可完成。

> **第二条** "对微小事物的仔细观察,就是事业、艺术、科学及生命各方面的成功秘诀。"
>
> [(英国)史迈尔]

【引申释义】

这句话的意思是一切事业成功的秘诀在于对细节的认真观察和深入研究。

【名人简介】

史迈尔(1812—1904年),英国作家。由于父亲早逝,他很早就学习到自立的精神与方法。他针对年轻人所作的一系列有关"自我改善"的演讲结集出版的《自助》问世后,声名大噪。之后陆续出版《品格》《节俭》《责任》《生活和劳动》等励志修身著作。

【案例】

发明电灯

早在1821年,英国的科学家戴维和法拉第就发明了一种叫电弧灯的电灯。这种电灯用炭棒做灯丝。它虽然能发出亮光,但是光线刺眼,耗电量大,寿命也不长,因此很不实用。

于是,爱迪生开始试验作为灯丝的材料:用传统的炭条做灯丝,一通电灯丝就断了。用钌、铬等金属做灯丝,通电后,亮了片刻也被烧断了。用白金丝做灯丝,效果也不理想。就这样,爱迪生试验了1 600多种材料。一次次的试验,一次次的失败,很多专家都认为电灯的前途黯淡。英国一些著名专家甚至讥讽爱迪生的研究是"毫无意义的"。一些记者也报道:"爱迪生的理想已成泡影。"面对失败,面对冷嘲热讽,爱迪生没有退却。他明白,每一次失败,意味着又向成功走近了一步。

一次,爱迪生的老朋友麦肯基来看望他。爱迪生望着麦肯基说话时一晃一晃的长胡须,突然眼睛一亮,说:"胡子,先生,我要用您的胡子。"麦肯基剪下一绺交给爱迪生。爱迪生满怀信心地挑选了几根粗胡子,进行炭化处理,然后装在灯泡里。可令人遗憾的是,试验结果也不理想。"那就用我的头发试试看,没准还行。"麦肯基说。

爱迪生被老朋友的精神深深感动了,但他明白,头发与胡须性质一样,于是没有采纳老人的意见。爱迪生起身,准备为这位慈祥的老人送行。他帮老人拉平身上穿的棉线外套,突然,他又喊道:"棉线,为什么不试试棉线呢?"

麦肯基毫不犹豫地解开外套,撕下一片棉线织成的布递给爱迪生。爱迪生把棉线放在U形密闭坩埚里,用高温处理后,用镊子夹住炭化棉线,准备将它装在灯泡内。由于炭化棉线又细又脆,加上爱迪生过于紧张,拿镊子的手微微颤抖,棉线被夹断了。最后,费了九牛二虎之力,爱迪生才把一根炭化棉线装进了灯泡。

此时,夜幕降临了,爱迪生的助手把灯泡里的空气抽走,并将灯泡安在灯座上,一切工作就绪,大家静静地等待着结果。接通电源,灯泡发出金黄色的光辉,把整个实验室照得通亮。13个月的艰苦奋斗,试用了6 000多种材料,试验了7 000多次,终于有了突破性的进展。但这灯究竟会亮多久呢?1小时,2小时,3小时……这盏电灯足足亮了45小时灯丝才被烧断。这是人类第一盏有实用价值的电灯。这一天——1879年10月21日,后来被人们定为电灯发明日。"45小时,还是太短了,必须把它的寿命延长到几百小时,甚至几千小时",爱迪生没有陶醉于成功的喜悦之中,而是给自己提出更高的要求。

一天,天气闷热,他顺手取来桌面上的竹扇,一边扇着,一边考虑问题。"也许竹丝炭化后效果更好。"爱迪生简直是见到什么东西都想试一试。试验结果表明,用竹丝做灯丝效果很好,灯丝耐用,灯泡可亮1 200小时。经过进一步试验,爱迪生发现用炭化后的日本竹丝做灯丝效果最好。从此,他开始大批量生产电灯。他把生产的第一批灯泡安装在"佳内特"号考察船上,以便考察人员有更多的工作时间。此后,电灯开始进入寻常百姓家。

第三条 "要学会做科学中的粗活，要研究事实，对比事实，积聚事实。"

[（苏联）巴甫洛夫]

【引申释义】

这句话表明，科学研究要认真细致，以事实为基础和准绳。

【案例】

火神山、雷神山医院背后的中国设计速度和工匠精神

2020年，当新冠肺炎疫情来临时，为救治新型冠状病毒肺炎患者，解决医疗资源不足的问题，武汉决定兴建火神山医院和雷神山医院。

参照北京小汤山医院模式建设的武汉火神山医院，总建筑面积达3.4万平方米，主要救治确诊患者，编设床位1 000张。这座从方案设计到建成交付仅用10天打造的火神山医院，让"中国速度"再次惊艳世界，背后折射的是中国建筑设计的科学速度和施工建设的工匠精神。该项目考虑到武汉当地气候条件，采用更加先进的技术和高于现有传染病医院的防护隔离标准，为患者和医护人员提供更加安全可靠的诊疗环境，充分考虑当前能够最快采购的建造材料资源，采用模块化设计，主要由接诊区、负压病房楼、ICU、医技楼、网络机房、中心供应库房、垃圾处理暂存间、救护车洗消间等构成。火神山临时医院看似简单，实际上设计要求非常高，防护隔离的方式、医患和医疗用品的流线、建筑材料的选用、建筑的防火要求都是设计考虑的重点。整个医院根据地形呈L状布局，分为东、西两大病区，医护人员的清洁通道类似于医疗街布置在中间，贯穿东、西病区，17个医疗单元呈鱼骨状分设在医护通道两侧。每个护理单元都有医护人员工作休息的清洁区、观察病人和运送药品仪器的半污染区，以及收治病人的污染区，并相应设有正压清洁区到负压污染区的通风系统，分区之间的连通处设置缓冲间，以保证每个分区之间压差。由多个H型模块排列而成，其中，沿中轴线布置办公区域和医护人员通道，每个中心模块负责4个护理单元，护理单元内安置两列病房。患者从病房外周进出病区，医护人员从中轴核心经层层更衣和卫生通过区进入病房进行检查、治疗和看护。这样的功能结构能够严格控制空气的洁净梯次，切实保障医护人员卫生安全，同时有效开展医疗救治工作。每个病房按照2人间设计，约18平方米，均配备了供氧系统、负压抽吸系统等。病房设独立卫生间，卫生间配有坐便器、安全抓杆和淋浴等设施。5万平方米防渗膜全覆盖雨污水全收集消毒。

武汉雷神山医院总建筑面积为7.97万平方米，整体采取模块化设计，包括病房隔离区、医护人员生活区、综合后勤区三大分区，病床总床位数为1 500张，可容纳医护人员约2 300人。医护、病患、物流交通流线明确，洁污分流，互不干扰。整个医疗隔离区呈鱼骨状分布，病房采用箱式板房形式，病房隔离区功能分区包括病房、接诊室、ICU、医技房、正负压站、液氧站、污水处理站、垃圾焚烧站、污染品暂存库、救护车消毒区等。采用负压隔离病房，各病房独立设置分体空调避免交叉污染，新风采用三级过滤，排风采用高效过滤器过滤后排放。

火神山医院采用的是集装箱房，而雷神山医院为钢架临时建筑。由于采用标准化、模块

化设计，所有建筑均可快速拆除，部件经消毒处置后可周转使用。

> **第四条** "我做人的态度是要把每件事都做好，即使是最细微的部分，也要彻底做好，一样事情不做到十全十美，我绝对不放松的。"
>
> （邵逸夫）

【引申释义】

每个人做事前都要认真思考，态度要端正明确，思考需要具有逻辑性、周全性、细致性，即便细微之处，都要不断地排练和认真对待，做到不留遗憾，尽善尽美。当完成一件事后，还要不断追求完美，如果不完美，绝对不能放过，还要认真完善。

【名人简介】

邵逸夫（1907年11月19日—2014年1月7日），原名邵仁楞，生于上海，祖籍浙江宁波镇海。香港电视广播有限公司（TVB）荣誉主席，邵氏兄弟电影公司的创办人之一。电影制作人、娱乐业大亨、慈善家。邵家八兄弟姐妹中，他排行第六，在旧上海人称"邵老六"，来港后人尊称"六叔"。邵逸夫在1958年于香港成立邵氏兄弟电影公司，拍摄过逾千部华语电影，另外他旗下的电视广播有限公司（TVB，惯称无线电视）主导着香港的电视行业。

自1985年以来，邵逸夫通过邵逸夫基金与教育部合作，连年向内地教育捐赠巨款建设教育教学设施，截至2012年赠款金额近47.5亿港元，建设各类教育项目6 013个。历年对内地捐助社会公益、慈善事务超过100亿港元。1974年获英女王颁发的CBE勋衔；1977年，获英女王册封为下级勋位爵士，成为香港娱乐业获"爵士"头衔的第一人。1990年，中国政府将中国发现的2899号行星命名为"邵逸夫星"。1991年，美国旧金山市将每年的9月8日定为"邵逸夫日"。2002年，创立有"东方诺贝尔奖"之称的邵逸夫奖，每年选出世界上在数学、生命科学与医学及天文学方面卓有成就的科学家进行奖励。

【案例】

一张蛋糕卡的故事

国外一家公司既经营鲜牛奶又经营面包、蛋糕等食品。这家公司出售的牛奶质优价廉，每天都能在天亮以前将牛奶送到订户门前的小木箱内。牛奶的订户不断增多，公司获利越来越大。可是这家公司经营的面包、蛋糕等食品，虽然也质优价廉，由于门市部所在的地段较偏僻，来往的行人不多，营业额一直不大。这家公司的老板当然知道通过报纸和电台做广告是有作用的，但他同时也清楚，这要付出很大的代价，而且面包、蛋糕一类食品，不同于一般大件商品，在新闻媒体做广告是不容易引起消费者注意的。该公司老板从牛奶订户不断增多的事实中感到，这是一个很大的消费群体，对其进行宣传不仅能收到很大效果，而且能通过他们不断扩大影响。于是他认定，要为面包、蛋糕等食品做宣传，可以在牛奶订户上做文章，这是一个可以从中挖掘出有效宣传广告形式和手段的重要源泉。他经过反复思考，终于想出一个投资不大而又宣传效果极佳的推销面包、蛋糕的好方式：设计、印制一种精美的小卡片，正面印各种面包、蛋糕的名称和价格，背面是订货单，可填写需要的品种、数量和送货时间及顾客的签名。每天把它挂在牛奶瓶上送给订户，第二天再由送奶人收走，第三天便能将所订的面包、蛋糕等食品随同牛奶一起送到订户家中。在这之前，订户们都要自己上街去买面包、蛋糕，不但费时费事，往往还要一次买够几天的需要量，这就不能不影响到面包、蛋糕的新鲜程度。而且这家公司为订户送的面包、蛋糕的价格总是比从街上零售店买的要便宜一些。通过这种办法，这家公司的面包、蛋糕扩大了销路，增加了盈利。

第五条 "标新立异的目标无非是为了开拓。"

(王蒙)

【引申释义】

创业、做生意，在竞争激烈乃至惨烈的商海之中打拼，你无法阻止别人干什么，但你可以根据自己的处境做出选择，你可以选择四平八稳、按部就班，也同样可以与众不同、标新立异。

【名人简介】

王蒙（1934年10月15日— ），男，祖籍河北沧州。中共第十二届、十三届中央委员，第八、九、十届全国政协常委，中国当代作家、学者，原文化部部长，中国作家协会名誉主席，任解放军艺术学院、南京大学、浙江大学、上海师范大学、华中师范大学、新疆大学、新疆师范大学、中国海洋大学、安徽师范大学教授、名誉教授、顾问，中国海洋大学文学与新闻传播学院院长。著有《青春万岁》《活动变人形》等近百部小说，其作品反映了中国人民在前进道路上的坎坷历程。曾获意大利蒙德罗文学奖、日本创价学会和平与文化奖、俄罗斯科学院远东研究所与澳门大学荣誉博士学位、约旦作家协会名誉会员。作品被译为20多种语言在各国发行。2017年12月，王蒙的《奇葩奇葩处处哀》获得第十七届百花文学奖中篇小说奖。2019年9月23日，王蒙的长篇小说《青春万岁》入选"新中国70年70部长篇小说典藏"。2019年9月17日，国家主席习近平签署主席令，授予王蒙"人民艺术家"荣誉称号。

【案例1】

世界上第一家婴儿酒店

奥地利的特里贝辛格霍夫酒店是世界上第一家婴儿酒店，这家独特的酒店自开业以来经常客满，生意兴隆。酒店老板是在母亲逝世后继承这家酒店的，并决心锐意改革，把它变成一家独一无二的酒店。在接手经营酒店不久后，一个刚做爸爸的朋友来酒店探望酒店老板。酒店老板看见这位满面春风的朋友时，突然灵机一动，认真地对他说："我想把这家酒店进行一次大革新，改为一家婴儿酒店。完工后阁下务必光临，让你的孩子享受一下美好的'假期'。"最初，很多亲友都认为酒店老板的想法太过标新立异，可是他却力排众议、说干就干，把酒店进行大装修，添置了很多婴儿床、高脚椅和玩具，准备迎接哭哭啼啼的小客人光顾。酒店老板说："刚开始大家都说我疯了。我自己都有些不敢出门了，因为我受不了人们的嘲讽。"可是，在酒店装修竣工再次开门营业时，短短的几个月时间内，就经常客满，父母们吵嚷着要订房间。由于生意奇佳，酒店老板不得不订购更多的玩具、婴儿床、尿片、尿壶和拉屎座椅等来扩充业务。对于孩子们来说，特里贝辛格霍夫酒店应有尽有，是一个乐园。客房里挂满各种各样的玩具。而且还有游乐室、酒吧等设施，当然，酒店供应的只是适合婴儿喝的罐装饮料。酒店有3个经过特别训练的护士，她们24小时值班。同时，每间客房均安装一个与接待处连接的警钟。酒店老板说："父母们可以坐在一起享受一下，他们的孩子则在楼上的客房里睡觉，如果宝宝醒了，我们知道是哪一间客房的，马上会通知他的父母。"

【案例2】

世界上第一家监狱酒店

如果你想寻求一种新奇的度假方式，不知道你有没有想过"判处"自己"入狱"，尝试一下"牢狱生活"？如果有的话，那美国罗德岛的监狱酒店就是最好的选择。在这家酒店，你可以过几天与世隔绝的监狱式生活，但是你必须尽早办理登记入住手续，因为准备花125美元被"监禁"一晚的客人实在太多了，需要提前预订。这家酒店共有22间客房。酒店老板表示，很多守法的市民都愿意掏钱一尝铁窗生活的滋味。他说："人们喜欢有特殊情调的地方，我心里想，为什么不标新立异招徕顾客呢？因此我把酒店取名为监狱酒店。"这幢酒店的前身是一间真正的监狱，而且十分古老，建于1727年。监狱迁至别处后，建筑物被公开拍卖，酒店老板用32.5万美元的高价买下这幢废弃的监狱，并另外耗资50万美元迅速把它改装为酒店。他又四处搜罗监狱的标志和纪念物品，把酒店装修成监狱的模样。虽然酒店老板表示很难找到真正的监狱器具和物品，但事实上酒店的气氛对监狱常客来说，已有宾至如归的感觉。整个酒店的装饰布置和家具跟监狱的基调是完全一致的。酒店的入住手续也跟入狱差不多。客人被当作"犯人"，要填写一份包括监禁日期、预期假释日期和逃狱汽车种类、颜色和车型等资料的登记表。监狱酒店开业以来，宾客如云，大受欢迎，来自芝加哥的一位女顾客说："我认为它很有创新性，非常像监狱，可是很好玩，我和丈夫玩得很开心，下次我还想再来。"

第六条 "啥活都得有人干，啥活干精了都会有出息。"

（李万君）

【引申释义】

干一行，爱一行，精一行，平凡的岗位可以有不平凡的成绩。这反映的其实就是工匠精神和劳模精神。要建设知识型、技能型、创新型劳动者大军，就要弘扬工匠精神和劳模精神，营造劳动光荣的社会风尚和精益求精的敬业风气。要以更饱满的精神状态、更踏实的工作作风、更精细的工作态度做好每一项工作，让工匠精神和劳模精神落地生根。

【名人简介】

李万君，男，汉族，1968年出生，中共党员，1987年7月毕业于长春客车厂职业高中，而后进入客车厂焊接车间工作。现任中车长客股份公司高级技师。2017年5月29日，在吉林省第十一次党代表大会被选举为吉林省出席党的十九大代表。2019年3月，获评"大国工匠2018年度人物"。

【案例】

大国工匠刷新"中国速度"

李万君33年来始终坚守在轨道客车转向架焊接岗位，苦练技术、攻克难关，迅速成长为焊接领域的技术专家，被李克强总理赞誉为"中国第一代高铁工人"，多次荣获省级、国家级技能奖项，2005年全国焊工技能大赛中荣获焊接试样外观第一名，2008年荣获全国技术能手，2011年荣获中华技能大奖等奖项，凭借精湛的焊接技术和敬业精神，为我国高铁事业发展做出了重要贡献，被誉为"高铁焊接大师"。

随着时速350千米的中国高铁"复兴号"成功运营，中国高铁已经成为世界一道亮丽的风景。我国仅用了不到10年时间，就走过了国际上高速铁路40年的发展历程。这些都离不开大国工匠的敬业奉献，用万次攻关不断刷新"中国速度"。

"我赶上了一个好时代，在自己的岗位上，用工匠精神、劳模精神做好每一天的工作，于是就有了今天人生的精彩。"李万君认为，工匠精神理论上就是精益求精、追求卓越，用智慧加技能，把手中的产品不断升华，最后达到极致，成为工业上的艺术品，让产品走向世界，为国争光。

转向架制造技术是高速动车组的九大核心技术之一。我国的高速动车组之所以能跑出如此之高的速度，其主要原因之一就是转向架技术取得了重大突破。李万君就工作在转向架焊接岗位上。他先后参与了我国几十种城铁车、动车组转向架的首件试制焊接工作，总结并制定了30多种转向架焊接规范及操作方法，技术攻关150多项，其中31项获得国家专利。

作为全国铁路第六次大提速主力车型，时速250千米动车组在长客股份公司试制生产，由于转向架环口要承载重达50吨的车体重量，因此成为高速动车组制造的关键部位，其焊接成型质量要求极高。试制初期，因焊接段数多，焊接接头极易出现不熔合等严重质量问题，一时成为制约转向架生产的瓶颈。关键时刻，李万君凭着一股子钻劲，终于摸索出了"环口焊接七步操作法"，成型好，质量高，成功突破了批量生产的关键。这项令国外专家十分惊讶的"绝活"，现已经被纳入生产工艺当中。

凭借精湛的焊接技术，李万君在参与填补国内空白的几十种高速车、铁路客车、城铁车，以及出口澳大利亚、美国、新西兰、巴西、泰国、沙特、埃塞俄比亚等国家的列车生产中，攻克了一道又一道技术难关。

李万君在本职岗位上取得的一个个成绩并非偶然。在31年的长期工作中，他勤于钻研，勇于创新，练就了过硬的焊接本领。他同时拥有碳钢、不锈钢焊接等6项国际焊工（技师）资格证书。氩弧焊、二氧化碳气体保护焊及MAG焊、TIG焊等多种焊接方法，平、立、横、仰和管子等各种焊接形状和位置，他样样精通。

李万君根据异种金属材料焊接特性发明的"新型焊钳"，已经获得国家专利并被推广使用。2012年，李万君针对澳大利亚不锈钢双层铁路客车转向架焊接加工的特殊要求总结出的"拽枪式右焊法"等30余项转向架焊接操作方法，在生产中得到广泛应用，累计为企业节约资金和创造价值8 000余万元。

李万君常说："要想学好技术，成为拔尖人才，第一，就是在学校时一定要学习好、掌握好专业知识，为将来走向社会奠定基础；第二，在学技能时要动智慧，不光靠苦干，要用智慧来不断钻研、不断学习、不断创新。作为一个技术工人、一个工匠要与时俱进，新设备、新标准、新工艺、新要求不断诞生，产品要满足不同客户的需求，需要第一时间掌握先进的设备，所以还要不断学习才行。"李万君觉得无论当多大的工匠，始终要保持热爱学习，坚持不断学习，永远保持积极的心态。有一个谦卑的心态，从零学起，才能使自己进步，提高技术水平。

为高速动车组生产培养新生力量，是李万君对中国高铁制造的又一大贡献。为确保时速250千米和350千米动车组顺利生产，以及时速380千米超高速动车组的试制，李万君肩负起了为企业培养后备技术工人的重任。在2008年到2009年不到2年的时间里，他一边工作，一边编制教材、承担培训任务，创造了400余名新工提前半年全部考取国际焊工资质证书的"培训奇迹"。他精心撰写的《二氧化碳气体保护焊平板对接》《单面焊双面成形焊接工艺》等教材通俗易懂，深受员工欢迎。

自2010年李万君牵头组建了公司焊工首席操作师工作室并担任负责人至今，他通过工作室的平台，在长客股份公司内部成立高级焊工班和高级铆工班，对焊工采取"大""小"穿插、"横""纵"结合的培训方式，组织集中培训400多次，培训焊工2万多人次，焊工们考取各种国际、国内焊工资质证书6 000多项，满足了高速动车组、城铁车、出口车等20多种车型的生产需要。

为进一步发挥"劳模创新工作室"技能传承作用，李万君带领工作室成员，采取"请进来""走出去"的方式，承担了吉林省长春市包括中国一汽在内的各企业焊工技能交流传承活动，形成资源共享，共计培训高技能人才15次，累计达1 500多人次。2012年8月，在省、市工会的组织下，他还参加了高技能人才赴新疆进行技术援疆活动，为阿勒泰市、布尔津、哈巴河、吉木乃、富蕴地区400多技术工人奉上了精湛技艺的大餐，让劳模精神在千里之外落地生根。

他从一名普通的焊工成长为我国高铁焊接专家，先后获得"长春市特等劳模""吉林省特等劳模""吉林省高级专家""全国五一奖章""全国技术能手""中华技能大奖""全国优秀共产党员"等荣誉。2015年4月28日，李万君光荣当选为全国劳模，并在人民大会堂由习近平总书记亲自颁奖。2016年被评为"感动中国"十大人物，2018年度被评为"大国工匠"，并在2012年、2017年当选党的十八大、十九大代表，他是当代知识型职工的先进典型，是新时期高铁工人的典范。

第二节　专业创新名句

第一条　"一个具有天才的禀赋的人，绝不遵循常人的思维途径。"

[（法国）司汤达]

【引申释义】

天才之人必须具有超人的性格，绝不遵循常人的思维途径。进行专业创新应当做的最重要、最聪明的一件事，就是要努力表现出在工作上的真正创造性，在每一件事情上都做出或显现出自己品格的烙印。假如你能这样做，就具备了成就事业的"资本"。

【名人简介】

司汤达（1783年1月23日—1842年3月23日），19世纪法国批判现实主义作家。"司汤达"是笔名，原名是马里-亨利·贝尔（Marie-Henri Beyle），其代表作有《红与黑》《阿尔芒斯》《帕尔马修道院》等。

1783年司汤达出生在法国的格勒诺布尔，他成长于法国资产阶级革命时期，崇敬拿破仑，曾随拿破仑的大军多次征战欧洲。他的大部分作品是在1831年后写成的。

司汤达在世界文学史上拥有很高的地位，是西欧批判现实主义文学的奠基作家。司汤达的成就不仅在他创作上，更在于他的创作思想，其创作思想具有继往开来的重要作用。

在19世纪20年代，司汤达率先提出了文学的时代性问题，以其反映时代的卓越杰作，在反对法国古典主义的文艺斗争中起到了突出作用，对于当前人们了解、认识和研究那个时代具有重要价值。其中《拉辛与莎士比亚》《红与黑》等具有深远影响的作品，使得司汤达在法国乃至世界上拥有极高的美誉度和知名度。

【案例】

天眼探秘——世界最大单口径射电望远镜 FAST

FAST是中国具有自主知识产权，世界最大单口径、最灵敏的射电望远镜。中国科学家和工程技术人员提出了三项自主创新：利用贵州天然的喀斯特洼坑作为台址；洼坑内铺设数千块单元组成500米口径球冠状主动反射面；采用轻型索拖动机构和并联机器人，实现望远镜接收机的高精度定位。在工程建设过程中，克服诸多施工建设困难，突破一系列技术难题，按工期高质量完成了建设任务，并产生了多项技术创新成果，推动技术进步与产业升级，其中，FAST创新的索网技术成果获2015年钢结构协会科学技术奖特等奖、2016年广西技术发明一等奖和2016年北京市科学技术奖一等奖。

1994年始，我国科学家就主持国际大射电望远镜计划的中国推进工作，提出利用喀斯特洼地作为望远镜台址，建设巨型球面望远镜作为国际一平方千米阵（SKA）的单元，启动贵州选址。在14年艰苦创业过程中，中国科学家主编FAST科学目标，指导各项关键技术的研究及模型试验。提出的索网支撑反射面设想最终发展为FAST主动反射面设计方案；组织攻关，发明了500MPa耐疲劳拉索，突破了高效握拔力锚固技术、大跨度索网安装和精度控制等难题；提出通过"水环"和运动配重扩大焦舱的运动空间同时增加系统阻尼的设计；高强度参与FAST接收机国际联合设计；提出的多项工程地质、水文地质建议被地学领域同行采纳。

自2005年起，中国科学家主持完成500米口径球面射电望远镜FAST的立项、可行性研究及初步设计。主编科学目标，指导各项关键技术的研究及其模型试验。2007年7月FAST作为"十一五"重大科学装置正式被国家批准立项；2008年，国家发改委批复了FAST的可行性研究报告；2009年，中科院和贵州省人民政府联合批复了FAST项目初步设计及概算；2011年开工令下达，先后有150多家国内企业相继投入FAST建设。2016年9月25日，FAST工程正式竣工，习近平主席在工程竣工之日发来贺信，刘延东副总理亲临现场视察并致辞。

全新的设计思路,加之得天独厚的台址优势,FAST突破了望远镜的百米工程极限,开创了建造巨型射电望远镜的新模式。作为世界最大的单口径望远镜,FAST将在未来10~20年保持世界设备的领先地位。FAST的落成启用,对中国在科学前沿实现重大原创突破、加快创新驱动发展具有重要意义。

第二条 "我们从失败中学到的东西要比在成功中学到的东西多得多。"

[(英国) 塞缪尔·斯迈尔斯]

【引申释义】

创新创业并不总是成功,尤其是专业创新,常常会面临失败风险和经历失败的过程。在遭遇失败的时候,要对失败进行研究,吸取教训,把失败看作创新创业成功路上最好的老师。

【名人简介】

塞缪尔·斯迈尔斯(1812—1904年),是19世纪英国著名的社会改革家、伟大的道德学家、脍炙人口的散文随笔作家,是西方创立成功学的开山鼻祖。他的作品对近代西方社会的道德风尚产生了较大的影响力。

其主要作品有:《品格的力量》《信仰的力量》《自己拯救自己》《命运之门》《金钱与人生》等。其中《自己拯救自己》的出版开创了西方成功学。而1871年出版的《品格的力量》在世界许多国家一再重印,130年在全球畅销不衰,被誉为"人格修炼的《圣经》""文明素养的经典手册"。

【案例】

失败是成功之母

郭威是美国硅谷一位"80后"中国天使投资者,一个充满阳光与朝气的年轻人。他曾在旧金山和圣何塞之间,在两年多时间里,接触了1 600多个项目,并投资了26个项目。这很快便引起了业界的关注。

郭威对商业的接触是从高中开始的,他在游戏中发现了魔兽世界中的商机,于是他就雇人打游戏赚金币,通过微信方式线下交易,赚到了他人生中的"第一桶金"。有了这次经历,郭威逐渐认识到能够做好的事和自己喜欢的事,自此之后,他开始学习经济、商业等课程。

长大后的郭威赴美国旧金山大学就读企业家创业专业,系统学习风险投资。大学毕业后,出于对风投的喜好,以及受到硅谷创业文化及创业氛围的吸引,开始在硅谷创业。但是刚刚踏入社会创业的郭威很快就遭遇了失败。这次创业失败,对信心满满、充满自信、满怀梦想的郭威而言,是当头一棒,导致他的心情非常低落,甚至亲朋的鼓励对他都是一种折磨。

对此,他的父亲看在眼里。某一天,他和父亲一起去看一场马拉松比赛。在比赛中,一名运动员紧随跑在最前面者的运动员,通过在最后的100米突然加速,最终获得了马拉松长跑冠军。这时候父亲对他说:成功往往就在最后的100米,在这100米里,如果你将失败当成动力,努力冲过这100米的挫折,成功最终还是你的。父亲的话让郭威茅塞顿开。为什么不能正确面对自己眼前的失败呢？意识到这一点，他开始正确面对失败。在朋友的介绍下，郭威去硅谷看了最棒的孵化器路演，开拓了他的视野，认识到正是因为失败，硅谷才有了一个又一个奇葩的点子。硅谷创业者们有着不怕失败的冲劲，有着敢于颠覆的自信，在不断完善点子的同时成就了各种成功。至此，郭威的内心又燃起了激情，慢慢坚定起来。他暗暗地下定决心要成为天使，做最棒的天使投资者。

有了目标和决心，就有了希望和思路。郭威在合作伙伴的帮助下开始募资，到硅谷和旧金山物色各类项目。在看了1 000多个项目后，他果断地投出了第一笔。然而很长时间没有得到回报，但他坚信项目的回报是有一个过程的，不能操之过急。后来他还将全部家当投给一个游戏项目，投资后甚至没有了吃饭的钱，但是那个项目很快就给了他5倍多的回报。

郭威对认准的项目就会毫不犹豫地进行投资，而投资的成功让郭威更加勤奋、更加坚定。每天他都会从硅谷最南端的圣何塞驱车出发，穿梭于旧金山各个孵化器咖啡馆和创业公司。他会见每一个约见的人，他不断游说他遇到的富人们，让他们把买车的钱用来投资。在两年内接触了1 600多个项目，从基因工程改造到比特币平台，从最初投项目的表现平平到之后投资的公司业绩一直保持良好势头，成功投资了26个项目。郭威的成功引起了业界的关注，也引起了新闻媒体的关注。当记者采访郭威时，这个年轻又充满自信的天使投资者对记者说："失败离成功往往只有百米距离，只有失败后正确面对这百米的差距，才使我迎来了属于自己的成功。"

第三条 "创新是唯一的出路，淘汰自己，否则竞争将淘汰我们。"

[（美）安迪·格鲁夫]

【引申释义】

如果一个企业一直守旧，止步不前，肯定会被下一个创新企业所替代，这就是创新颠覆的力量，所以企业只有不断创新，才不会被时代淘汰。

【名人简介】

安迪·格鲁夫（1936年9月2日—2016年3月21日），美国企业家，出生于匈牙利布达佩斯，毕业于加州大学伯克利分校，曾任英特尔公司CEO、董事长。

安迪·格鲁夫参与了英特尔公司的创建，是英特尔第三名员工及首位营运长，并在波特的五力分析架构的基础上提出六力分析模型，曾当选《时代周刊》年度世界风云人物。

【案例】

曾落后海外的大国重器，六年做到世界第一

海洋经济对于一个国家发展的重要性不言而喻，而在船舶航运业的背后，港口机械更是提供了最为重要的助力。从受制于人到世界第一，以上海振华重工（集团）股份有限公司（以下简称"振华重工"）为代表的国内港口机械企业，走出了一条自主创新的崛起之路。

20世纪90年代，国内的港机行业可谓一片空白，全球超九成的市场被日本、德国等国的公司垄断，中国企业的差距可想而知。而就在这样大幅落后的情况下，成立于1992年的振华重工，却仅用6年时间便实现了弯道超车。

创业初期,"无钱无人无声誉"的振华重工,只能靠低价打动客户。靠着低30%的报价,成功拿到加拿大温哥华项目的起重机订单,借此在行业内一炮打响。到1998年,振华重工已经凭借"物美价廉"的港口机械,拿下全球1/4的市场占有率,仅用6年时间做到行业领头羊。此后,振华重工在世界范围内的竞争优势不断扩大。无论是出口德国的全自动化港机,还是参与建设全球规模最大的集装箱自动化码头鹿特丹港,都展示出振华重工的市场领先地位。到2020年,振华重工在全球港机市场的份额已经高达80%。

在振华重工快速崛起的背后,是20多项世界领先核心技术的支持。自成立以来,振华重工便十分重视激励员工的自主创新意识,并不断加大对研发的投入。仅2019年,振华重工的研发费用便高达8.87亿元,占总营收的比重达到3.6%。为鼓励员工的学习热情,振华重工设立百万大奖奖励"振华功臣",培养出近万名技术精湛且英语流利的电焊工人队伍,成为振华重工开拓国际市场的最大优势。在全员创新的环境下,振华重工不仅实现了核心技术的突破,打破了德、日等国企业的垄断,更一次次引领了行业创新。比如,振华重工率先将GPS定位技术应用于港机作业中,集装箱全程可以实现无人操作且落地误差只有15毫米,在全球范围内属于领先水平。

凭借多年的技术积累,振华重工把中国制造的牌子挂到了世界近百个国家和地区。2020年,振华重工的营收达到226.55亿。从当初浦东的三间厂房到如今港机遍布全球的制造大王,振华重工为推动中国成为海洋大国发挥了重要作用。

第四条 "你若能绕过经验,便会有创新之举。"

[(美国) 史蒂夫·乔布斯]

【引申释义】

发明创造不能循规蹈矩,要敢于创新,敢于实践,这样才能创造出美好的事物。电话、电视、飞机、电脑、手机、洗衣机、电灯泡……哪一个是循规蹈矩地制作完成的呢?事实上,人类的发明创造从照相感光技术到建筑材料,从灯光照明到真空包装食品,从电话到电报,从股票交易到输配电系统,从打字机到留声机……没有一个是循规蹈矩发明出来的,每一样都是通过天马行空般的想象力而创造出来的。不拘泥常理,不依赖经验,创新便会随之而来。

【案例】

"蓝鲸2号"——独步深海的大国重器

初秋时节,海风习习,在山东烟台的芝罘湾畔,全球最大最先进的超深水半潜式钻井平台"蓝鲸2号",雄伟地矗立在码头上。这座以海上巨兽"蓝鲸"命名的海工巨无霸由中集集团自主设计建造,自重43 725吨,有37层楼高,可以在全球95%的海域作业,最大钻井深度15 250米。海上钻井平台被称为"流动的国土",体现着一个国家的整体工业实力和发展方向。

10年前,中国还完全没有自主制造海上钻井平台的能力。目前,中国在该领域已达到完全自主化,其中超深水钻井平台的超厚钢板、钻井闭环技术更是世界首屈一指,推动了中国海工行业的跨越式发展。2017年5月,"蓝鲸1号"在南海首次实现可燃冰试采,产气总量超过30万立方米,产气时长、产气总量双双打破世界纪录,向全世界展示了"大国重器"的实力。

作为"蓝鲸1号"的姊妹船,"蓝鲸2号"在项目建造工艺等方面比"蓝鲸1号"有重大创新突破,有了这枚定海神针,我国将向更深海域探求清洁能源,建设海洋强国的步伐也更加坚定。

从地面到"蓝鲸2号"的甲板有50多米高。站在一个足球场面积大的甲板上,迎面吹来阵阵海风,可以感受到"蓝鲸2号"矗立于大海之上的壮观与豪迈。蓝鲸系列配备了高效的液压双钻塔和全球领先的闭环动力系统,可提升30%的作业效率。同时,国内首次应用的DP3闭环动力系统能够根据不同的工况,灵活地选择或指定在线运行的发动机,节省10%的燃料消耗,并减少排放,大大提高了该平台的绿色性能。蓝鲸系列是按抵抗16级台风的标准建造的。2017年"蓝鲸1号"试开采期间,就经受住了12级台风"苗柏"的考验,台风过后,平台仍然牢牢钉在工作海域,可燃冰试采一秒也没有停顿。

为什么能具备如此强大的抗台风能力?主要是三个原因:第一,船体结构强,"肌肉强壮";第二,配备DP3动力定位系统,"马步扎得稳",在12级台风下平台位移不超过11米,倾斜角度不超过2度;第三,采用使用100毫米NVF690超厚钢板,抗扭曲能力强。

"蓝鲸2号"与"蓝鲸1号"整体设计和概念设计相同,但在"蓝鲸1号"的基础上有更多的改善和优化。蓝鲸2号的改善主要体现在"内功"上,液压双钻塔系统工作效率提高30%,生产建造时间减少了半年,效率更高,成本更低,时间更短,"蓝鲸2号"走出了一条"降本增效"之路,这也是中集一直坚持精益ONE模式(Optimization Never Ending——改善永无止境)的体现。

在"蓝鲸2号"的不远处,一座数十米高的龙门吊同样令人震撼。这就是为"蓝鲸姊妹"合拢的泰山吊。在传统半潜式钻井平台的生产中,需要将物料自下而上一点一点地叠加起来,譬如平台上半部分的一个甲板盒,就要将其拆分成16至18块各1 000吨左右的小块,再吊上去高空作业,如果按照传统的方式来建造,则周期长,无法按时交付。为解决这一痛点难点,中集集团研发出迄今为止世界上最大的固定式起重装备"泰山吊",它是全世界起重能力最大的桥式起重机,坐电梯从底到顶要足足3分钟,这座近乎巴黎凯旋门高度和跨度的龙门吊,正如它的名字"泰山"一样,一次可吊起2万吨的重物,长达10年保持吉尼斯世界纪录,令欧美发达国家望尘莫及,只有它才能吊起蓝鲸号的上船体。生产中,只需将半潜式钻井平台分为上下各15 000至20 000吨的部分分别建造,最后交由"泰山吊"整体合拢,大大缩短了工期工时,提高了生产效率。

这座海上巨无霸的设备有2万多台,涉及液压、燃油、防冻等管道系统就有上百个,管道清洗装备尤为重要。过去管道清洗队伍都是挪威人,费用高得惊人,一天的租金就几千万。现在,我们不仅用国产的管道清洗设备,而且维护和保障等一系列服务都是国内的企业来做。

从聚焦海工装备领域到布局大海洋,中集集团致力于成为海洋整体方案提供者。这样的底气源自中集集团坚持走自主创新发展之路,用10年左右时间实现了核心产品自主设计、自主知识产权从零到100%的突破,国产化率从不足10%提高到60%。回顾历程,中集集团坚持了三件事情:自主创新,培养本土团队,构建供应链;坚定走自主创新之路,把基础的、核心的能力掌握在自己手中；从"一无所有"到"世界领先"，设计建造出全球最先进的半潜式钻井平台，跻身世界海工装备第一梯队，充分展现深海海工的中国力量。

（本文发表于2019年9月19日《深圳特区报》）

> **第五条** "如果让我用一句话总结如何改变世界，我会说，努力工作，为那些真正激动人心的事物。"
>
> ［（美国）劳伦斯·爱德华·佩奇］

【引申释义】

不去做永远不会有收获，未来是靠自己把握机会和努力奋斗的。听着别人的故事热血沸腾，看着别人的成就羡慕不已，还不如靠自己努力奋斗争取，去做自己想做的事情。

【名人简介】

劳伦斯·爱德华·佩奇（1973年3月26日— ），美国密歇根大学安娜堡分校的荣誉毕业生，拥有密歇根大学理工科学士学位和斯坦福大学计算机科学博士学位。佩奇是Google公司的创始人之一，1998年与他人共同创立Google公司，6年后带领公司上市，2011年4月4日正式出任谷歌CEO。2013年，佩奇获选2013美国40岁以下最有影响力CEO，并以230亿美元资产荣登福布斯2013年全球富豪榜第20位。2016年10月，《福布斯》发布"美国400富豪榜"，佩奇排名第9。2016年12月14日，荣获"2016年最具影响力CEO"荣誉。2019年3月，以508亿美元财富排名2019年福布斯全球亿万富豪榜第10位。

【案例】

大国重器之"复兴号"高铁

"复兴号"英文代号为CR，列车水平高于CRH系列，三个级别为CR400/300/200，数字表示最高时速，而持续时速分别对应350、250和160，适应于高速铁路（高铁）、快速铁路（快铁）、城际铁路（城铁）。早期的两个型号是"红神龙"CR400AF和"金凤凰"CR400BF。"复兴号"CR400系列是上档时速400千米、标准时速350千米。在350千米时速下"复兴号"与"和谐号"CRH380相比，总能耗下降了10%。"复兴号"从300千米提高到350千米时速，能耗增加20%~30%。2018年7月1日起，全国铁路实行新的列车运行图，16辆长编组"复兴号"动车组首次投入运营。8月1日，京津城际铁路上运行的动车组列车已全部更换为"复兴号"。

"高颜值"的"复兴号"新型动车组在万众瞩目中到来，其中包括17辆编组超长版时速350千米"复兴号"动车组"金凤凰"、时速160千米动力集中型"复兴号"动车组"绿巨人"和时速250千米8辆编组的"复兴号"动车组"蓝暖男"。纵观铁路的发展史，从"解放"型到"建设"型蒸汽机车，从"东风"型内燃机车到"韶山"型电力机车，从"和谐号"动车组到"复兴号"动车组，再到"复兴号"新型动车组，这是铁路系统充分发挥企业创新主体作用，坚定不移走自主创新之路的杰出成果，彰显大国重器。

"复兴号"新型动车组不再拘泥于之前千篇一律的造型，中国红、琉璃金、国槐绿、海空蓝、长城灰等造型让人眼前一亮，人们也都亲切地称之为"绿巨人""金凤凰""蓝暖男"等。当然拥有着酷炫外形的新型动车组也不是徒有其表，17辆超长编组"金凤凰"载客能力较16辆编组提升了7.5%，其检修维护技术系统部件可与"复兴号"动车组通用互换；动力集中的"绿巨人"适用于所有普速电气化铁路，司机操作更方便，旅客更舒适，上线运营后一些普速线路也进入动车时代；"蓝暖男"采用流线型车头设计较普通"复兴号"节能7%左右，能够满足各种运输服务需求。

第六条 "创新是科学房屋的生命力。"

[（美国）艾萨克·阿西莫夫]

【引申释义】

创新对一个国家、一个民族来说，是发展进步的灵魂和不竭动力，对于一个企业来讲就是寻找生机和出路的必要条件。一个企业不懂得改革创新，不懂得开拓进取，它的生机就停止了，这个企业必定濒临灭亡。创新的根本意义就是勇于突破企业的自身局限，革除不合时宜的旧体制、旧办法，在现有的条件下，创造更多适应市场需要的新体制、新举措，走在时代潮流的前面，赢得激烈的市场竞争。

【案例】

笨鸟先飞——"华龙一号"背后的小秘密

"华龙一号"是我国自主研发的百万千瓦级压水堆核电站，随着全球首堆工程5号机组正式投入商业运行，我国成为继美法俄后又一个具有第三代核电技术自主知识产权的国家。如果把核反应堆比作一个"高压锅"，拉伸机就是用来开锅换料的"开盖器"。为这个直径4米多、十几米高、重达百多吨的巨型"高压锅"开盖换料，是核反应堆运行中要求控制精度最高且人员辐射计量最大的环节。而对于核反应堆驱动的核电厂，主管道就类似"血管"，一旦破裂，后果不堪设想。核电站的主管道超窄间隙焊缝，人工无法进行焊接作业，"华龙一号"解决了核电站主管道窄间隙自动焊接装备和工艺的国产化问题。用一个笔记本电脑作为大脑的电源加一个机器人，构成了一个全位置焊接机器人系统。工作人员坐在笔记本电脑前不断调整屏幕上的参数，机器人就在远处按指令做精细焊接。这些机器人所焊接的管道焊缝外观非常细腻，就像"老军医"操刀做的无痕手术。带着兴趣做难的事情最容易成功。连续多年，北京雷蒙赛博机电技术有限公司（以下简称"雷蒙赛博"）的研发投入占比都在20%以上。对研发的高投入，不仅为企业的核心技术建起了"护城河"，企业效益也大幅提升。

反应堆压力容器全同步主螺栓拉伸机、核电主管道窄间隙全位置焊机、重水堆换料机、中低放废物桶的开关盖系统、乏燃料干储密封罐的焊封系统、海上核发电平台的海上换料系统、高温气冷堆乏燃料罐的焊封机器人……这十几种产品，在行业内都是"单项冠军"。这些设备很多都用在"华龙一号"、"国和一号"、高温气冷堆、钠冷快堆、海上漂浮核发电平台等"大国重器"上。"我们做的，很多是外国人做不了的，更多是他们从没做过的。"相关业内人士说，核电行业内对雷蒙赛博的评价是，简单的事不要找他们，他们专爱啃"硬骨头"，解疑难杂症，做复杂"手术"。

笨鸟先飞，雷蒙赛博成立于1995年，曾经很是风光。在火电行业检修工艺和装备市场，市场一度占80%以上的份额。2002年开始，雷蒙赛博在火电行业的合同逐年减少。2004年开始，非碳新能源的理念在国际上呼声越来越高。这些外部形势迫使雷蒙赛博认真思考他们的未来"赛道"。2005年，雷蒙赛博决定切入光伏、风电、核能这些新能源的新赛道。在新的赛道，原有的主要技术已经远远不能满足需要。笨鸟要先飞，那就沉下心来专门做研发。

2005年到2008年，雷蒙赛博在风电行业研发了"风机主轴锁紧套液压力矩同步紧固机"，将原有27小时的风机安装关键路径缩短到2小时；在光伏行业研发了"缆索传动斜单轴周期函数太阳跟踪系统"，提高发电量23%，且保证20年寿命。两项技术都经专家评议"达到国际领先"水平，并获得了国家专利。

这两项技术很快为企业带来"很大市场"，但并不能持续盈利。原因是风电、光伏市场的"宽赛道，短赛程"。痛定思痛，2008年开始，雷蒙赛博选择了"窄赛道，长赛程"和技术壁垒较高的核能行业作为基本生存空间。雷蒙赛博总结归纳各种机械工程实践，分解出：机械工艺与装备主要由7个模块构成，综合运用这7项模块化技术，就能为核能行业提供机械工程全面解决方案。经不断实践和充实，雷蒙赛博提出了独特的"7×7×7"模型，即7类需求客户、7个工程模块、7种层次服务的公司运营盈利方案。

核能行业较高的技术壁垒在头两年让雷蒙赛博吃尽了苦头。手持在火电成熟的超窄间隙管道自动焊、现场坡口加工、液压螺栓拉伸、阀门现场研磨技术，但找不到进入核能市场的大门，因为他们"没有核电业绩"。2010年，一个偶然的机会出现了。AP1000主管道设计方案曾被中美双方共同认定"工艺不可行"，而雷蒙赛博出色地解决了这一"卡脖子"工程难题。凭借过硬的技术和解决难题的能力，雷蒙赛博与中核、国核、广核、华能等企业合作，参与了多个国家重大专项，在核电领域开始小有名气。

然而2011年3月，日本福岛重大核泄漏事故，给世界和中国的核电产业带来了巨大冲击。接下来的5年，全球的核电行业基本处于停滞状态。雷蒙赛博最惨时，连原来在火电攒下的老本都吃光了，核电研发又有巨大的投入，一部分运行中的合同也都中止了。进入行业就遭遇了重大打击，可他们不服，继续埋头锤炼他们的7×7×7核心。

2015年，核电行业逐步走出阴霾，开始复苏，雷蒙赛博也在核电行业站稳了脚跟。雷蒙赛博平均每年承接国家重大课题4~5项，参与了多项国家科技重大专项研发课题，更可贵的是，积累了海量工程经验。2018年雷蒙赛博得到国家科技重大专项成果转化基金的投资支持。

多年来，国际上严格封锁核能、海洋石油装备技术。雷蒙赛博解决了很多个世界级难题，在某些领域还形成对美国、法国、日本、德国等发达国家的技术优势。核电建设和运营强调绝对安全，这意味着在这里做事来不得半点虚的。

"企业进入行业并不早，但即使别人有更先进的技术，两年左右我们也可以赶超。我们赶超的速度为什么这么快？是因为'笨鸟先飞'，"掌握了'通解'技术，基础特别扎实。""通解"是个数学概念，对于一个微分方程而言，其解往往不止一个，而是有一组，可以表示这一组中所有解或者部分解的统一形式就叫通解。用了近20年，雷蒙赛博首创了7×7×7模型，为的就是提供机械工程工艺与装备的全面解决方案。这个原理为科研型企业、创新型企业，甚至普通企业提供了一个很有价值的数学模型。这个模型的核心在于先找到界定问题，然后层层拆解问题，拆到每一个子问题都有成熟的解法了，这个题目就解完了，这就是"微分方程通解"。

核反应堆升级换代，相应的安装和制造工艺一定会有突变，带来新的问题，但是这些问题一定都离不开七个工程模块。这七个模块是：测量工程、对接工程、机加工工程、焊接工程、法兰工程、电离辐射工程和光机电液气综合控制工程。提前把这七件事做好，等项目问题暴露出来的时候，其实你早已站在前方等着了。

雷蒙赛博现在共100多人的队伍，有六七十人在做研发。"小而美"是这家"小巨人"公司的底色，现在活得好，但不意味着"拒绝长大"，上市是公司的必选项。他们希望用自己的硬核技术去改变更多的行业。

> **第七条** "科学也需要创造，需要幻想，有幻想才能打破传统的束缚，才能发展科学。"
>
> （郭沫若）

【引申释义】

高等教育如何培养原始创新能力呢？一是要激发好奇心和兴趣，二是培养直觉能力，三是要勤奋学习。其中搞好专业创新学习十分重要，同时要注重全面素质的提高。真正做出原始创新和取得科技重大突破是幸运的，这里有偶然因素，机遇很重要，机遇要等待，要学会等待，要沉着，踏踏实实学习和工作，遇到难题时，要会创新，机遇只有那些勤奋刻苦、做好准备、懂得出奇制胜的人才能抓住。

【名人简介】

郭沫若（1892年11月16日—1978年6月12日），本名郭开贞，字鼎堂，号尚武，笔名除郭沫若外，还有麦克昂、郭鼎堂、石沱、高汝鸿、羊易之等，中国现代作家、历史学家、考古学家。

1892年11月16日，出生于四川乐山沙湾。1914年1月，赴日本留学。1915年，进入冈山第六高等学校。1918年，升入九州帝国大学医学部。1919年，组织抵日爱国社团夏社；同年，创作诗歌《抱和儿浴博多湾中》《凤凰涅槃》等。1921年8月，诗集《女神》出版。1923年，完成历史剧《卓文君》、诗歌戏曲散文集《星空》。1924年，完成历史剧《王昭君》。1927年，加入中国共产党。1931年，完成论著《甲骨文字研究》《殷周青铜器铭文研究》等。1937年，抗日战争爆发，归国参加抗战，在上海主办《救亡日报》。1938年4月，任国民政府军委会政治部第三厅厅长。1941年12月，写成五幕历史剧《棠棣之花》。1942年，完成历史剧《屈原》《虎符》《高渐离》《孔雀胆》。1943年，完成历史剧《南冠草》。1944年写《甲申三百年祭》。1949年10月，任政务院副总理、文化教育委员会主任；10月19日，任中国科学院院长。1953年，当选第二届中国文联主席。1958年，任中国科学技术大学校长。1959年，完成历史剧《蔡文姬》。1960年1月，完成历史剧《武则天》；同年，当选第三届中国文联主席。1969年，完成论著《李白与杜甫》。1973年，论著《出土文物二三事》出版。1978年，当选第四届文联主席；6月12日，因病医治无效，在北京逝世。

郭沫若在甲骨文、金文研究方面有原创性的贡献。他以充满革命激情的诗歌创作，开一代诗风，歌颂社会主义和共产主义，歌颂人民革命，成为我国新诗歌运动的奠基者。他创作的历史剧，是教育人民、打击敌人的有力武器。

【案例】

莱特兄弟发明飞机的故事

飞机是历史上最伟大的发明之一,有人将它与电视和电脑并列为20世纪对人类影响最大的三大发明。莱特兄弟首创了让飞机能受控飞行的飞行控制系统,从而为飞机的实用化奠定了基础。莱特兄弟的伟大发明改变了人类的交通、经济、生产和日常生活,同时也改变了军事史。

1903年12月17日,莱特兄弟首次试飞了完全受控、依靠自身动力、机身比空气重、持续滞空不落地的飞机,也就是世界上第一架飞机"飞行者一号"。"飞行者一号"是一架双翼飞机,它的两个推进螺旋桨分别安装在飞行员位置的两侧,由单台发动机链式传动。操纵系统采用升降舵在前、方向舵在后的鸭式布局,这也正是莱特兄弟对航空事业的最伟大的贡献所在。

莱特兄弟不仅努力掌握前人的研究成果,而且十分注意直接向活生生的飞行物——鸟类学习。他们常常仰面朝天躺在地上,一连几个小时仔细观察鹰在空中的飞行,研究和思索它们起飞、升降和盘旋的机理。当年他们提出的许多新颖想法,都在以后的航空工业中得到了应用。在吸取前人经验教训的基础上,莱特兄弟开始了飞行器的研制。在无法得到别人资助的情况下,他们用自行车生意赚来的钱进行飞机的研制。兄弟俩的配合是完美无缺的。哥哥威尔伯勤勤恳恳、扎扎实实,拥有工程师的细致和谨慎;弟弟奥维尔则富有艺术家的想象力,敢于不断创新。两颗智慧的大脑密切配合,相得益彰,正如威尔伯所说:"奥维尔和我一起生活,共同工作,而且简直是共同思维,就和一个人一样。"两兄弟认为飞机能不能顺利飞行,关键就在于如何设计和控制它在飞行过程中各种受力间的平衡。威尔伯·莱特用一张水平放置的纸演示了这个问题:如果让它自由落下,在理想的平静空气当中,我们可以想象它一定是平稳落下,但理想条件是很罕见的,任何一点气流都会使得纸张翻转和飘荡。对于飞机来说,完全理想的空气条件下,要实现上天并不难,但是天空中总是存在风,这就使得实现飞机飞行的关键在于如何调节飞机前后左右各个方向的受力平衡,特别是飞机的重心和升力受力点之间的关系。早期由于担心机翼过大,会使得飞机难以操纵,因此一般机翼面积都不是太大。例如李廉萨尔的机翼面积为151平方英尺①,皮歇尔的为165平方英尺,查卢特的为143平方英尺。这就使得飞机所能够获得的升力并不充裕,相比之下,驾驶员的重量就占了升力的很大部分,那么在这种受力情况下,驾驶员自身的位置变化将严重地影响飞机的重心,而当时一般的设计思路就是顺势利用这点,由驾驶员改变身体位置来控制飞机的飞行姿态。然而正是这样一种思路严重制约了飞机操纵性能的提升,因此莱特兄弟决定改变这个技术思路。他们首先仔细研究了前人的试验数据,再通过大量风筝、滑翔机以及风洞试验做验证,设计出了最佳的机翼剖面形状和角度,以便获得最大的升力;然后决定把一般大小的机翼增大一倍,达到308平方英尺。最重要的是,他们设计了通过直接控制机翼来操纵飞机飞行姿态的机构,同时,在飞机整体的升力增加后,飞机对于驾驶员自身位置的变化也不那么敏感了,这就使得飞机尽管机翼面积大大增加,但可操纵性能并没有比小机翼飞机降低。

---

① 1平方英尺=0.0929平方米。

不管在莱特兄弟之前有过多少关于飞行、试验及成功的报道，毫无疑问，莱特兄弟对飞机发明的贡献最大。在评价他们两个人时，首先考虑的是飞机本身所具有的重要意义。飞机的发明使我们生存的巨大星球缩小成为一个小小的世界。此外，莱特兄弟载人飞行的成功，奠定了宇宙航行的基础。几百年来，人们梦想能飞上天空。但实际上，他们认为阿拉丁所乘坐的"飞毯"只是一个不可能在现实世界中存在的梦想。但莱特兄弟的天才创造，把人类过去的梦想从神话变成了现实。

第八条 "各种科学发现往往具有一个共同点，那就是勤奋和创新精神。"

（钱三强）

【引申释义】

专业创新的根本就是通过大胆地创造新的方法、新的理论，来解决我们实际工作中所遇见的难题和痛点问题。专业创新源于各种科学发现，需要我们具备勤奋和创新精神。

【案例】

高铁隧道矿山法——创新中国高铁的修建技术

贵州省地处西南内陆地区腹地，然而却是西南地区交通枢纽。全省面积92.5%是山地和丘陵，以典型的喀斯特地貌闻名于世。在贵州省修建高铁是一项困难重重的工程。以贵广铁路为例，全线有75%线路是在典型的喀斯特地貌中穿行。然而，就是这样"与山斗、与水斗"的困难工程，硬是完成了238条隧道施工。

一、高铁隧道矿山法创造了名副其实的"地下高速铁路"

贵广铁路可以说是一条"地下高速铁路"。它就像一条"地下长龙"，在全线856千米的线路上，隧道数量就高达238条，隧道的总长度高达464千米，占线路全长的56%。238条隧道中10千米以上的隧道就有9条，长度就达137.74千米。贵广铁路建成后，贵阳至广州的列车运行时间缩至4小时，铁路运输距离缩短740千米。能取得如此成就，高铁隧道矿山法修建技术起了大作用。贵广铁路是在喀斯特地貌中穿行，隧道虽然能够缩短距离，但是施工难度非常大。在464千米的隧道施工中就需要克服270多个溶洞、30多次的突泥突水等技术难点。贵广铁路在使用高铁隧道矿山法修建隧道的实施与创新过程中，取得了在喀斯特地貌中修建大断面高速铁路隧道的技术经验和创新方法，创造性地丰富了矿山法隧道修建技术的内涵。围绕"围岩"和"地下水"两个关键难点，在"精细设计、精细施工、精细管理"上，狠下功夫进行创新，克服了一个又一个工程难题，高质量并安全地建成了238条隧道。

二、高铁隧道矿山法实现了专业创新和管理创新的有机结合

在贵州喀斯特地貌中修建隧道，其风险主要来自"围岩"和"地下水"。降低风险和规避危险的关键就是要搞清楚"围岩"和"地下水"的成因。贵广铁路隧道施工之所以能够高质量并安全地完成，与"精心施工、精细管理"分不开。为此，贵广铁路建设方多次组建专家组针对极高风险、高风险隧道超前地质预报结果及时进行复核判识和重大技术问题的咨询，实现了精心施工与精细管理的有机结合，有效地规避了施工安全风险。

例如，贵广铁路隧道修建在确立适合中国国情的隧道施工机械化模式方面进行了有益的探索与试验，把隧道施工机械化配套技术研究列为重点，以开挖、支护为主线，形成"铁路隧道机械化配套施工新模式"，确保了隧道安全、质量和工期，控制工期效果显著。

此外，在硬岩隧道中为减少爆破对围岩的损伤，减少波振动对周边环境的影响，使用了电子雷管与导爆管雷管的爆破技术；在软弱围岩隧道的初期支护中采用的高性能喷混凝土提高喷混凝土初期强度；在二次衬砌中使用纤维混凝土代替钢筋混凝土衬砌提高了衬砌的耐久性；改善洞内施工环境的特长隧道快速施工机械化配套技术提高隧道施工效率，并成功研制了铺设防水板的防水板台车、快速制作混凝土仰拱的仰拱栈桥等施工机械，等等。

加大科技创新和专业创新投入，针对贵广铁路隧道施工难点不断研制和开发了许多创新性技术成果，是贵广铁路隧道建设的突出特点。这些成果标志着中国高速铁路隧道的矿山法修建技术创新进入了一个世界新水平和高水平。

第九条 "培养有创新精神和创新能力的人是高等教育的目标之一。"

（钱伟长）

【引申释义】

创新能力和创新精神是一个民族进步的灵魂，也是国家经济竞争的核心。现代科技发展使文明的真正财富表现为人的创造性。知识创新需要学会学习，科技革命需要革新创造，振兴国家需要开拓前进。创新能力和创新精神的培养是未来社会所倚重和需要的。当前的社会竞争，不仅仅是人才的竞争，而且还是人的创造力的竞争。

【名人简介】

钱伟长（1912年10月9日—2010年7月30日），著名科学家、教育家，杰出的社会活动家。中国人民政治协商会议第六至第九届全国委员会副主席；中国民主同盟第五届、六届、七届中央委员会副主席，第七届、八届、九届名誉主席。曾任中国科学院学术秘书、中华全国自然科学专门学会联合会组织部部长、中华全国青年联合会副秘书长、民盟中央常委、上海市欧美同学会名誉会长、中国海外交流协会会长、中国和平统一促进会会长等职务。1955年当选为中国科学院学部委员（科学院院士），1956年获选为波兰科学院外籍院士，1986年获选为加拿大多伦多赖尔逊学院院士，1997年荣获何梁何利基金科学与技术成就奖。

钱伟长在变分原理、弹性力学、摄动方法等领域有重要成就，为中国的土木建筑、机械工业、航空航天和军工事业建立了不朽的功勋，被誉为中国近代"力学之父""应用数学之父"。他出版了中国第一本《弹性力学》专著、开创了理论力学的研究方向和非线性力学的学术方向、创建上海市应用数学与力学研究所、开设了中国第一个力学研究班和力学师资培养班、开创了全国现代数学与力学系列学术会议。

钱伟长在板壳问题、广义变分原理、环壳解析解和汉字宏观字形编码等方面有突出贡献。1941年提出"板壳内禀理论"，其中的非线性微分方程组被称为"钱伟长方程"；1954年提出"圆薄板大挠度理论"，荣获1956年国家科学奖二等奖；1979年完成的"广义变分原理的研究"，荣获1982年国家自然科学奖二等奖；1984年设计并提出的"钱码"，荣获1985年上海市科技进步二等奖，1987年在全国科学大会上荣获银奖。

【案例】

中国空间站彰显创新精神

中国空间站的建成记录了中国航天科技的发展进步，标志着中国已迈进空间站时代的大门，宣告了中国走出了一条促进航天科技发展的成功之路。

1999 年，中国第一艘无人试验飞船往返太空成功。

2003 年，中国人第一艘载人航天飞船飞出地球。

2008 年，中国人首次在太空里出舱。

2016 年，中国人 33 天太空驻留。

……

30 年的不懈努力、锲而不舍，中国载人航天终于推开空间站时代的大门，激起了中国人钟情飞天、圆梦飞天的豪情壮志，也激发了中国人对更广阔世界的想象、对更辽远深空的探索。空间站是中国载人航天工程"三步走"战略的第三步，每个阶段水到渠成写满了一个个梦想与智慧、追求与勇气交织的故事，背后是不甘人后的创新进取精神。强烈的创新意识带来了让人叹服的技术突破，积攒出跨越式发展的底气和经济高效的产出，让人感佩创新者的精神，造就出一个个典型的创新案例。例如在空间站建造交会对接关键技术试验中，中国科研人员创造性地研制了"天宫一号"作为交会对接目标，这种方式既减少了飞船的发射次数降低了成本，同时又实现了空间实验室的部分试验目标。

空间站的建成和运营成为中国建设创新型国家的一个重要标志。从创新方面来讲，空间站建设不但可以探索未知太空，而且还可以占据未来数十年乃至更长时间的科技制高点。中国空间站的建设发展，不仅带动空间站和航天技术的快速发展，还促使众多科学和工程技术领域的进步和突破，进而为航天成果造福社会和普通人奠定了基础。

航天任务难度大、风险高，要实现技术跨越式发展、科技应用效益不断提升，中国空间站面临不少挑战。对无穷无尽的太空探索而言，建成空间站也仅是征途中的一个起点。未来发展需要更大的智慧和创新，既要仰望星空也要脚踏实地，创造性地探寻更多的奥秘，收获更多更美好的成果。

第五章

文创篇

第一节 诗词名句

第一条 "若许轻捐便轻得，古来创业岂云艰。"

（王跂）

【引申释义】

如果花钱就能轻而易举得到，那么自古以来，开创基业的艰辛难道假的吗？从古至今，创业都是一条极其艰难的道路。就像越王卧薪尝胆、刘邦斩蛇起义、光武起兵反莽、刘备桃园结义、杨坚灭周建隋，创业从来都不是轻而易举之事，它需要创业者的勇气、胆识、机遇、智慧、担当、奋斗和坚持。创业是发现更大的世界的过程，也是被更大的世界蹂躏的过程。创业的艰辛来自创业政策、经济环境、资金、产品、市场、团队，等等，大多数艰辛应该是源自对于不确定性增加的一种恐惧和暴露在众多、烦琐的挑战前的心理压力处理，考验每位创业者的智慧与创业技巧。

【名人简介】

王跂（1495—1575 年），字茂秦，号四溟山人，又号临幯山人，明代诗人，山东临清人。王跂 16 岁时作乐府商调，早工词曲，为少年争相传诵。此后，摒除他志，潜心于诗歌创作。不久，即以律、绝闻名于世。

【案例1】

路子是走出来的

从阡陌纵横的农田到现代化新城，上海浦东，这个特殊的地区历经 30 年的开发开放，已蜕变成为世界城市标杆。1990 年，上海浦东开放的号角吹起，许多海外留学生带着新兴的技术和理念来到浦东创业。作为在浦东创新创业的"弄潮儿"，他们见证、参与了浦东的开发开放。在这片创业的乐土上，他们的梦想也生根发芽。

周敏，一个地道的上海人。20 世纪 90 年代初，她和先生一起赴美国留学，获得博士学位后，就留在美国，在波士顿安了家。一个偶然机会，他们在一场报告会上了解到上海浦东开发开放的美好蓝图，了解到浦东需要人才参与开发建设。

那时，他们夫妻二人以及几位留学人员已经在美国共同创办了公司。他们就想，学习那么多年，手里握着技术，如果利用国内原料，在国内建立实验室和工厂，也一定也可以生产当时公司生产的产品，最主要的是当时国内多肽领域还是一张"白纸"。于是，1996 年秋天，他们回到了上海，这座她熟悉而且深爱着的城市。

经过一年多的考察、选址、筹建，他们创办的公司在浦东张江高科技园区的一个办公室内成立，而就是这一年，上海市政府提出"聚焦张江"的战略目标。当时，他们入驻的是一个留学生企业孵化器，专门孵化留学生企业。张江给了非常优惠的条件，比如说，房租入股，免除孵化器的房租，等企业"毕业后"房租折算成公司股份。不得不说，当时这项扶植办法，给了他们这种初创企业极大的生存和成长的空间。

企业成立后，当他们准备大张旗鼓地去合成开发多肽产品的时候，却傻眼了，因为国内没有一家生产多肽试剂的厂家，国内根本没有原料。如果进口多肽试剂的话，时间周期长，他们也根本无法承受成本。

时势造英雄，路子是走出来的，他们发挥留学时的钻研精神，决定自己研发各类多肽试剂原料。就这样多肽原料一做就做了二十几年，到目前为止，他们已经陆续开发出来17个系列、5 000多种多肽试剂。这些原料不仅满足了自身合成多肽的需求，同时也使得企业产业链向合成肽、药物肽方向不断延伸。目前吉尔的多肽类产品现已覆盖到全国各大高校、科研院所及药物研发和生产机构，也成为国内出口定制多肽和多肽原料量最大的专业型公司。

周敏表示，回想这20年，不仅仅是一家留学生公司的发展，也正是国家披荆斩棘、快速发展的20年，他们公司的发展是中国改革开放和现代化建设的缩影，他们也是借助国家开发开放的东风，逐步壮大。

【案例2】

猪肉大王

陈生毕业于北京大学，10多年前放弃了让人羡慕的公务员职务毅然下海，倒腾过白酒和房地产，打造了"天地壹号"苹果醋，在悄悄进入养猪行业后，不到2年时间在广州开设了近100家猪肉连锁店，营业额达到2个亿，被人称为广州千万富翁级的"猪肉大王"。

据不完全统计，目前我国大学生创业成功率只有2%～3%，有97%～98%的大学生创业失败，专业人士分析，缺乏相关的创业教育和实战经验、缺乏"第一桶金"等都是其中的重要原因。然而，对于成功创业的大学生来说极为重要的实战经验及"第一桶金"都是"天上掉下来的"吗？为什么陈生在不到2年的时间里进入养猪行业，就能在广州开设近100家猪肉连锁店，营业额达到2个亿？这个问题的确值得追问。

实际上，之所以很短时间能在养猪行业里取得骄人成绩，成为拥有数千名员工的集团的董事长，还在于陈生此前就经历的几次创业的"实战经验"：他卖过菜，卖过白酒，卖过房子，卖过饮料。这使得陈生有着这样的独到见解：很多事情不是具备条件、做好了调查才去做，而是在条件不充分的时候就要开始做，这样才能抓住机会。

然而，"条件不充分"时到底怎么才能"抓住机会"呢？我们来看一下陈生的做法：他卖白酒时，根本没有能力投资数千万设立厂房，可是他直接从农户那里收购散装米酒，不需要在固定设施上投入一分钱便可以通过广大的农民帮他生产，产能却可以达到投资5 000万的工厂的数倍。此后，他才利用积累起来的资金开始租用厂房和设施，打造自己的品牌。迅速进入和占领市场，让他在白酒市场上打了个漂亮仗。而当许多人"跟风"学习用陈醋兑雪碧当饮料的饮用方法时，善于"抓住机会"的陈生想到了如何将这种饮料生产出来，经过多次尝试，著名的"天地壹号"苹果醋就此诞生。

苹果醋确实是一个好东西，它采用的是山西老陈醋，用蜂蜜和维生素BT科学配制而成，最重要的是老少都能喝，所以说从这以后，"不喝酒就喝'天地壹号'""无醋不成宴"的口号就开始火了起来。这种创新饮料一上市就卖光了，三个月后就盈利了。短短半年，"天地壹号"销售额超2 000万元。

传统观念认为，作为知识层次高、有一定专业知识的大学生们来说，"创业"理应是在高科技领域里的。更有不少大学生则一提到创业就好高骛远，丝毫没有想到应该往"小而细"方面去努力创业。

在目前大学生与社会实践脱节现象比较严重而创业资金又不够的情况下，那种来自"传统行业"的"新创意"式的创业值得学习。比如，复旦大学计算机本科毕业的顾澄勇，在任何人都会的"卖鸡蛋"上，也卖出了"新创意"：成功开发出"阿强"鸡蛋的"网上身份查询系统"，满足了大家对鸡蛋的新鲜卫生的需求；此外，打造鸡蛋品牌，推出满足人们对营养追求的"头窝鸡蛋"，等等，开拓出了一片"创业新天地"。

陈生曾经感慨地说，在我这50年的人生中，总会有一些意想不到的事情，或者看似不可思议的奇迹。无论是"天地壹号"还是"壹号土猪"，陈生都是从零开始创立的，都是从市场的空白点开始发力，寻找一个没有多少竞争对手的空间默默发力。

第二条 "人言创业世所难，我谓守成宁易得。守成创业并二难，况以守成而建长。"

（张明中）

【引申释义】

守业，释义为尽力于自己的职守和职分，不旁骛；保持祖先遗留下来的事业，保持已有的事业，专心于所学之业。在守业的过程当中要面临更多的诱惑挑战。人很难抵御成功后带来的诱惑，容易奢侈懒惰或贪图享乐。而创业的时候一无所有，有上进的动力，会去努力，同时由于开始创业没什么名气，别人不会特别注意，也就没什么竞争对手。

【名人简介】

张明中，号敬斋，宋代人，生平不详。《谢惠诗》有"语带诚斋句妙香"句，当为杨万里以后人，姑据《诗渊》次于刘克庄后。有《言志集》（《诗渊》），已佚。张明中诗，据《永乐大典》《诗渊》所录，编为一卷。

【案例】

商机来自痛点和灵感

摩拜单车创始人胡玮炜有一次在瑞典的哥德堡，看到公共自行车停在路边。她心想，在城市里骑车游荡还是非常舒服的，但不知道去哪里办卡，也不知道去哪里交押金。移动互联网支付已经那么方便了，为什么一辆自行车却骑不了？这时候，做一辆随骑随停的自行车的想法在胡玮炜心里萌生了。

直到有一天，胡玮炜和一些投资人在一起聊天，当时一个天使投资人说："你有没有想过我们做共享单车呢？用手机扫描开锁的那种。"胡玮炜听了这句话后，有一种被击中了的感觉，她马上就说，我可以做这个。机会就是这样，当很多人都觉得是机会的时候，那一定不是机会，而是危机，只有在被人看不懂、看不起、不想做、不敢做的时候，这才是机会。机会永远属于冒险者！

于是，胡玮炜成了摩拜共享单车品牌的创始人，而提这个建议的人，成了她的天使投资人。

开始质疑当然很多。一个年轻的女记者真能带着公司做到这件事情吗？似乎怎么看都不靠谱吧？胡玮炜说："我可能比较轴，我会主动排斥所有这些跟我说不靠谱的东西，你说做不到，我现在没办法证明，我最后会做出来给大家看。"

她找过好几个人来设计共享单车，因为一开始对这辆单车有太多想法。当时的目标是不需要人工干预——它不会坏掉，不会爆胎，不会掉链子，而且它还不能生锈。"街上太多公共自行车锈迹斑斑，为什么？都是用钢做的。但共享单车要用全铝车身。"胡玮炜说。

他们找到了国内最强的自行车生产企业，但企业相对来说已经不太愿意创新了。"工业是有惰性的，造自行车100年不变都能赚钱，我为什么要去改变呢？他们没有那么大的动力去改变。"

胡玮炜没有研发硬件、软件的背景，没有做过系统，所以她把这些人全部找齐了。她没那么自信，也不觉得有多难，"你用常识也能判断出来，我又不是造火箭"。

胡玮炜认为，共享单车模式虽然非常简单，但是每一块，如App、自行车设计制造、智能锁系统、区域运营等，都有很多问题需要解决，"每一块其实有它自己的系统，而且把这几块东西拼在一起，不是一个简单的事情"。

共享单车在市场中获得如此成就，但胡玮炜创办共享单车最初却从没考虑过这个公司能不能做大，她的初心却非常简单："就是要让一个城市更适合骑行，让更多人在0~5千米的出行范围内选择绿色出行。"

但是问题也随之而来：被损坏，被偷。胡玮炜曾说，"有一次我们的单车被扔到了河里，我感觉就好像凶杀案现场一样。"除了用户的使用问题，还有人质疑共享单车"盈利问题没解决，是一种创业套路，通过炒作骗风投"。对于这类问题，胡玮炜表现得非常从容："不论是对社会还是对个人，只要做的事情非常有意义，非常有价值就可以。如果我不去做的话，我会很难受。创业的路上，最大的竞争对手永远都是自己。就算这次失败了，那也是一项公益。"

第三条 "看似寻常最奇崛，成如容易却艰辛。"

（王安石）

【引申释义】

"苏州司业诗名老，乐府皆言妙入神。看似寻常最奇崛，成如容易却艰辛。"这首诗是王安石对张籍创作的评价，也是诗人自己创作经验的总结。就诗歌创作而言，看上去平淡无奇，无华丽辞藻，无艰字僻典，可细品之下便觉奇崛无比。这种诗看似很容易，而写作过程却煞费苦心，需要有返璞归真的艺术功力。从"豪华"到"真淳"，从"绮丽"到"平淡"，可能是一条漫长的路，不走完这条路很难写出激动人心的作品来。

其实，"看似寻常却奇崛，成如容易却艰辛"不仅是讲诗歌创作，其他事情也如此，有的"奇崛"就隐藏在看似平常的外表中。没有人能随随便便成功，只有付出"艰辛"的劳动，才能做出貌似寻常而实为奇崛的事来。

【名人简介】

王安石（1021年12月18日—1086年5月21日），字介甫，号半山。抚州临川（今江西省抚州市）人。北宋时期政治家、文学家、思想家、改革家。

【案例】

成功需要付出

成功人士之所以能够成功，那是因为他们付出了比别人更多的努力。很多时候你看到的成功人士只是光鲜的一面，更多的是你没有看到他们成功的背后。

娃哈哈集团董事长宗庆后从少年到白头，依然坚守一线，眼袋、皱纹、老年斑种种迹象表明，宗庆后老了。出生于1945年的他，创业30年来，每天工作16个小时，一年中200多天都奔波在市场一线。

工作几乎是他的全部，他上班不是朝九晚五，而是朝七晚十一，从年初一上到年三十，几十年如一日，而且他没有什么享受，简直就是为了工作而生。部下们说，他虽然在杭州生活，但是已经好几年没到西湖边去坐坐，看风景对他来说是一种奢侈。从少年到白头，他已经年过七旬，娃哈哈集团成立30年，而这位72岁的老人依旧奔波在市场一线。

对此，他说得最多的一句话就是："苦惯了。我小时候都是有一顿没一顿的。后来做生意也吃过不少苦，钱都是自己一点一滴辛苦挣出来的，但真的不太会享受。"

老干妈创始人陶华碧是一个没上过学、连自己名字都写不好的农村妇女，却凭借一罐辣椒酱成为国民公认的女神，并将中国品牌推向了世界。她丈夫早逝，一个没什么文化的女人带着孩子谋生，她从摆地摊做起，慢慢积累，每天要挑着100多斤的担子去卖米豆腐，为此落下了严重后遗症，直至今日，仍膏药不断。她曾被班车售票员推下车，为此她要走几十里路。但是，这个不屈的女人，愣是靠着惊人的毅力扛了下来。

她说："从年轻走到老，我觉得人生的路没有平平坦坦的。没有经过风吹雨打，不算企业家；经过风吹雨打、日晒雨淋，才算真正的企业家。有些企业家你别看他说的，要看他实际做的才是真功夫、硬功夫。"

新希望集团有限公司董事长刘永好不是一夜暴富。这位60多岁的董事长，岁月似乎在他身上没有留下太多的印记，脚步轻快、心态年轻，似乎有一颗永远不老的心。

"我们不是一夜暴富者，深知创业的艰辛与不易；我们企业的底蕴是踏实稳健的、生机绵绵的，因为我们的目标是创建百年希望。一切务实、不讲排场、不图虚名，不抽烟，不酗酒、不打牌，每天开销不超过100元，吃穿随便，得体就行。"

富有但却过着简朴的生活，这是他与许多成功者不同的地方；这是企业多年来蓬勃发展没有倒下去的原因。

内蒙蒙牛乳业集团的创始人、中国最具影响力的企业家之一牛根生先生说，只要努力，就能逆袭成功。他无论如何也想象不到，自己后来会成为载入中国金融史册的大人物。那时的他，一个41岁的"老男人"，从内蒙古跑到北京来找工作，投出去50多份简历，连个面试的机会都得不到，但最后逆袭成功，创造了中国乳业奇迹。

很多人看到成功人士，都是成功之后光辉高大的形象，没看到的是他们在成功之前，有多少次摔倒在地，甚至让他人从自己的身体上踩过去。不奋斗不努力，也就不要埋怨上天没有给你机会。

第四条 "路漫漫其修远兮,吾将上下而求索。"

(屈原)

【引申释义】

前方的道路漫长又遥远,需要我们百折不挠、不遗余力地去探寻。

【名人简介】

屈原(约公元前340—前278年),芈姓,屈氏,名平,字原,又自云名正则,字灵均,出生于楚国丹阳秭归(今湖北宜昌),战国时期楚国诗人、政治家。楚武王熊通之子屈瑕的后代。少年时受过良好的教育,博闻强识,志向远大。早年受楚怀王信任,任左徒、三闾大夫,兼管内政外交大事。提倡"美政",主张对内举贤任能,修明法度,对外力主联齐抗秦。因遭贵族排挤诽谤,被先后流放至汉北和沅湘流域。楚国郢都被秦军攻破后,自沉于汨罗江,以身殉楚国。屈原是中国历史上一位伟大的爱国诗人,中国浪漫主义文学的奠基人,"楚辞"的创立者和代表作家,开辟了"香草美人"的传统,被誉为"楚辞之祖",楚国有名的辞赋家宋玉、唐勒、景差都受到屈原的影响。

【案例】

顶天立地

"顶天立地"这四个字,被视为科大讯飞(全称"深圳科大讯飞信息科技有限公司")的技术信仰,经常被公司的管理层与员工挂在嘴边。其中,"顶天"是指技术顶天,掌握源头核心技术并处于全球领先地位;"立地"是指应用落地,让技术转化为大众切实可感受的产品。"可以说,'顶天立地'是我们从1999年创业以来,一直坚持的发展战略。"科大讯飞掌舵人刘庆峰说。

1992年,刘庆峰以高出清华大学录取分数线40多分的成绩,考入了中国科学技术大学。该校是国内第一家开办少年班的高校,与他一起进入少年班的,还有13个省市的高考状元。虽然校内高手如云,但刘庆峰在入校的第一次摸底考试中,还是拿到了几乎所有数理学科考试的第一名。由于成绩突出,导师王仁华教授将他选入"人机语音通信实验室"。

第一次走进人机语音实验室时,刘庆峰就被眼前一排排由计算机合成的人声震撼。他看到自己所擅长的数学知识被应用于信号处理,导师说未来可以研发"自动翻译电话"。

导师是一位开明的师长,给了刘庆峰很大的研究自由度。读大三时,导师认为实验室里一个产自日本的语音分析工具效率太低,问刘庆峰能否用三个月时间,将效率提高1倍。但刘庆峰仅仅花了一个月时间,就将它的效率提高了10倍。

于是,导师让刘庆峰牵头,将这个科研成果做成优化语音合成系统,并报选了当年的国家"863"计划成果比赛。比赛中,刘庆峰开发的系统不仅音质出众,还具备优良的语音自然度,合成的语句接近人声,成为当年最轰动的科研成果。

攻读博士期间,刘庆峰向导师提出,希望一边攻读博士,一边办公司创业。导师当即同意了他的想法,刘庆峰在校内迅速组织了一批精英学子,组成了18人的创业团队。1999年科大讯飞正式成立。

当时，科大讯飞与团队认为，凭借公司的实力，营收很快即可突破10亿元。但实际上，创业之路充满艰辛，由于缺少营销经验和产业突破口，科大讯飞的资金链一度断裂。但他们并没有放弃，这些在大公司里可以轻松拿到百万年薪的人，毫无怨言地拿着两三千元的月薪，扛着外界的压力继续前行。

在紧迫感与责任感的驱动下，刘庆峰带领团队从电信呼叫、旅游信息服务、工商税务查询等产业中不断探索，并成功将语音芯片植入家用电器、车载系统、儿童玩具等终端设备上。到2004年，科大讯飞扭亏为盈。2008年5月，科大讯飞成功登陆深交所，成为中国第一家在校大学生创业成功上市的公司。

双轮驱动曲折的创业经历，除了让刘庆峰懂得了公司长远的生存发展必须以技术独立为前提，也让他明白了技术的领先必须以应用落地为前提。

在科大讯飞总部的办公楼里，一面"讯飞生命树"的展示墙描绘了公司业务的全貌。最底端是"核心研发平台"，包括感知智能、认知智能、大数据、云计算；上一层是讯飞开放平台AI，再上面是讯飞AI技术目前深耕的领域，主要包括教育、消费者、政法、智慧城市、智能汽车、智慧医疗、智能服务、运营商等八大行业。

在科大讯飞2018年的财报中，教育产品及教学业务在主营业务中占比25.45%和1.63%，智慧城市占比21.42%，政法业务占比13.08%。目前，科大讯飞在教育领域的智慧教育产品已覆盖了全国3.5万余所学校。在政法领域，"AI+政法"产品与解决方案已广泛应用于各级司法行政机关，高院、省检，覆盖率超过了90%。

在创业初期，刘庆峰的理想设计是：由科大讯飞专心精研AI技术，为大量B端用户提供底层支持。但在2017年前后，情况发生了变化。

自从移动互联网的红利接近殆尽，从2017年开始，AI产业成为创投圈里最为关注的新技术。一方面，越来越多的语音识别创业公司如思必驰、出门问问、云知声等进场；另一方面，BAT等头部公司也在倾向于自主研发AI。其中，百度在AI中押下重注，在"百度大脑"、无人驾驶、DuerOS操作系统上全面发力；阿里则建立了达摩院、阿里云、平头哥，在智能互联上持续投入；腾讯也在智慧医疗和智慧校园上成绩卓然。

虽然短时间内，BAT在语音识别等技术积淀上与科大讯飞还存在差距，但除了资金实力和研发人才外，它们天然拥有的流量、产品体系、产业生态，可以迅速实现场景落地，与C端的需求快速连接。

这让科大讯飞的空间一时间逼仄起来，单纯依靠B端的订单，科大讯飞难以获得长足优势。2017年，刘庆峰宣布，科大讯飞掌要集中发力C端，全面转向"to B + to C"双轮驱动的战略。经过2年时间，双轮驱动的战果显现。在消费领域，科大讯飞已陆续推出了讯飞翻译机、讯飞听见会议系统、讯飞转写机、听见M1、录音笔、智能办公本等语音转写系列产品。截至2019年上半年，科大讯飞to C业务在整体营收中占比达37.28%。"2019年人工智能开始进入应用价值兑现红利年。"刘庆峰认为，人工智能技术价值兑现有三大标准：必须有看得见摸得着的真实应用案例；要有能够规模化和可推广的对应产品；要可以通过统计数据去说明应用成效。如今，这几点科大讯飞都在逐步实现。

2019年，为了聚焦于核心业务，科大讯飞又进一步做了组织架构调整与升级，成立了行业战略发展委员会、消费者战略发展委员会、运营管理委员会，让此前分管智慧城市、教育、消费者事业群的三位轮值总裁不再分管特定的事业部，转而负责公司相对共性的业务。

另外,为了避免资源的重复浪费,科大讯飞成立了运作支持部与战略运营部,作为独立部门,将公司的运作体系贯穿起来。从而使公司能够集中最优质的力量,在教育等核心领域实现战略聚焦和突破。许多人发现,科大讯飞早已跳出了单纯的语音识别范畴,在自己周围,建立起了一张庞大的生态合作网络。

第五条 "雄关漫道真如铁,而今迈步从头越。"

(毛泽东)

【引申释义】

意思是不要说群山起伏像铁般难以逾越,而今让我们重振旗鼓向前。表示要昂首阔步一路向前,无所畏惧。

【案例】

敢为人先的弄潮儿——三位创客的创业故事

2018年10月10日,在新疆软件园举行的乌鲁木齐创新创业成果展暨智能产业双创项目成果展上,当观众的目光聚焦在集现代感与科技感于一体的创意实物展品上时,一个个大胆创新、敢为人先的弄潮儿也走到台前,讲述自己的创新创业故事。

故事一:让新疆文化潮起来

用手机扫过二维码,一只看似又胖又懒的猫就会出现在微信表情中。这只猫名叫"歹猫",它不仅有萌萌的表情,还会说地道的新疆方言。歹猫系列表情包自2016年6月上线以来,每天保持300多次的下载量,截至目前推送量已突破270万次。以它为原型的歹猫摇摆卡也在2018中国特色旅游商品大赛中获得银奖。

4年前,和很多插画师一样,王琳按照订单制作产品,外面的市场她一无所知。当爱好变成重复性的加工生产,她意识到了创意的重要性。

2016年,王琳以猫为原型,搭配16个使用频率较高的新疆方言词汇和短语做成了歹猫新疆土话微信表情包,这只猫的走红,让王琳坚定了搞原创设计的信心。那一年,她成立了猫馆艺术沙龙。2017年,在启迪之星(乌鲁木齐)科技企业孵化器的帮助下,沙龙升级为猫馆文创平台,创作团队也由最初的三四个人发展到近20人。

展位上,团队的明星产品《你好新疆》卡通立牌、以13个民族为原型设计的明信片、极具新疆地域风情的手工皂引人注目。这些巧妙运用新疆元素的潮品在全国性的旅游商品创意大赛中取得了不俗的成绩。

得益于两次深圳文博会的参展经历,猫馆文创平台在运作中引入了IP模式,已与一家公司签订了45万元的IP授权协议,迈出了知识产权变现的第一步。

故事二:机器人要为荒漠披绿

一组机器人舱放置在荒漠地区,展开太阳能板,打开通信环境信息收集设备,释放4辆探索机器人进行地形勘测、种植、浇水……不到20分钟,一亩地播种完毕。预计,在阿勒泰地区福海县一块占地500亩的试验田里,这一切都将成为现实。

在"双创"项目成果展上，新疆天极造物机器人有限公司研发的第一代产品——荒漠种植机器人引起了关注。"2年前我们的团队就在研究无人化机器人作业，看到目前荒漠治理依旧采用人工加半机械化的耕作方式，我们觉得应该能有所作为。"谈起研发荒漠种植机器人的初衷，公司总经理王天尊说。

凭借在联想北京有限公司、科沃斯机器人公司积累的丰富经验，2016年，王天尊带领一支20余人的科研团队开始为荒漠机器人的研发做前期准备，提升机器人的荒漠适应性成了关键。

"起初的小型试验机是纯手工打造的，运行累计不足100小时就解体了。为了克服这个难题，我们在全国范围内筛选优秀设备加工商，目前新设备正在调试，计划月底在阿勒泰地区进行测试。"王天尊说。他计划通过种植紫花苜蓿、梭梭、红柳等耐旱植物，首先对荒漠化土地进行生态修复，3年后再开发林业经济带动地方经济发展。"我们已经和阿勒泰地区林业局签署了20万亩的订单。待时机成熟后，将把荒漠机器人推广到'一带一路'沿线国家的荒漠地区，让那里的荒漠也绿起来。"

故事三：点读机架起连心桥

把点读机放在想要学习的国家通用语言文字上，清晰标准的普通话发音随即而来。由新疆丝路国信信息科技有限公司和新疆大学实验室合作研发的这款点读机，已经成为南疆四地州群众学习国家通用语言文字的好帮手。

从2014年研发到今天，公司的产品不断升级，能实现5种语言在线聊天、同步翻译、语法自动校对的"丝路语通"聊天翻译软件已经得到了广泛使用，随后，推出的"丝路通"国家通用语言文字教育机器人等，更成为学习国家通用语言文字的有效工具。曾获得新疆首届大学生创业大赛亚军的龚胜涛有敢为人先的勇气，然而创业的道路并非一帆风顺。

如今，公司已经发展成为一个集聚23家人工智能信息化公司的产业联盟，许多技术不仅申请了专利还得到了广泛的应用。"语言是心灵的桥梁，希望通过我们的努力跨越沟通的障碍，让心和心离得更近。"龚胜涛表示。

第六条 "天行健，君子以自强不息。"

（《周易》）

【引申释义】

意思是宇宙不停运转，人应效法天，像天体一样运行不息，永远不断地努力前进，即使颠沛流离，也不屈不挠，效仿天而自强不息。这句话说明，无论遇到什么样的情况，是成功还是失败，是人生的得意时期还是低谷时期，都不要放弃信念，要坚持不懈地去奋斗。

【名人简介】

《周易》即《易经》，是中国传统经典之一，相传系周文王姬昌所作，内容包括《经》和《传》两个部分。《经》主要是六十四卦和三百八十四爻，卦和爻各有说明（卦辞、爻辞），作为占卜之用。《传》包含解释卦辞和爻辞的七种文辞共十篇，统称《十翼》，相传为孔子所撰。

周文王姬昌（约前1152—约前1056年），姬姓，名昌，岐周（今陕西岐山县）人。周朝奠基者，周太王之孙，季历之子，周武王之父，又称周侯、西伯、姬伯，周原甲骨文作周方伯。

【案例】

自身的精神倔强支撑起一方天地

2002年，74岁的褚时健拿出自己的养老钱，并向朋友借了几百万，在哀牢山上承包上千亩地种植橙子，而这也是他第一次涉足水果种植行业。由于缺乏种植方面的经验，褚时健查看了大量专业书籍，几十本有关柑橘种植的书被他标记得密密麻麻。他还到各地拜访农业方面的专家，向他们请教、学习、探讨，了解施肥、土壤、日照和水的相关知识，靠着这股冲劲，褚时健从一个种橙的门外汉变成了专家。

从2006年到2013年，褚橙平均每年有1.37千吨的增长量，在2014年，销售额高达1亿多元，一时间，褚时健成为"励志橙"褚橙的精神图腾。身为高龄创业者的典范，而当被问及成功经验时，褚时健说道："我并没有做什么了不起的事情，我所做的，都是尊重规律，恪守本分。"

通过复盘褚时健的商业历程，我们不难发现，褚时健身上无不彰显着对打造高品质产品的热衷与狂热投入。而这恰是褚时健成为"一代橙王"的最底层力量。用褚老自己的话来说："人在任何时候精神都不能垮，在任何情况下，都应该有所作为，这是对自己负责任。人不光要承受苦难，还要有战胜苦难的能力。"在国内商界，大起大落的褚时健无疑是一个传奇，他的故事无形中给创业者和企业家带来诸多启示与镜鉴。从曾经的"烟草大王"到如今的褚橙创始人，这样厚重的人生历程，足以让我们深入解读、细细品味。经过岁月的洗礼，褚老所有的起落和浮沉都在为未来积蓄养分、储蓄力量。

第七条 "删繁就简三秋树，领异标新二月花。"

（郑板桥）

【引申释义】

意思是应删繁就简，使之如三秋之树，瘦劲秀挺，没有细枝密叶。不可赶浪头、趋风气，必须自辟新路，似二月花，一花引来百花开，生机勃勃，也就是创造与众不同的新格调。

【名人简介】

郑板桥（1693年11月22日—1766年1月22日），原名郑燮，字克柔，号理庵，又号板桥，人称板桥先生。江苏兴化人，祖籍苏州，清朝学者、书画家、"扬州八怪"代表人物。乾隆元年（1736年）进士，官至山东范县、潍县县令，政绩显著。后客居扬州，以卖画为生，代表作品有《修竹新篁图》《清光留照图》《郑板桥集》等。郑板桥一生只画兰、竹、石，自称"四时不谢之兰，百节长青之竹，万古不败之石，千秋不变之人"。其诗书画，世称"三绝"，是清代比较有代表性的文人画家。

【案例1】

解放员工想象力建立好奇型公司

有人说:"企业唯一的资产,是人的想象力。"在这个靠脑力添增价值的时代里,这句话说得好,也是实情。但是接下来怎么做?要如何"管理"人的想象力?很明显,你做不到;相反,你应该"松手",只须创造一个适于表达任何想法的环境。

"管理"人的想象力是错误的,而"松绑"至少往正确方向迈进了一步。雇用一些特立独行的员工,学着喜欢那些不肯循规蹈矩的人,是可以采用的方法;但这只是部分方法而已。作为管理者,你必须采取主动积极的做法,创造一个可以不断激发想象力的企业环境。

好奇心不能被"管理",但可以发展一家"好奇型公司",至少有些人正试着这么做。

卜兰软件公司的CEO菲利浦·卡恩就说:"如果我每天不做点事,像是玩乐器、运动、坐飞机、骑脚踏车,简直活不下去。除非有机会想点别的事,否则我不会有创造力,也没办法生龙活虎。"

森尼韦尔国际出版公司和大部分公司就不一样。这家电脑游戏生产商有10名员工,领导人深知好奇心的重要性。该公司CEO森尼韦尔说:"好奇和创造力是与生俱来的。由于担心遭人嘲笑,人们常压抑自己的好奇心。"他"很小心地"不去压抑这种天性,因为"令人好奇和富创造力的东西,正是使人投入的东西"。

大体来说,森尼韦尔国际出版公司的员工在家里工作。产品设计小组每个月会在佛瑞格家中碰头几次,花一整天时间评估项目的进度。森尼韦尔说:"在这里,没有所谓的'朝九晚五'。说真的,我们有位程序设计师从晚上10点工作到清晨5点。"

虽然员工分散各处,而且大多各做各的,森尼韦尔敦促他们要改变自己的活动,而且是剧烈地改变。他说:"一件艰难的工作做到一半,我会提醒他们,不妨去做点别的事。当老板的常常要求属下心无旁骛,专心做好手头上的事,但是人有时需要做点完全不一样的工作,才能得到最好的灵感。你应该让潜意识有运作的机会。"森尼韦尔本人就上歌唱班,工作中需要休息时,就唱唱歌。公司的10位员工在上班日也会去骑自行车、看电影、游戏、走路、读书、跑步。设计和开发事务部主任麦可·费恩柏格说:"好奇心强的人不怕眼前的工作。企业经营要成功,必须有这样的精神。所谓好奇,是指把不相信的念头摆在一边2分钟,一天3次,留些空间给某些意料不到的突发奇想。"

【案例2】

允许员工用自己的方式去学习

物理学家以撒克·拉比在20世纪30年代发明了一种能够让科学家探究原子和分子结构的技术,因此获得诺贝尔奖,他把自己的成就归功于小时候每天放学回家,母亲问他的那句话:"今天你有没有问什么好问题?"

无独有偶,罗切斯特大学医学教授安东尼·沙齐门想让一个班级的学生感受一下医生的生活,要学生模仿医生和病人(由老师担任)见面谈话的情形,病人有一些假设性问题要问。教授在其专栏中说,那些孩子像极了大部分的医科学生和医师。他们很快就停止探究病情,找自己喜欢的假设性问题大发评论(比方说,"病人"喊胃痛的时候,学生会问是不是压力太大了);他们总是不问最基本的问题:"到底怎么了"。教授说,医学专业人员欠缺开放式发问的能力,是从幼儿园开始的教育培训体系造成的。我们的教育体系使人感受到

"正确的答案给人安全感,舍弃正确的答案,沉迷在未知和无法预期的世界中",是很危险的。物理学家的母亲的"好问题"和医学教授的"到底怎么了"有个共同的观念:有疑问时就要问清楚,把(学习、了解、成长的)责任丢回给"他们"。

不管是课堂上的教师,还是营业额达 10 亿美元的公司董事长,都想发挥很高的效率,也乐于帮助别人。在大部分情况下,这么做反会阻碍他希望鼓励的成长和好奇心。加拿大一位小说家在《叛逆天使》中写道:"指导别人需要花费精力,但是几近缄默,同时张大眼睛注视,并随时准备伸出援手,让学生自我指导,需要更多的精力。你讲一句话,可以让某个人站稳脚跟,却忽略重大危险;不发一语,眼睁睁地看着他跌倒,并让他学会怎么做才不会再跌倒,需要付出特别的精力,因为耐住性子袖手旁观,比高声呐喊更费力气。"

第八条 "大鹏一日同风起,扶摇直上九万里。"

(李白)

【引申释义】

意思是大鹏总有一天会乘风飞起,凭借风力直上九霄云外,表示人一定要有远大的志向。

【名人简介】

李白(701—762 年 12 月),字太白,号青莲居士,又号"谪仙人",唐代伟大的浪漫主义诗人,被后人誉为"诗仙",与杜甫并称为"李杜",为了与另两位诗人李商隐与杜牧即"小李杜"区别,李白与杜甫又合称"大李杜"。北京大学教授李志敏评价:"李白之诗呼吸宇宙,出乎道;杜甫之诗德参天地,源于儒,皆至天人合一境界,故能出神入化。"《旧唐书》记载李白为山东人,《新唐书》记载李白为兴圣皇帝李暠九世孙,与李唐诸王同宗。其人爽朗大方,爱饮酒作诗,喜交友。

【案例1】

创业成功历程是处处碰壁的过程

毕业于美国纽约州立大学石溪分校技术系统管理专业的杜东洋 2017 年回国后,先后在证券研究所和金融科技公司工作,但他觉得这些并非是他最感兴趣的事。在心里,他认为还是要选择一个自己喜爱、充满激情并愿意为之付出的行业。"大学时期,我曾经做过瓷器电商,每一笔订单、每一条满意的客户评价都能让我欣喜若狂。这不正是我想做的吗?"在领导和同事惊讶的目光中,杜东洋提交了离职申请,进入了一个全新的行业——跨境电商。

以刺绣为特色,杜东洋设计了中西融合的手工艺首饰和装饰品,打造出一个精品手工艺品牌,然而其中的艰辛与不易只有他自己最了解。"创业之初并不顺利,甚至可以说是处处碰壁。做跨境电商,最开始我是带着'优越感'的,自认为在美国学习生活过一段时间,了解海外市场。但现实给了我当头一棒。"杜东洋说。

并不具备海外运营相关知识的杜东洋,在广告投放和社交媒体运营方面斥资不少,但并未收到想要的效果,账号运营也一再受阻。这一系列的打击让杜东洋开始怀疑自己,他暂时停下脚步,开始与同业者交流,并参加他曾认为"没有太多帮助"的电商培训,从基础开始学习电商运营知识。

经历过一系列的碰壁与不断学习,杜东洋和他的团队变得更加谦虚务实。"我们根据市场的变化来设计新的产品;通过不断和同业者交流来获取新的机会,订单在不经意间也会送上门来。"杜东洋说。

此外,得益于以原创设计为核心、发扬刺绣手工艺为目标的定位,品牌的社交媒体账号运营终于有了起色,"我们深知刺绣技艺是产品的灵魂,也是我们最大的核心竞争力。作为一群深爱中华文化的青年、一批外贸行业的新手,我们一直在路上,中国品牌,未来可期。"杜东洋信心满满地说。

【案例2】

青云直上是内力修炼的结果

"海归的身份给我们提供了一个大平台,通过这个平台,我们看到了更广阔的世界。见过更大的世界后,就想要开拓更大的事业,当然,也会面临更大的挑战。"享物说的合伙创业者夏凯如是说。

夏凯毕业于美国卡内基·梅隆大学计算机学院,之后在硅谷印象笔记数据团队和西雅图微软"必应"搜索引擎广告部门任职。2015年回国后,作为早期成员加入小红书,2017年离职后开始合伙创业。

回想起创业初期,夏凯及其团队也走过不少弯路。"早期做产品,很容易陷入对'虚荣指标'的追捧。为了让页面有更多人看,在弹窗和样式上做各类吸引点击的花样;为了让更多人转发分享,以各类方式进行利益诱导。但是,产品究竟解决了哪些具体的用户痛点、提供了哪些深刻的用户价值,这些都是不可回避的问题。痛点不够'痛'、价值不够大,就像只有'招式'没有'内力',很难走得长远。"夏凯说。

着重修炼"内力",夏凯及其团队的创业之路变得越来越开阔,他们在国内首创积分制"好物互送"和"轻知识分享"模式,"玩法"变化多样。夏凯介绍说:"最初我们是从一个微信群开始,来验证这种'物品互送'的'玩法'——谁有闲置的东西,都可以发布到群里,谁有需要就可以拿走。这个群从十几人逐渐增加到几百人。后来我们发现有人长期'潜水',只拿不送,就发明了'小红花'——作为给予者的荣誉。""小红花"逐渐演变成享物说独特的积分系统,与金钱相比,"小红花"积分由于价值模糊,能有效减少摩擦,提高交易效率。

"目前我们正在从积分制的'好物互送'向'轻知识分享'社区转型,通过短视频的形式给用户提供大量实用而有趣的轻生活资讯,扩大业务范围,吸引更多用户加入进来。我们的用户数超过8 000万,通过公益捐赠,已经向贫困地区捐献图书馆超过1 000座。"夏凯说。

第二节 "双创"生涯选择名句

第一条 "高筑墙、广积粮、缓称王。"

(朱升)

【引申释义】

巩固根据地防守,储备充足的粮草,不先出头称王,避开群雄的矛头,蓄积力量,后发制人，争霸天下。"高筑墙"就是加强制度建设，提高企业实力，以保卫自己的地盘（市场）；"广积粮"就是要发展经济，增强经济实力，毕竟经济是一切的基础；"缓称王"则是不要急于称王称帝，因为在自身实力并不突出的情况下贸然称王称帝，只会有树大招风的效果，使自己成为竞争对手攻打的对象。总的来说，这句话的核心精神就是不当出头鸟，闷头发展自己的实力，待时机成熟的时候，也就什么都有了。

【名人简介】

朱升（1299—1370年），字允升，安徽休宁（今休宁县陈霞乡回溪村）人，元末明初的军事家、文学家，明代开国谋臣，官至翰林学士。元末（1367年）被乡举荐为池州学正。弃官避隐石门，学者称枫林先生。

【案例】

一位妇女的创业故事

老干妈辣酱创始人陶华碧出生在贵州省湄潭县一个偏僻的山村。由于家里贫穷，陶华碧从小到大没读过一天书。20岁那年，陶华碧嫁给了贵州206地质队的一名地质普查员，但没过几年，丈夫就病逝了。在丈夫病重期间陶华碧曾到南方打工，由于吃不惯也吃不起外面的饭菜，她就从家里带了很多辣椒做成辣椒酱拌饭吃，经过不断调配她做出了一种很好吃的辣椒酱。

在丈夫去世后，陶华碧为了维持生计，开始做一种廉价凉粉，用背篓背到龙洞堡的几所学校里卖。由于交通不便，做凉粉的原材料当时最近也要到5千米以外的油榨街才能买到。1989年，陶华碧在贵阳市南明区龙洞堡贵阳公干院的大门外侧，开了个专卖凉粉和冷面的"实惠饭店"。在"实惠饭店"，陶华碧用自己做的豆豉麻辣酱拌凉粉，很多客人吃完凉粉后，还要买一点麻辣酱带回去，甚至有人不吃凉粉专门来买她的麻辣酱。后来，她的凉粉生意越来越差，可麻辣酱却做多少都不够卖。有一天中午，陶华碧的麻辣酱卖完后，吃凉粉的客人就一个也没有了。她关上店门去看看别人的生意怎样，走了十多家卖凉粉的餐馆和食摊，发现每家的生意都非常红火。陶华碧找到了这些餐厅生意红火的共同原因——都在使用她的麻辣酱。

1994年，贵阳修建环城公路，昔日偏僻的龙洞堡成为贵阳南环线的主干道，途经此处的货车司机日渐增多，他们成了"实惠饭店"的主要客源。陶华碧近乎本能的商业智慧第一次发挥出来，她开始向司机免费赠送自家制作的豆豉辣酱、香辣菜等小吃和调味品，这些赠品大受欢迎。货车司机们的口头传播显然是最佳广告形式，在贵阳不胫而走，很多人甚至就是为了尝一尝她的辣椒酱，专程从市区开车来公干院大门外的"实惠饭店"购买。对于这些慕名而来的客人，陶华碧都是半卖半送，但渐渐来的人实在太多了，她感觉到"送不起了"。1994年11月，"实惠饭店"更名为"贵阳南明陶氏风味食品店"，米豆腐和凉粉没有了，辣椒酱系列产品开始成为这家小店的主营产品。尽管调整了产品结构，但小店的辣椒酱依旧供不应求。1996年8月，陶华碧借用南明区云关村村委会的两间房子，办起了辣椒酱加工厂。刚刚成立的辣酱加工厂，是一个只有40名员工的简陋手工作坊，没有生产线，全部工艺都采用最原始的手工操作。

很快陶华碧发现，她找不到装辣椒酱的合适玻璃瓶。她找到贵阳市第二玻璃厂，但当时年产 1.8 万吨的贵阳二玻根本不愿意搭理这个要货量少得可怜的小客户，拒绝了为她的作坊定制玻璃瓶的请求。面对贵阳二玻厂长，陶华碧开始了她的第一次"商业谈判"："哪个娃儿是一生下来就一大个哦，都是慢慢长大的嘛，今天你要不给我瓶子，我就不走了。"软磨硬泡了几个小时后，双方达成了如下协议：玻璃厂允许她每次用提篮到厂里捡几十个瓶子拎回去用，其余免谈。陶华碧满意而归。后来陶华碧的生产规模爆炸式膨胀后，合作企业中不乏重庆、郑州等地的大型企业，贵阳二玻与这些企业相比，并无成本和质量优势，但陶华碧从来没有削减过贵阳二玻的供货份额。现在陶华碧 60% 产品的玻璃瓶都由贵阳第二玻璃厂生产，二玻的 4 条生产线，有 3 条都是为陶华碧 24 小时开动。

1997 年 8 月，陶华碧的风味食品有限责任公司成立，工人增加到 200 多人。陶华碧要做的不再仅仅是带头剁辣椒，财务、人事各种报表都要她亲自审阅，工商、税务、城管等很多对外事务都要应酬，政府有关部门还经常下达文件要她贯彻执行。1998 年，陶华碧制定了自己的规章制度。就靠这样一套简单的制度，多年来公司始终保持稳定，内部从来没有出过什么问题。

"陶华碧有自己的一套，你可以叫作'干妈式管理'。"比如龙洞堡离贵阳市区比较远，附近也没什么吃饭的地方，陶华碧决定所有员工一律由公司包吃包住。从当初 200 人的小厂开始，厂里就设有宿舍，一直到现在 2 000 人，他们的工资福利在贵阳是顶尖的。在陶华碧的公司，公司 2 000 多名员工，她能叫出 60% 的人名，并记住了其中许多人的生日，每个员工结婚她都要亲自当证婚人。除了"干妈式"管理之外，陶华碧在公司结构设置上也有自己的特色。公司没有董事会、副董事长、副总经理，只有 5 个部门，陶华碧下面就是一个管业务，一个管行政。管业务的谢某笑称自己就是个"业务经理"，因为总要扑到一线拼命。

陶华碧的成功，是产品好而非有其他支撑点。对食品而言，味道即王道。中国市场上，跟随战略随处可见，超过首创产品也是常事。但是，陶华碧的销量冠军产品风味豆豉热销多年，却无一家产品能与其抗衡。风味豆豉产品，看似简单，但是构成风味的要素很多，其他企业不是不想跟随，而是达不到陶华碧对豆豉产品口感的把握。

第二条 "不做准备，就是在准备失败。"

[（美国）本杰明·富兰克林]

【引申释义】

准备就是谋划，高起点谋划，善谋方能善成。谋定而后动，不打无准备之仗，只有这样才能提高成功的概率。不准备就会无序化，是失败的根本原因。商场如战场，需要做好充分的准备，才能顺利击败对手。

【名人简介】

本杰明·富兰克林（1706 年 1 月 17 日—1790 年 4 月 17 日），美国政治家、物理学家、共济会会员，大陆会议代表及《独立宣言》起草和签署人之一，美国制宪会议代表及《美利坚合众国宪法》签署人之一，美国开国元勋之一。

【案例】

做网络要不断创新

　　与大多数同龄人一样，黄承松从小就对新事物十分热衷，凡事总喜欢刨根问底。他的这种执着，让他比别人想得更多、看得更远。上高中后，黄承松开始接触电脑。当同学们不是打游戏打得风生水起，就是上网聊天聊得火热之时，他却通过电脑掘到了人生的第一桶金——"花20天研究软件，赚了4 000块钱。"黄承松说。互联网时代，网络上都是机遇，只要看得准、下手快，就有成功的希望。黄承松被确定保送华科大后，高三下学期就闲了下来，做起了全职软件开发，从那时候起，他再也没有向家里要过钱。从高中到大二上学期那段时间，经济来源主要靠写程序来挣学费和生活费。2010年8月，还在读大二的他开始尝试创业，注册了一家互联网公司，用兼职赚到的钱作为创业资金，做电商导购网站，就是消费者通过他们的平台渠道，购买其他大型电商商户的产品，累计积分，然后他们根据买家的积分，得到相应的返利。谁知，看似前景很好的平台渠道，真正运作起来并不简单，加之同类网站竞争激烈、大的电商平台担心利润被挤压等原因，积攒的钱打了"水漂"。这次失败，黄承松思考得最多的不是折腾出去了多少钱，而是失败的原因究竟在哪里。经过三个月深思熟虑，黄承松悟出了一个道理：做网络要不断创新、不断超越自己，才能走得更远。

　　2012年4月，黄承松刚从华中科技大学毕业，就创立了"九块邮"，成为国内这一商业模式的首创者。不过，在黄承松看来，人们选品牌货会想到"天猫"，选电器会想到苏宁易购，希望快速收货会选京东。那么，18~35岁的群体中，收入差别很大，消费能力各异，不是每个人都会选品牌货，选择低价实惠的群体并不在少数。如果补齐完善这一空间，必将大有可为。2012年8月，黄承松创立的折扣精选特卖网站"卷皮网"正式上线，主要瞄准"草根"消费人群，定位为"低价版唯品会"。卷皮网专注在低端市场，从高性价比入手，与唯品会覆盖中高端市场形成差异化竞争。说起来容易做起来难，要想做到所有的货品是网络上的最低价并非易事。为了控制成本，一方面与许多品牌厂家建立了很好信任合作关系，其中有10多万大小商家、1 000余家独家合作品牌商；另一方面，千方百计精打细算，努力打造全国首家买手制电商。机会总垂青有准备的人，黄承松的卷皮网很快在电商界崭露头角。2012年，销售收入近1亿元，2013年销售收入达7亿元，2014年销售收入达25亿元，拥有超过3 000万买家会员、移动端App总用户达1 500万，成为国内折扣特卖电商第一品牌和国内成长最快的互联网电商企业。

　　"做产品，核心的核心就在于一定要像上帝一样了解用户，无论他们多么小众、多么与正常想象不一致，这样才能清楚地知道提供'水'还是'饮料'。真正了解了你为用户提供的是什么，你才会知道你的用户究竟是谁，喜欢什么。"黄承松说。他坚信"昂贵不一定好，精准才是好的"，同样价格的商品对于不同人来说，价值是不一样的。人们在判断自己有多想要一件物品时，除了受到该物品价格的影响，还受到个人喜好、场合等更多更复杂因素的影响，即我们常说的用户"痛点"。对创业团队而言，最怕的是丢了最初的创业梦想。到今天，"上卷皮，购便宜"成为老百姓很熟悉的广告语，卷皮团队一直不忘创业之初的梦想：让购物变得更省时、省心、省钱。如今，卷皮折扣已经完成两轮融资，随着公司规模的不断壮大，商业大潮中的阿松也将继续迎接挑战，他表示，卷皮折扣将一如既往为用户"解渴"，关注低收入人群、关注购物体验、关注中国，并最终成为一家"伟大公司"。

第三条 "办企业有如修塔,如果只想往上砌砖,而忘记打牢基础,总有一天塔会倒塌。"

[(日本)浦木清十郎]

【引申释义】

互联网时代,创业者在寻求创业机会时,最大的愿望是找到一个"风口",成为风口上那头飞起来的幸运的"猪"。所以,在中国经济体中,创业者众,但创新者少。常常是极少数的创业者(主要是美国的创业者)探索、创新出一个新的商业模式且需求得到市场确认以后,一大堆追风口的"猪"蜂拥而来,渴望后来居上,成为独占鳌头的那头飞起来的"猪"。这些追风的"猪",摔死的永远被世人所忽视,而极少数飞起来的就可以指点江山、俯视众生。所以,寻找和追随"下一个风口",始终是创业界乐此不疲的游戏,也是投资界津津乐道、永不过时的话题。但能够清醒地辨别机会、识别自身优势、找准市场定位,并依据自身优势打牢地基,扎扎实实地进行企业管理,才是创业者应做的首要任务。

【名人简介】

浦木清十郎,国籍日本,企业管理学家。

【案例】

共享单车的企业故事

前些年,共享单车"忽如一夜春风来",共有17个公司进入市场,包括摩拜单车、ofo、优拜单车、小鸣单车、小蓝单车等,有20多家投资机构投了近30亿元资金,单车共有30万辆。

2015年,北京大学的学生戴威等人为了让所有北大师生随时随地有车骑而创立ofo共享单车,车辆来源于师生携车加入以及校园废旧自行车回收再利用,有车用户加入该品牌共享单车后,可换取免费使用权,无车用户使用共享单车只需支付低廉的费用。这时候的ofo是真正的共享单车。这一模式很快得到认可,2015年10月份在北大校园日均订单达4 000单。随后,ofo获得900万融资。

2016年1月,接受朱啸虎和金沙江创投的投资,ofo被美誉为"下一个滴滴"。投资人朱啸虎积极活动,为ofo拉来了一批投资人,ofo迎来了资本热潮,共享单车的风口由此形成。

这时共享单车概念正火,龙头之一的ofo备受各路资本热捧,仅在2016年就经历了5轮融资,累计金额超2亿美元。在大量资本的急速推动下,ofo开始爆发式扩张。

2017年ofo共享单车投放量高达2 300万辆,还计划年底再投放2 000万辆。为抢占市场和用户,共享单车企业纷纷开始了无止境的融资、烧钱、补贴、扩张……7月份,ofo获得了7亿美元的融资,可不断的价格战和投车扩张,不到两个月这些钱就花完了。

2018年1月,腾讯报道ofo将出现资金链断裂危机,公司账户上的现金只够支撑一个月。ofo火速辟谣,但并没有拿出有力证据证明自己资金充足。2018年,ofo打算引进日本软银,可因与滴滴公司的谈判无法取得进展导致无果而终;计划与阿里合作,并把所有的单车抵押给阿里,但最后合作计划也搁浅了。2018年12月,ofo陷入押金挤兑风波,有大约1 600万用户在排队等待退押金。ofo还被曝欠供应商及物流企业的钱,上海凤凰起诉ofo追讨6 000多万元货款。ofo由"明日之星"变成负债累累。

遇到危机后,ofo一直尝试自救,进行计费方式的调整,并推出车身广告、App端内广告,还开展了线上金融、押金变基金等措施,加快流量变现。不过,因政策严管及端内App广告的短板等原因,限制了ofo这些措施的效果。短短的3年时间,从资本热捧的明星独角兽到负债累累,ofo的发展历程值得所有企业警惕。

创业的风口每天都在演绎喜怒哀乐、悲欢离合的故事。巨大的希望、深深的失望在这里不断地碰撞;无数人的梦想、激情,无数的资源、创意在这里交汇融合,以各种不同的途径和机制,影响着国家经济的兴衰、产业竞争力的起伏。所以,我们需要对风口的形成、演进规律进行探索。

> **第四条** "企业如果固守过去曾行之有效的战略,那么它必将败于竞争对手。"
>
> [(美国) 威廉·科恩]

【引申释义】

思想有多远,你就能够走多远。阻挡你前进的不是高山大海,而往往是自己鞋底小小的沙粒!当你抓住一件东西总不放时,或许你永远只会拥有这件东西,如果肯放手,便获得了其他选择机会。旧观念不放弃,新观念难产生!

【名人简介】

威廉·科恩(1940年—   ),美国政治家,美国共和党成员。曾担任美国众议员(1973—1979年)、美国参议员(1979—1997年)和美国国防部长(1997—2001年)。科恩卸任国防部长以后,创立了科恩集团。

【案例】

从"借势"蜕变成"强势"

最开始,伊利统治市场,其他品牌只能在夹缝中求生存。要想扩大品牌的知名度,牛根生知道依赖常规的营销手段难以实现突围,只能以奇招制胜,他提出要"创内蒙古乳业第二品牌"。当时内蒙古乳品市场的第一品牌当然是伊利,蒙牛名不见经传,连前五名也挤进不去。但是,牛根生的过人之处就在于此,他通过把标杆定为伊利,使消费者通过伊利知道他的品牌,而且留下一个印象:该品牌似乎也很大。1999年4月1日,呼和浩特市的老百姓一觉醒来,市区主要街道旁边的300块广告牌全是蒙牛广告:向伊利学习,为民族工业争气,争创内蒙古乳业第二品牌!一石能激起千层浪,300块广告牌自然掀起了市场巨浪。蒙牛成了内蒙古老百姓热衷谈论的一个话题,人们记住了它,也记住了它是内蒙古乳业的第二品牌。5月1日,就在老百姓讨论蒙牛的余热未散之时,48块广告牌一夜之间被砸得面目全非。牛根生当然明白这是伊利人干的,聪明人善于把坏事变为好事,把危机转化为机遇。牛根生利用广告牌被砸事件让社会关注蒙牛的热度再度提高,蒙牛开始变得"愈神秘,愈美丽"。广告牌可以被砸,但是把广告印在产品包装纸上,对手应该无可奈何了吧?于是,蒙牛在冰激凌的包装上,打出"为民族工业争气,向伊利学习"的字样;蒙牛表面上似乎为伊利免费做了广告,实际上是为自己做广告,默默无闻的品牌正好借伊利大企业的"势",出了自己的"名"。牛根生白手起家,硬是在重重围剿之中杀出一条血路。蒙牛乳业凭借牛根生的过人智慧,实现了高速发展,从原先的"借势"蜕变成了"强势"。

第五条 "没有战略的企业就像一艘没有舵的船,只会在原地转圈,也像流浪汉一样无家可归。"

[(美国) 乔尔·罗斯]

【引申释义】

战略表现为一种计划(Plan),而从企业发展历程来看,战略则表现为一种模式(Pattern),如果从产业层次来看,战略表现为一种定位(Position),从企业层次来看,战略则表现为一种观念(Perspective),此外,战略也表现为企业在竞争中采用的一种计谋(Ploy)。

【名人简介】

乔尔·罗斯(Joel Ross),美国著名管理学家。乔尔·罗斯和迈克尔·卡米提出:"没有战略的企业,就像一艘没有舵的船,只会在原地转圈,也像流浪汉一样无家可归。"它表明对于一家企业而言,战略布局是成功的关键,而前瞻性的战略决定一家企业的发展,不仅可以让企业做大做强,更能让企业领跑同行,成为行业领先者。

【案例】

优势衰退的启示

索尼在众多领域开始遭遇失败。在等离子彩电市场,已被先锋、日立的技术超越。先锋和索尼在日本国内的销售比达到了4:1。在液晶彩电领域,韩国三星已经在索尼集团的传统领地北美地区将其封住,索尼开始节节败退。

索尼电子业务一度出现1 161亿日元巨额营业赤字,加上市场对索尼的前途不看好,引发了日本股市的巨幅震荡。有舆论认为这象征着日本经济已经面临一个重大转折,实际上我们真正应该考虑的是:索尼这种标杆型的公司在新的竞争年代遇到了什么样的挑战?我们还应该不应该继续把它作为榜样?新的竞争年代的组织到底需要什么样的新战略?

索尼一直被理论界认为是独特的战略赢得了独特的胜利,尤其是在日本的公司大多匍匐在效率面的竞争而不能突围的时候,索尼的经验更加难能可贵。它的胜利在于它有独特的战略:针对不同顾客生产不同的电子产品然后高价销售,并用独特的方法进行市场营销,强调产品技术的原创性。

经营效率竞争要求把相同或者相似的活动做得比竞争对手更好,而战略竞争的本质是以区别于竞争对手的方法展开商业竞争活动。如果生产所有品种的产品满足所有市场的需求、占有所有顾客的最好的方法是相同的,那么经营效率决定公司的绩效,然而对经营活动进行取舍可以使公司能够在它选定的位置上取得独特的成本与顾客价值。

索尼50年来的胜利其实就是这种战略的胜利，但是，在50年后索尼遇到了麻烦，是战略理论出现了问题，还是索尼出现了问题？实际上是索尼对待战略的方式上出现了问题。

战略从来都不是静态的，因为市场是变化的，一种战略不可能保证一个静态企业的持续胜利。这个公司必须进行持续的新的定位，以保持自己永久的战略差异性，这才是索尼获得胜利的根本。

索尼的战略已经遇到了挑战，它的战略已经开始模糊，这是因为在很多领域内它与其他很多公司已经没有什么两样，并且有很多公司已经超过索尼，索尼是到了重新进行战略定位的时候了。索尼在几十年前率先从日本大公司杂货铺式的经营模式中突围，获得了几十年的胜利，面对新的竞争必须进行新的产业取舍和原有产业的突破，也就是说必须进行新的战略定位，任何修修补补都没有用。因为从现在看，索尼实际上在众多对手的围攻下掉进了效率面竞争的陷阱，在这样的环境中索尼是没有任何优势的，因为它的成本是最大障碍。

索尼的战略优势的衰退给信息时代的全球竞争提供了五点启示：

第一是市场已经转变为"不间歇化的市场"，市场创新主体增多，具有技术优势的企业都不可能垄断技术，消费者接受新产品的速度加快。这个新的市场是一个速度的市场，也是一个创新的市场，这样的市场不可能给一个企业更多的时间让你一劳永逸，进入这样一个新的市场就等于开始没有终点的速度与创新的比赛。

第二是要有永远的有活力的新产品。成功的企业首先是产品的成功，失败的企业也就是产品的失败，索尼衰落的实质就是其产品竞争力的衰落。优秀的品牌保证不了没有竞争力的产品的胜利，有竞争力的产品却能保证品牌的长盛不衰，一个企业要长盛不衰必须保证自己的产品永远有竞争力，永远不要期待自己的著名品牌会保佑自己的产品，品牌对产品的信用担保期限是零秒。因此，千万不要认为创造了一个好品牌，然后可以在产品创新上休息一下，这已经是历史的陈旧观念了。

第三永远的低成本。设定好的战略，找到差异化的市场空间，并不意味着就找到了高成本的理由，即使你有独特的东西，品牌的溢价幅度正在变小，即使你独特，更独特与成本更低的产品已经在一边等着你了。新的市场要求更大的创新与更低的成本，索尼以往的高成本、高价格的模式已经落后了。

第四最快的速度。光有创新和低成本是不够的，必须具有超前的速度，速度已经成为像技术、成本等物质要素一样或者说是更为重要的要素。在这样的时代，产品、成本有竞争力，没有速度所有的活动都是白搭。优秀的企业不是在市场上与竞争对手搞肉搏战，而是在你还没有反应的时候，我已经行动，在你行动的时候我已经收获了，速度保证了自己永远不跟竞争对手待在一起。索尼到现在为止仍然具有超常的创新能力，但是，这种能力并没有保证自己在很多产品上胜利，缺少的东西就是速度。

第五品牌营销是持续的沟通流，而不是想起来就有忘记就没有的散打战役。品牌的优势永远是在现在，现在有优势并不等于今后就有优势。索尼就犯了这样的毛病，创造出一个好的品牌，然后停下来期待这块金字招牌照耀未来，现在看是极大的错误。

第六条 "如果你要成功，你应该朝新的道路前进，不要跟随被踩烂了的成功之路。"

[（美国）约翰·D.洛克菲勒]

【引申释义】

80%的创业者在创业前期都感到确定创业项目"十分头疼""很难抉择"；在创业失败的案例中，有60%的人觉得是"创业项目不对"或"创业项目选择失误"；而在成功创业的人群中，70%的人都认为是"良好的创业项目成就事业"。

【名人简介】

约翰·D.洛克菲勒（1839年7月8日—1937年5月23日），美国实业家、超级资本家，美孚石油公司（标准石油）创办人。出生于纽约州里奇福德镇，父亲威廉·埃弗里·洛克菲勒是一个无牌游医，母亲伊莱扎·戴维森是一个虔诚的浸礼会教徒。洛克菲勒是全球历史上除君主外最富有的人，是世界公认的"石油大王"。

【案例】

罗永浩的创业之路启示

创业初期的罗永浩和他的科技公司可谓是"风华正茂""朝气蓬勃"，现在来说，在大众眼中的罗永浩，正如周鸿祎评价为"段子手"一般的存在。但不得不承认，凭借罗永浩"以收购苹果为己任"，以"梦想"和"情怀"为卖点等独特影响力，罗永浩和他的科技公司也曾吸引了不少消费者的眼球，也收到了不少"粉丝"的追捧。但是，近几年罗永浩的日子并不好过，他的科技公司从估值百亿到差点破产，从他本人也从10亿身家到给某微商站台，这样的前后差距着实让人唏嘘。

罗永浩于2006年6月从北京新东方学校辞职。迅速在网络上被人追捧的罗永浩，怒砸西门子冰箱、和俞敏洪的口水战也让他收获了不少人的眼球。辞职后的几年里，罗永浩白手起家开始创业，又激励了很多人的创业梦，他先后创办了牛博网、英语培训学校，等等，但是都好景不长，以失败告终。2011年，改变了智能手机的一代"巨匠"乔布斯去世，手机行业人人都希望成为下一个"苹果"，罗永浩也决定开始进军手机市场，并且在2012年5月成立了科技公司，两年后，罗永浩正式发布了第一款手机，一时间，罗永浩和他的手机成了手机行业的黑马，凭借罗永浩独特的影响力，受到了广大用户的支持和喜爱。

"做东半球最好的手机""以收购苹果为己任"，等等，这一系列"狂言"，来自老罗的自信，第一款手机T1的成功，为罗永浩打开了突破口，找到了一条出路，也让老罗处在风口浪尖上，同时，也带来了更多人的关注。但是，"情怀"和"迷之自信"，并不能成为一款产品的卖点，而其他国产手机品牌如华为、OPPO、小米等，为了迎合更为挑剔的新一代用户不断更新新产品、新技术，并且逐渐成为人们的"心头好"，成为首选，而罗永浩的科技公司入行晚、发展慢，终于手机产品在这样飞速发展的市场洪流中，慢慢败下阵来，最终彻底消失。

资金链断裂、管理人更迭、资产变卖等关于罗永浩的科技公司和罗永浩本人的新闻屡见不鲜，这也让他的科技公司名存实亡。其实，截止到 2019 年 3 月 28 日，罗永浩先后卸任了 5 家旗下的法定代表人，也就是说，曾经以"罗永浩"冠名的科技公司改朝换代，成了别人的后花园。同时，罗永浩的新"产品"聊天宝、空气净化器产品"畅呼吸"等都卖给了别人，进军电子烟市场后，更是整个行业被央视点名，成了笑谈。可以说，每一次罗永浩信心满满地加入，最后现实都给了他狠狠的一巴掌，让他陷入新的"万劫不复"之中。

第三节 "双创"人生哲学名句

第一条 "凡做事，将成功之时，其困难最甚，行百里者半九十，有志当世之务者，不可不戒，不可不勉。"

（梁启超）

【引申释义】

任何一件事，无论大小，只要是正确的，就坚持下去。所谓最后的成就大小，不应该是你放弃的理由。因为只有坚持，才会有收获，即便是非常有成就的事情，没有前期的耕耘，怎能收获累累硕果。

【案例】

再接再厉

在硅谷工作了两年半后，宿华开始第一次创业。第一个尝试就是做网站视频广告，现在看来这是很平常的想法，但在 2008 年，并没有人愿意投资。再加上金融海啸的冲击，第一次创业就这样失败了。

但宿华并没有放弃，在接下来的一年中，他再接再厉，和同学前前后后筹划了 33 个项目，但遗憾的是，这些项目都失败了！经过这么多次的连续创业失败之后，宿华选择了暂时放弃创业，积蓄实力，进入百度，成为凤巢系统架构师，这时宿华的年薪+股票已经突破 100 万元人民币。

从 2009 年年底一直到 2011 年 4 月，宿华在百度待了 2 年。这段经历让宿华也收获了许多，让他学会了如何去带领团队。离开百度后，宿华再次选择创业，这次是搜索引擎方面的尝试。

通过在谷歌和百度积累的技术经验和学习思考，这次，宿华顺利地在 6 个月内把公司做到了盈亏平衡。但这次尝试没能坚持下去，不久之后，公司技术就被阿里收购了，和 UC 浏览器做了整合。

正当宿华实现了财务自由、正在等待机会的时候，投资机构人帮了他一把，给他介绍了一个有着同样目标的人——程一笑。宿华和他开始合作，一起组建了新公司——快手，宿华担任 CEO，主要负责战略、技术以及对外事务，而程一笑负责客户端。

成为 CEO 后的宿华开始着手调整快手，将复杂臃肿的工具应用统统砍掉，在他的努力下，快手界面简单干净，首页只剩下了三个栏目："关注""发现""同城"，还有一个用图标摄影机表示的录制功能。但出乎宿华意料的是，App 经过调整之后，第一个星期活跃用户流失了 90%！在惨淡的数据面前，宿华懵了，开始怀疑自己是不是做错了。

在这个时候，为了挽回用户、增加活跃量，有人建议找明星拉流量，吸引用户。这个做法被宿华立刻否决了："要想记录普通人的生活状态，唯有'真实'一条路！"

在宿华的坚持下，快手没有去拉明星入驻，也放弃了大 V 认证标签，而是踏踏实实地开始专攻算法推荐技术，一边训练推荐算法模型，一边调整内容运营策略，将内容推荐的权利，全部交给数据算法而不是人工推荐。在优质内容和算法的双重优势下，快手流失的"粉丝"数量又回来了。到了 2022 年 5 月，快手主站日活跃用户数为 3.93 亿，快手极速版月活跃用户数为 2.11 亿。

第二条 "聪明出于勤奋，天才在于积累。"

（华罗庚）

【引申释义】

创业可能是每个大学生都有的想法，只不过不是每个人都会付诸实践，大多数人惧怕创业道路上的艰辛。在创业前期，所有的东西都要自己管，财务、业务、客服、策划，每一件小事情都要亲自过问、经手。在创业过程中，经济方面、技术方面、经验方面的欠缺，都有可能给创业项目带来巨大的风险。因此，对于创业者而言，应当将"踏实，勤奋，永不放弃"这八个字作为座右铭，时刻提醒自己。

【案例】

聪明出于勤奋

富士康董事长郭台铭，这位以勤奋著称的台商多次践行深圳速度。等待龙华厂房建设的 4 个月，富士康公司正在赶康柏电脑机壳的订单，那是他用更短的供货时间和更低的价格从韩国 LG 手里虎口夺食抢过来的。在深圳黄田一处借来的厂房里，富士康公司工人日夜赶工，总部和后勤人员也全部上线。然而，距离交货日还有 1 天时，还差 1 万台机壳没有完成。最后一晚，郭台铭亲临现场，担任生产组长，所有干部都下到了生产线。A、B 两班人马轮番上阵，停人不停线，上至总裁下至员工都站在生产线上挥汗如雨。最终，凌晨 5 点 57 分，所有产品生产完毕，比规定时间提早了宝贵的 3 分钟。

对于他的勤奋，深圳予以了回报，他的工厂规模实现着 4 年一跨越：

1988 年在宝安西乡的简陋厂房落脚，1992 年搬到深圳黄田的新工厂，1996 年，富士康工业园区在龙华荒地上拔地而起。龙华园区的建成是富士康公司一个全新起点，"这不再是一个帐篷了，而是一个没有漂泊感的家"，郭台铭在接受《深圳特区报》采访时深有感触地说。

扎根龙华之后，正值深圳陆续出台一项项支持外商投资发展的法律法规和政策，富士康由此进入发展的快车道，成长为全球精密制造、高端制造、先进制造的产业巨头。苹果、诺基亚、索尼、亚马逊等产业巨头，纷纷将自己的最新产品拿到富士康公司生产。

站在风口上的郭台铭从来就不缺乏讨论热度。后来，苹果"抛弃"富士康寻找备胎的新闻，又一次将富士康推上了热搜。毫无疑问，苹果是富士康最重要、最为人所知的客户之一，它成就了郭台铭在大陆的地位，后者也确实是值得信任的合作伙伴。

但随着合作推进，郭台铭与这家美国公司的关系愈发复杂，他们互相需要，又时刻提防，并通过各种商业手段，努力把自己对对方的依赖降到最低。

郭台铭需要苹果，业内公认的看法是，富士康无法承受丢掉苹果订单的局面——后者长年贡献着富士康收入来源的一半。

但他不能只有苹果。

一方面，代工模式利润低，当苹果的营业利润在2012年高峰期超过35%时，富士康的利润还在1.5%徘徊。而富士康的收入浮动受苹果销量影响也很大——前段时间关于"疫情导致苹果销量下滑，富士康工厂放假4个月"的传闻虽被官方否认，但不可否认的是，富士康公司的命运与苹果是捆绑在一起的，当iPhone出现销量下滑时，富士康公司收入也会下降。

于是，郭台铭一直想摘掉"苹果代工厂"标签，给富士康注入更多故事元素。2018年6月，登陆A股上市的富士康公司工业互联网（简称"工业富联"）就是其中的一步棋。上市前夕路演的那段日子，郭台铭逢人提及富士康几乎都是以科技公司自居，股票名称叫"工业富联"而非"富士康公司"也暴露了他对于转型科技企业的野心与希冀。

第三条 "只有把抱怨环境的情绪，化为上进的力量，才是成功的保证。"

[（法国）罗曼·罗兰]

【引申释义】

尽人事，听天命，这是儒家思想的精华之一。在创业的过程中，必然会遇到很多预想不到的问题。对于创业团队而言，与其抱怨环境，不如在前期做好相应的应对准备，制订相对完善的计划，在实施中尽最大的努力。但同时，要清晰地判断当前形势、避免期望过高。

【案例】

上进的力量

在原单位统计局里，史玉柱就已经发现了一个市场机会。当时四通电脑打字机已经非常流行，买一台四通电脑打字机要2万多元，每个单位都得买。但是这个时候，每个政府部门，就是每个局、每个厅，很多处都有一台计算机了，还得买一台打字机。"而电脑放在那儿就觉得是一种浪费，所以我就想编一个软件，让这个软件能拥有四通打字机的功能，直接用电脑打字，这样就会节省成本，此后我就花半年时间编了这样一套软件。"

不久，在史玉柱合肥的家中完成这套后来被称为"M-640l"的文字处理软件。他送了一套给原单位。几张软盘一装，就能打出比四通打字机24点阵更漂亮的64点阵的字，而且，编辑屏幕比四通打字机的一窄条要大很多。从此单位的四通打字机被放到一旁没人用了。那个时候，金山的WPS还没有上市。

也许是史玉柱正好赶上了一个好时代。20世纪80年代末，中国的电脑技术，特别是在文字处理、桌面印刷排版领域，还处在非常落后的状态。史玉柱把他的软件拿去压缩成了一种可以装进电脑主机里的卡,"汉卡"之名也因此而来。之后他把第一批产品命名为 M-6401。经过反反复复的可行性论证,史玉柱相信自己的 M-6401 桌面文字处理系统已经能够经得起实践检验,应该展翅高飞了。当时他确信 M-6401 已经是一个成熟产品。

但是卖软件得有电脑来演示。史玉柱在报纸上找到一家专门卖计算机的,就上门去找他们谈。当时那个经理也懂计算机,史玉柱就把自己的软件演示给他看,说:"我就卖这个产品,但我现在没钱,你让我先把电脑拿回去,我估计半个月内会有钱。等我软件卖了钱,给你多加 1 000 元。"当时那台电脑售价是 8 500 元,由于没有现钱,史玉柱便想用延期付款的方法,即支付 9 500 元来买这台电脑。

没想到,卖电脑的老板居然同意了,而且派他的副经理将电脑送给史玉柱。这名副经理后来加入了史玉柱的公司,直至当了副董事长。

1989 年 8 月 2 日,史玉柱利用报纸《计算机世界》先打广告后收钱的时间差,用全部的 4 000 元做了一个 8 400 元的广告:"M-6401,历史性的突破。"13 天后,史玉柱即获 15 820 元。一个月后,4 000 元广告换来 10 万元回报。4 个月后,新的广告投入又为他赚回 100 万元。

第四条 "只有耐心圆满完成简单工作的人,才能够轻而易举地完成困难的事。"

[(德国) 约翰·克里斯托弗·弗里德里希·冯·席勒]

【引申释义】

耐心可以磨炼人的意志,使人更加坚定自己的决心。通往成功的道路,是一个漫长的旅途,只有耐心才能陪你走到最后。海鸥若没有耐心,怎能飞到大洋彼岸;雄鹰若没有耐心,怎能获得生命的重生。

【案例】

坚持做公益的刘永刚

刘永刚 17 岁参加工作,曾任天津市渤海石油消防队消防战士,曾获"天津市滨海新区优秀团员青年"荣誉称号,退伍后下海,当过菜贩、民工、流水线工人等。

2016 年初,为响应政府号召、建设美丽家乡,刘永刚毅然回乡创业,白手起家创立山东永刚玻璃制品有限公司,主要从事各类日用玻璃销售和进出口业务,为当地经济社会发展做出了积极贡献。

作为从蒙山沂水革命老区走出来的农民企业家,刘永刚一直志在桑梓,致力于为家乡经济建设和社会发展做贡献,也希望能够身体力行地帮助有困难的父老乡亲解决一些实际困难。回乡创业多年,他在带领公司事业发展的同时,也热心于公益事业,为家乡父老解难题、送温暖。在他回乡创业之初,就曾开创性地运用互联网商业思维和跨界共生思维,构建了玻璃生产制造行业商业共生联合体,带动行业上中下游企业共同发展,打造了行业共生联合和融创发展的先进典范,为改善玻璃行业从业人员就业状况和提振家乡经济做出了积极贡献。

文创篇 第五章

2017年，为解决当地群众"出行难"问题，庄坞镇后銮墩村村委会决定启动村政建设改造升级工作，对乡村道路及公共照明设施进行大力修整，然而该项惠民工程却因资金紧张而遭遇挫折。

当时尚在创业之初的刘永刚生活十分窘迫，为了节约有限的创业资金，即使业务发展迫切需要，他也舍不得买一辆小货车，而是咬牙忍痛克服腰椎间盘突出的疼痛每天亲自在货运场搬运上千斤的货物打包发货。即使如此，听闻家乡父老遇到困难，刘永刚主动找到当地村干部，亲手奉上1万元的爱心捐款，用于购置太阳能节能灯。在他的捐助下，村里的照明工程得以顺利完工，看着夜晚在明亮的路灯下悠闲散步的村民和嬉戏玩耍的孩童，刘永刚心中顿觉无限宽慰。

面对老支书和村民们的热情夸赞，这位淳朴憨厚的沂蒙小伙儿羞赧地连连摆手："我是从咱们村走出去的，这是生我养我的故乡。小时候我家里穷，承蒙各位乡亲和叔伯婶子的照顾才有我的今天，能为家乡做一些力所能及的事情，这是我的荣幸。"

不啻于此，刘永刚还坚持长期关心并大力支持边远地区山区留守儿童和乡村学校、农村公益活动等社会公益项目，积极为社会贡献自己的力量。身在草泽，心系家国，作为一名农民企业家和社会爱心人士，刘永刚无论何时何地，都在努力用自己的实际行动践行公益精神，传播分享理念，并且促进和带动身边的人一起干事创业，为社会增光添彩。

"十四五"规划中提出，要推动制造业形成产业集群，改造提升传统产业，推动制造业产品"增品种、提品质、创品牌"。对此，刘永刚表示："作为一名企业经营者和营商人员，我认为'十四五'规划开宗明义，举旗定向，极大鼓舞了广大营商人士的信心，激发了我们干事创业的激情热情。"

刘永刚表示，下一步将紧跟国家战略和发展规划步伐，以"构建商业联合体、打造全域产业链，以行业共同发展带动产业升级"的商业理念和发展思路，围绕着"创建一流企业和领导品牌"的战略目标，不断提升产品、服务和经营质量、不断提高企业的管理水平，以诚信铸就品牌，用品质创造辉煌，为创建"中国品牌"贡献力量。

作为一名白手起家的"80后"创业者，刘永刚也寄语有志创业的青年朋友们：在创业道路上一定要秉持"咬定青山不放松"的韧劲和毅力，不弛于空想，不骛于虚声，脚踏实地，埋头苦干，历经磨难，方能成就一番事业。"不论选择在哪一个行业干事创业，一定要把个人的人生定位与价值追求融入国家战略规划的大局中来，融入为国贡献为民造福的崇高理想中来，做新时代的见证者，历史的开创者和建设者。"

> 第五条 "如果你富于天资，勤奋可以发挥它的作用；
> 如果你智力平庸，勤奋可以弥补它的不足。"
>
> 〔英国〕乔舒亚·雷诺兹

【引申释义】

勤奋是一个永恒的话题，只有勤奋，才会有丰硕的收获。勤奋属于珍惜时间的人，属于脚踏实地的人，属于坚持不懈的人，属于勇于探索、属于勇于创新的人。高尔基曾经说过："天才出自勤奋。"

【名人简介】

乔舒亚·雷诺兹（1723年7月16日—1792年2月23日），出生于普林普顿，英国18世纪后期最负盛名且颇具影响力的历史肖像画家和艺术评论家，英国皇家美术学院的创办人。雷诺兹强调绘画创作的理性一面，他的许多观点是英国18世纪美学原理最典型的体现。代表作有《阿尔贝玛伯爵夫人安娜像》《内莉·奥勃伦像》《约翰逊博士像》《托马斯·梅里克夫人像》等。

【案例】

中国航天精神

载人航天精神源于2005年10月17日我国自主研制的"神舟六号"载人飞船顺利返回。喜讯传来，举国欢腾。中共中央、国务院、中央军委对"神舟六号"载人航天飞行获得圆满成功致电热烈祝贺，全世界中华儿女无不为之感到骄傲和自豪。伟大的事业孕育伟大的精神，伟大的精神推动伟大的事业。载人航天工程是当今世界高新技术发展水平的集中体现，是衡量一个国家综合国力的重要标志，也体现了中国人民坚韧不屈的航天精神。

实施载人航天工程以来，中国航天工作者牢记使命，不负重托，培育和发扬了特别能吃苦、特别能战斗、特别能攻关、特别能奉献的载人航天精神。载人航天精神的基本内涵是：①热爱祖国、为国争光的坚定信念。自觉把个人理想与祖国命运、个人选择与党的需要、个人利益与人民利益紧密联系在一起，始终以发展航天事业为崇高使命，以报效祖国为神圣职责，呕心沥血，奋力拼搏。②勇于登攀、敢于超越的进取意识。知难而进、锲而不舍，勤于探索、勇于创新，相信科学、依靠科学，攻克尖端课题，抢占科技制高点。③科学求实、严肃认真的工作作风。尊重规律，精心组织，精心指挥，精心实施，在任务面前斗志昂扬、连续作战，在困难面前坚韧不拔、百折不挠，在成绩面前永不自满、永不懈怠。④同舟共济、团结协作的大局观念。自觉服从大局、保证大局，同舟共济、群策群力，有困难共同克服，有难题共同解决，有风险共同承担。⑤淡泊名利、默默奉献的崇高品质。一心为事业，舍弃生活方式的多彩而选择单调，舍弃功成名就的机会而选择平凡，不计个人得失，不求名利地位，以苦为乐，无怨无悔。大力弘扬载人航天精神，对于积极推进中国特色军事变革、实现强军目标，对于实现中华民族伟大复兴的强国梦，具有十分重要的意义。

站在中国正式进入空间站时代的时间轴上，我们再回眸中国航天人29年来所走过的不平凡历程，不由得发现，一次次托举起中华民族的民族尊严与自豪的正是一种精神。这种精神，就是载人航天精神——特别能吃苦、特别能战斗、特别能攻关、特别能奉献，也成为民族精神的宝贵财富，激励一代代航天人不忘初心、继续前行。

第六条 "第一步是要确定，一切皆有可能，那么概率就会发生。"

[（南非）埃隆·马斯克]

【引申释义】

每天在我们生活中都会接触到概率。不同的选择，导致不同的后果，无论是职业规划还是购买股票，在我们心里都会分析和判断，把不同的可能性考虑进去，思考如何把价值最大化。当你知道了概率的数值，并且考虑足够周到，是否就意味着可以预测未来？这是可能的，关键在于概率的这个数值，我们并不总是能得到正确的数字，任何小的变数都可能导致结果极大的不同，因此说预测是可能的这一观点本身应该没有错，问题是我们的能力也许还不足以让结果显而易见。选择大于努力，抛开复杂的哲学和数学分析，身边这样的例子比比皆是。

【名人简介】

埃隆·马斯克（1971年6月28日— ），出生于南非的行政首都比勒陀利亚，毕业于宾夕法尼亚大学，获经济学和物理学双学位，同时具有南非、加拿大和美国三重国籍。企业家、工程师、慈善家，现任太空探索技术公司CEO兼CTO、特斯拉公司CEO、太阳城公司董事会主席。

1995—2002年，马斯克与合伙人先后创办了三家公司，分别是在线内容出版软件"Zip2"、电子支付"X.com"和"PayPal"。2002年6月，马斯克投资1亿美元创办美国太空探索技术公司。2004年，马斯克向特斯拉汽车公司投资630万美元。2006年，与合伙人联合创办光伏发电企业太阳城公司。2012年5月，马斯克旗下公司SpaceX的"龙"太空舱成功与国际空间站对接后返回地球，开启了太空运载的私人运营时代。2018年2月，SpaceX公司的"重型猎鹰"运载火箭在美国肯尼迪航天中心首次成功发射，并成功完成两枚一级助推火箭的完整回收。2021年1月9日，马斯克的个人资产达到1 897亿美元，成为世界新首富。

【案例1】

永远不要消极

年轻的时候，希尔抱着一个当作家的雄心，要达到这个目标，他知道自己必须精于遣词造句，字词将是他的工具。但由于他小时候家里很穷，所接受的教育并不完整，因此，"善意的朋友"就告诉他，说他的雄心是"不可能"实现的。年轻的希尔存钱买了一本最好的、最完全的、最漂亮的字典，他所需要的字都在这本字典里面，而他的意愿是完全了解和掌握这些字。但是他做了一件奇特的事，他找到"不可能"（impossible）这个词，用小剪刀把它剪下来，然后丢掉，于是他有了一本没有"不可能"的字典。以后他把他整个的事业建立在这个前提上，那就是对一个要成长而且要成长得超过别人的人来说，没有任何事情是不可能的。成功者告诫世人：永远不要消极，也不要认定什么事情是不可能的。首先你要认为你能，就去尝试，再尝试，最后你就会发现你确实能。

【案例2】

他们从来没有告诉我我有什么不能做的

汤姆生下来的时候，只有半只脚和一只畸形的右手，父母从来不让他因为自己的残疾而感到不安，结果是任何男孩能做的事他也能做，如果童子军团行军10公里，汤姆也同样走完10公里。

后来他要踢橄榄球，他发现，他能把球踢得比跟他在一起玩的男孩子远。他要人为他专门设计一只鞋子，参加了踢球测验，并且得到了冲锋队的一份合约。但是教练却尽量婉转地告诉他,说他"不具有做职业橄榄球员的条件",促请他去试试其他的事业。最后他申请加入新奥尔良圣徒球队,并且请求给他一次机会。教练虽然心存怀疑,但是看到这个男孩这么自信,对他有了好感,因此就收了他。

两个星期之后教练对他的好感更深,因为他在一次友谊赛中踢出 55 码远得分。这使他获得了专为圣徒队踢球的工作,而且在那一季中为他的一队踢得了 99 分。然后到了最伟大的时刻,球场上坐满了 66 000 名球迷,球是在 28 码线上,比赛只剩下几秒钟,球队把球推进到 45 码线上,但是根本就可以说没有时间了。"汤姆进场踢球。"教练大声说。当汤姆进场的时候,他知道他的队距离得分线有 55 码远,是由巴第摩尔雄马队瑞奇踢出来的。球传接得很好,汤姆一脚全力踢在球上,球笔直地前进。但是踢得够远吗?66 000 名球迷屏住气观看,接着终端得分线上的裁判举起了双手,表示得了 3 分,球在球门根杆之上几英寸的地方越过,汤姆一队以 19 比 17 获胜。球迷狂呼乱叫为踢得最远的一球而兴奋,这是只有半只脚和一只畸形的手的球员踢出来的!

"真是难以相信。"有人大声叫,但是汤姆只是微笑。他想起他的父母,他们一直告诉他的是他能做什么而不是他不能做什么。他之所以创造出这么了不起的纪录,正如他自己说的:"他们从来没有告诉我我有什么不能做的。"

【案例3】

成功是靠实力

2004 年,中国健儿在雅典奥运会上取得令人振奋的成绩,平了世界 110 米跨栏纪录的英雄刘翔一下子被世界所关注,各种名号接踵而至,媒体用"奇迹"形容刘翔的成功。请问何为奇迹?这是实力,夺冠应该早已在刘翔的意料之中,并不是偶然碰运气创造了奇迹。

刘翔的成功是靠实力,但有些事情的发生却会有许许多多的偶然因素。无穷之宇宙充满了奇迹,充满了偶然性,地质学家说地球至少发生过 6 次生物大规模的灭绝,生物灭绝的原因有种种假说,超新星爆炸、行星撞击、太阳耀斑爆发、海平面变化、温度变化等,无一不充满偶然性。生命的形成同样充满玄机。有人曾形象地比喻生命的最初诞生,说最初形成生命就像一阵龙卷风把一堆零件组成一架战斗机一般,按常理这根本是不可能的,可它就是发生了。所以我们要相信世界万物一切皆有可能,那么概率就会发生。

第七条 "成功的秘诀就一个,简单的事情坚持做。"

[(美国) 汤姆·霍普金斯]

【引申释义】

只要稍微有点成就的人,都是简单的事情重复做,长时间聚焦在一个小小的领域。单点爆破,一通百通,只有不断完善自己解决问题的能力,思维才能更上一个阶梯,在一个领域内,不断积累客户,积少成多。这样的人信念非常坚定,谁也无法动摇,不管干啥都能干成。

【名人简介】

汤姆·霍普金斯(1965 年 1 月 15 日—),营销培训大师,全球推销员的典范,被誉为"世界上最伟大的推销大师",接受过其训练的学生在全球超过 500 万人。汤姆·霍普金斯是国际培训集团的董事长,他每年出席全球上百场演讲会,向全世界梦想获得巨大成功的人们传授销售知识,分享自己毕生的成功经验,被公认为"销售冠军的缔造者"。如今全世界 90%的销售培训课程,都来源于他的销售培训系统。他出版的众多经典销售培训书籍,被翻译成 30 多种语言,让全球超过 5 000 万人受益。在销售培训方面,被公认为说服大师和销售冠军的缔造者。

【案例】

"钻石小鸟"的坚持

这家公司起源于徐潇于 2002 年在 Ebay 上开设的网店——钻石小鸟。当时英语专业毕业的她在一家美国软件公司工作,由于工作的关系常常需要接触网络,所以就看到了 Ebay。一开始徐潇只是买主,她会在网上给自己买点喜欢的饰品,后来,就自己开了一家卖银饰的小店,徐潇兴致高昂地给每一个银制的首饰写故事,小店生意因此做得红红火火。她还被网友热情地称为"小鸟姐姐"——现在的"钻石小鸟"的名字也是由此而来。

"现在,公司里的人都叫我'鸟姐'。"徐潇笑道。当然,说到"鸟姐",不能不说到"石头哥"。石头哥是徐潇的哥哥,毕业于同济大学珠宝鉴定专业,那时的石头哥已经是一名比较成功的珠宝供应商。徐潇想:哥哥的钻石批发公司有进货渠道,只要把这些钻石的照片放到网上就行,既不需要资金,也不需要库存,为什么不试一试在网上销售钻石呢? 于是,在 2002 年 7 月,徐潇在自己的网店上贴出了一些钻饰的照片,开始把钻石销售作为自己网店的又一项经营业务。

一开始,网友是有疑虑的,钻石是昂贵的奢侈品,网上销售的价格确实比在店里卖的便宜了不少,可谁能保证这是真的呢? 开始的三个月,没有一单生意。直到那一年 10 月份,一位哈尔滨的姑娘才下了第一单,买下了 3 000 元的东西,包括一枚钻戒和一个钻坠。"她一开始也不能确定,跟我沟通了整整一个月之后才下了这一单。"徐潇回忆起第一笔生意的情景。有了第一个吃螃蟹的人,后来的生意就比较好做了,"网络是一个无形的监管平台,可以传好的,也可以传不好的,如果我们做得不好,很快就一传十、十传百,而我们在网上的店,好评率一直是 100%"。这就是最好的广告。

2004 年,他们在上海开设了第一家 Office 直营店,也给他们的网上销售带来了转折。"虽然当时只是 20 多平方米的一个地方,但是效果却大大出乎我们意料,众多网友都闻讯而来,当月销售额就轻松地翻了五番。"这也是钻石小鸟"鼠标+水泥"服务模式的实践。

现在,公司的落地门店称为"体验中心"。她介绍说:"钻石小鸟体验店和传统珠宝店有非常大的不同。首先你进门看见的不是柜台与商品,而是几台电脑——'顾客上网区',再往里走是一面讲述钻石历史的文化墙以及一对一的专业顾问咨询台,进而是一间四壁满铺钻石的璀璨裸钻厅。它不仅仅是一个钻石销售的空间,同时还是一个兼具钻石文化传播、网络销售传播以及钻石体验的空间。体验店满足了大部分客户线下交易的需求,但我们既要控制体验店数量以控制成本,又要满足越来越多的顾客的需要。"目前,钻石小鸟线下销售大概占总销售额的 85%,但是这些客户基本都是网络用户,只是支付环节选择线下,未来只要对这些客户做相应的培育和引导,徐潇有信心将他们转变为真正意义上的网上顾客。

"我们不希望逆市而为,因为我们销售的毕竟不是一个标准化程度高的产品,钻石产品个人化比较强。体验店里面的电脑并不是一个摆设，每一个线下顾客在这里都会有人指导他们做线上的注册，注册好了可以享受线上用户同样的价格。等到这类客户了解我们的模式，以后的消费就可以在网上进行。那个时候体验店的任务就完成了，它在未来可能只是一个配送中心或者服务中心。"毕竟，钻石小鸟的最大竞争力就在于价格的优势，而价格优势又来自无普通钻石销售商昂贵的库存和店面费用。

看起来，徐家兄妹一路走来，颇为"幸运"，而徐潇在采访中也一直提到这个词。但她依然认为，成功的背后最重要的仍然是"努力"。

创业初期，她一天扮演 N 个角色，做销售、摄影、美工、库管、财务、发货……"现在，因为我们成长得太快，所以很多员工也不得不同时扮演很多角色。"徐潇聊起她的团队，感慨更多。"我们一起创业的老员工，90%的人依然留在团队。"在徐潇看来，自己拥有一个非常有朝气、有凝聚力而且"快乐"的团队。

与金融危机下不少企业困难重重的经营相比，钻石小鸟反而成长得愈加蓬勃。"我们是大蛋糕变小了，而小蛋糕变大了。"徐潇解释。大蛋糕，是指全球的钻石需求，由于受经济影响变小；而在国内这个小蛋糕市场，因为钻戒之类是一种刚性需求，并不仅仅是富豪的玩意儿，加上中产阶级人数越来越多，市场需求反而在扩张。"我们的会员俱乐部活动时，很多女孩把之前买的钻饰都带上，我看了大吃一惊。只要觉得工资负担得起，她们有些人几乎每个月都会给自己买一样东西。"

"因为自己也是年轻人的缘故，也很能理解年轻人的需求和感受。比如，我们推出钻戒 DIY 的项目，将年轻人通过种种考验而走在一起的体验和钻石淬炼成型的过程融合在一起，很好地吸引了年轻顾客。何况，现在的年轻人也越来越习惯于网上购物这种方式。"徐潇对未来充满信心。

另一方面，徐潇并没有因为目前的成就而盲目乐观。"我们知道自己的经验是不够的，所以也在不断引进人才，多走出去看看同类的企业。毕竟我们还年轻，还有试错的机会，而且依靠团队的力量，相信可以克服今后的困难。"

"我和石头哥都是爱'忘事'的人，只记得好的，不记得不好的，性格乐观。"徐潇说她已经不记得之前经历过什么特别难过的时刻，只记得开心的时候。她左手无名指带着一颗经典的钻戒，右手则带着一颗个性化的夸张戒饰，一个代表事业，一个代表个性。

第八条 "优秀是一种习惯，而不仅仅是一两次的表现。"

[（古希腊）亚里士多德]

【引申释义】

亚里士多德说过："我们每一个人都是由自己一再重复的行为所铸造的。因而优秀不是一种行为，而是一种习惯。"这后一句话的意思是说，"优秀"并不是用来描述人们行为而是用来描述人们习惯的词。初读这句话，颇有些迷惑不解。然而，只要你能够联想起一个耳熟能详的故事，那么这句话的深刻内涵也就像花朵那样向我们绽放开来。

在伊索"兔子和乌龟"的寓言中，兔子天生脚快，其奔跑的速度远胜于乌龟，然而，它跑了没多久，却躺在路边睡起大觉来了。平心而论，兔子在奔跑这一行为上不可谓不优秀，但它最终还是做了乌龟的手下败将。乌龟究竟拥有什么取胜的法宝呢？伊索的描述是"一往直前，毫不停歇"，如果我们把它概括得更抽象一点，也即乌龟拥有坚韧不拔的优秀品质，而坚韧不拔的优秀品质在具体的行为过程中自然而然地外化成一往直前的优秀习惯。这个故事告诉我们：一两个哪怕是最优秀的行为终究敌不过优秀的行为习惯。一两个优秀的行为可能是孤立的、偶然的，缺乏后继性的，而优秀的行为习惯才是优秀行为层出不穷的制度性保证，它甚至有可能使一系列指向明确的平凡的行为产生不平凡的整体效应。

【名人简介】

亚里士多德（公元前384—前322年），古希腊人，古代先哲，世界古代史上伟大的哲学家、科学家和教育家，堪称希腊哲学的集大成者。他是柏拉图的学生，亚历山大的老师。

【案例】

营销鬼才杜国楹

直到现在我们依然能熟悉地记着各种广告，其中小罐茶、背背佳、好记星、8848钛金手机的广告词我们依然能记起。但鲜为人知的是，这些跨越不同领域的不同品牌的产品都是由同一个人创造的。这位传奇的创始人，在商业领域仅仅4年，身家就超过了1亿，创造了中国创业速度最快的新纪录。

这位传奇企业家就是杜国楹，他也是最年轻的亿万富翁。他21岁开始创业，仅用了4年时间就成了亿万富翁。从25岁开始，杜国楹就成为中国商界的传奇，每隔几年都会受到业界的密切关注。可以说，杜国楹是商业天才，他成功创办了五家企业，打造了四个中国知名品牌。

杜国楹大学毕业后成了一名农村教师。当时，谁能当上老师就意味着拿到了铁饭碗，不仅待遇好，而且还稳定。但是年轻气盛的杜国楹并不满足现状，所以当了2年的老师后，他辞职来到郑州一家眼镜店做柜台职员。

6个月后，杜国楹被派往天津做市场经理。除了经理的头衔，他还负责整个天津市场的开发。他每天都在努力开发市场，但是销量并没有增加，这让他开始思考是否应该辞掉工作去创业。但后来，杜国楹想到了利用广告的力量来传播信息。他说服老板支持他的想法。

在眼镜店，杜国楹成功地从一名店员晋升为业务销售冠军。在积累了丰富的经验和营销手段后，他创立了"背背佳"品牌，并取得了巨大的成功。当时，他只有25岁，已经是亿万富翁了。

1997年，杜国楹注册成立了自己的公司，其"营销运作"成为行业三大主导手段之一。但好景不长，杜国楹很快遭遇两次失败，花光了所有收入，还欠供应商和经销商3 000多万元。2002年，他带领8人核心团队重新创业。一年后，他成功抓住商机，推出好记星学习机，直接进入新华书店销售渠道，利用柜台模式进行销售。

在开辟了新的传播和分销渠道后，杜国楹再一次获得了成功，并在4个月内还清了债务。公司的累计销售额在3年内达到32亿元，他再一次成为亿万富翁。不管是背背佳还是好记星，在当时都是非常知名的品牌，它们进入千家万户，深受好评。连着创出两个成功品牌的杜国楹没有停下脚步，之后他又推出了 E 人 E 本手写电脑，专注于商务领域，当时它比苹果的 iPad 还贵。

2015 年，杜国楹推出了"8848"，当时这款手机定位就是高端，售价高达 9 999 元，刷新了大众对手机的认知。以前，大家没想过手机也能成为一种奢侈品，但是 8848 做到了，虽然它的性能可能没有多高，但是只要你掏出它，就意味着你是一个小资人士。8848 是首个手机售价超过 1 万元的中国品牌，以"双密码、隐私空间"著称，并与万科董事长王石、胡润百富创始人胡润和著名导演冯小刚签署了名人代言协议。据了解，8848 钛金手机在 2 年内卖出了 24.8 万台，其中 M4 的起价为 12 999 元，属于奢侈品牌。

8848 手机火了之后，杜国楹再次把他的"小罐茶"带到了公众面前。在短短一年多的时间里，小罐茶品牌在中国开了 300 多家店，一举成为中国三大茶品牌之一。时代在变化，我们的饮茶方式也在变，现在人们的生活节奏加快，适应慢生活的饮茶方式，到了需要改革的时期，杜国楹带领小罐茶团队对中国茶进行了一系列创新，让以茶为代表的中国文化再次影响世界，取得巨大的成功。

第九条 "推销的要点不是推销商品，而是推销自己。"

[（美国）乔·吉拉德]

【引申释义】

对客户来说，商品哪里都有的卖，会货比三家，而和客户打好基础这一点很重要。推销自己让客户信任你，从而扩大你的客户群，让别人知道这个人讲诚信、有原则、人很好，所推销的产品也是质量保证的，不会忽悠人。很多客带客的情况就是如此，有了彼此信任的基础，客户就能成为你的长期客户，也可帮你推销产品，扩大客户群体。

在这个交易中，实质上是买家与卖家的彼此沟通，这个过程就是推销自己，也是推销产品的基础。如果你得到了买家的青睐，接下来就水到渠成。反之，你遭到买家的厌恶，就算你再怎么努力，也无济于事。所以，做好销售这一件事，人为的因素是最大的。

【名人简介】

乔·吉拉德，原名约瑟夫·萨缪尔·吉拉德（1928 年 11 月 1 日—2019 年 2 月 28 日），是美国著名的推销员，吉尼斯世界纪录大全认可的世界上最成功的推销员，1963—1978 年总共推销出 13 001 辆雪佛兰汽车。

乔·吉拉德连续 12 年荣登世界吉尼斯纪录大全世界销售第一的宝座，他所保持的世界汽车销售纪录是连续 12 年平均每天销售 6 辆车，无人能破。

【案例】

推销产品之前首先要推销自己

王永庆 15 岁小学毕业后，到一家米店做学徒。第二年，他用父亲借来的 200 元钱做本金自己开了一家米店。当时为了和隔壁那家日本米店竞争，王永庆颇费了一番心思。那时大米加工技术比较落后，出售的大米里混杂着米糠、沙粒等，买卖双方都是见怪不怪。但王永庆则发现其中可进步之处，多了一个心眼，每次卖米前都把米中的杂物拣干净，这一额外的服务深受顾客欢迎。王永庆卖米关键不只是送米上门,他在一个本子上详细记录了顾客家有多少人、一个月吃多少米、何时发薪等。通过记录本算算顾客的米该吃完了,就送米上门;再根据顾客发薪的日子,上门收取米款。

王永庆的米店给顾客送米时,并非送到就算,而是先帮人家将米倒进米缸里,如果米缸里还有米,他就将旧米倒出来,将米缸刷干净,然后将新米倒进去,将旧米放在上层。这样,米就不至于因陈放过久而变质。他这个小小的举动令不少顾客深受感动,铁了心专买他的米。

就这样,王永庆米店的生意越来越好。从米店起步,王永庆最终成为中国台湾工业界的"龙头老大"。

> 第十条 "我并不特别,若一定要说有什么地方比一般人强,就只是比较努力罢了。"
>
> [(美国) 安德鲁·卡内基]

【引申释义】

业精于勤荒于嬉。只要不懈努力就没有做不到的。每个人生来平等,出生时都是一样的个体存在,但长大后的人生却展现出各不相同的人生色彩,这关键就在于个人的努力。

【名人简介】

安德鲁·卡内基(1835—1919),出生于苏格兰,苏格兰裔美国实业家、慈善家,卡内基钢铁公司的创始人,被世人誉为"钢铁大王""美国慈善事业之父"。

【案例1】

努力是一切成绩的基础

"我走了很远的路,吃了很多的苦,才将这份博士学位论文送到你的面前。二十二载求学路,一路风雨泥泞,许多不容易。"这是中国科学院自动化所一博士论文的致谢部分,引起社会广泛点赞好评。黄博士因为贫穷,时常陷入生活的窘迫中,高中之前靠着抓黄鳝、钓鱼、养小猪崽和出租水牛凑学费。"雨天湿漉着上课,夏天光脚走在滚烫的路上,冬天穿着破旧衣服更是常事。"在家徒四壁的艰苦岁月里,煤油灯下读书是他晚上最开心的事,考试取得的优异成绩给了他坚持下去的动力。"一直盼着走出大山"的他已记不清有多少次因为现实的压力觉得扛不下去了,而支撑他前行的信念很简单:"把书念下去,然后走出去,不枉活一世。"

身处命运的旋涡,耗尽心力去争取那些可能本就是稀松平常的东西,每次转折都显得那么身不由己,幸运的是,命运到底对他还有一丝怜惜。进入高中后,学校免了他全部学杂费,有好心人资助他生活费。进入大学后,计算机终于成了他一生的事业与希望,胃溃疡和胃出血也终于与他告别。正是有了坚定的信念,比别人多花费工夫,更加努力,才有今天沉甸甸的收获。

【案例2】

人生的意义就在于奋斗

英国物理学家史蒂芬·霍金创立了新的宇宙学说，著有《时间简史》等书，被人们称为"当今世界上继爱因斯坦之后最杰出的理论物理学家"。他在1963年21岁的时候被确诊为肌肉萎缩症，但他凭着坚强的意志，取得了卓越的成就，成为现代最伟大的物理学家之一，20世纪享有国际盛誉的伟人。1970年，霍金不得不借助轮椅，但他始终坚持物理学研究，甚至在丧失说话功能之后，仍然依靠机器工作。霍金在大学时结识的朋友狄克斯说："当霍金所热爱的东西都失去时，他不仅坚强地活着，而且伟大地活着，他所带给人们的不仅仅是科学的智慧，还有人类最可贵的不息的奋斗精神。"